JN222140

社会的養護における
人材育成の現状と展望

子どもに関わる専門職の
働きやすい職場環境と研修のあり方

小林 理 著

中央法規

　ある児童養護施設の事務室の窓からは、学校から帰ってくる児童、トラックでやってくる業者、外回りの仕事に出る職員などがひっきりなしに出入りしている様子が見えた。事務室の会議スペースに座る筆者には、職員や児童の快活な笑い声、時折鳴り響く外線電話のコールなど、さまざまな声や生活音が聞こえてきた。筆者は、実習巡回で、その施設を訪問していた。さまざまな生活音に包まれながら、仕事柄プライバシーを扱うことも多いだろうから、いろいろ工夫があるのだろうな、などとぼんやり考えていると、中座して職員と話していた施設長が席に戻ってきた。ベテランの施設長は、中断していた雑談を続けながら、「わたしたちは学校からこうして実習生を引き受けているのに、学校からは、なかなか就職してこないのよね」と柔らかな笑顔で筆者にそう語った。

　何気ない一言であったかもしれないが、20年ほど前のこの場面のことをずっと覚えている。それ以来、社会的養護における現場の人材育成がどのような実情や課題に直面するのか、宿題を抱えてきたように思われる。ソーシャルワーカーの養成に関わりながらも、子どもの支援に関心を持って養成課程に入ってくる学生の数に比べて、どれだけの卒業生がこの分野の現場で働いているだろうか、ということが気になっていた。他方で、社会的養護の現場でたくさんの素敵な専門職に出会い、多くの学びを得る中で、その多くが長くこの現場で働き続けている現状も目にしてきた。他の専門職に比べて、ユニフォームやバッジに囚われない、児童の生活に関わる専門職としての特徴とは何か。その専門性とは何か。そうしたことを明らかにすることは、厳しい現場の実情に対して、前向きに取り組む仕事の動機づけとなってきたように思われる。目の前の児童や家庭の力になりたい、という動機づけは、身近な学生たちに触れる中で、多くの若者が持っていると感じる。その動機を具体化し、言語化し、知識や技術とともに現場に入って欲しい。

　また、ある別のベテラン施設長とお話しした際には、現場に入ってから本格的な育ちが始まる、ということを教えていただいたこともあった。自己の

身につけた専門性を現場に置き直す作業が個別に必要である。そこにこの仕事の高度な専門性があるようにも思う。そうした議論の前提となる先行研究や、過去に例のない全国調査の基礎的データ、自治体を限定した機関と施設の比較データやその考察を本書では扱っている。

　本書は、博士学位論文として取り組んだ研究の成果である。学位論文の全体を取り上げているが、一般的な教科書等で扱うような部分は紙幅の関係もあり割愛し、研究と同時期に進んできている専門職の最新動向を補論として追加している。さらに、本研究成果の一部は、小林・新保（2021）「社会的養護における人材育成の課題——A県における児童相談所および社会的養護施設専門職の職場環境を中心に」『社会福祉学評論』22号，日本社会福祉学会関東部会，p.52-65. および小林・中原・新保（2020）「社会的養護における専門職の人材育成に関する実態と課題——職場研修のニーズを中心に」『厚生の指標』第67巻第8号，厚生労働統計協会，p.33-39. で公表している。また、本研究の基盤として、平成29年度厚生労働科学研究「社会的養護における人材育成等の課題に対する研究（H28-政策-指定-007）」（研究代表者：新保幸男）の調査研究の成果がある。

　学位取得には多くの感謝すべき諸先輩や先生がおり、その謝辞は後段に触れている。謝辞というわけではないが、筆者の育ちと小学生の頃に急逝した母のことは、今から考えると本研究の動機の一つとなっていたように思われる。母は、1970年代の地方都市で、整備の進まなかった学童保育を仲間と手弁当で開設したと聞いている。当時は、自分の遊び場に母だけでなく、他の子どもや大人が出入りしていることに何の疑問も持たなかった。しかし、いま、こうした社会的養護の研究を行っていると、その当時の環境の豊かさに感謝の念を禁じえない。社会的養護の専門職が、児童の育ちに関わる豊かな環境を担うこと（そこで過ごす児童が、その意義に気づくのは後になってからかもしれないが）、そして、専門職自身もその仕事をとおして、人間として豊かに育つことについて、本書をきっかけとして考えていきたい。

2025年1月

小林 理

目次

はじめに

I 序論

I-1　研究の背景 ··· 2

　　I-1-（1）社会的養護（養育）の政策動向 ····················· 2

　　I-1-（2）本研究の専門職の定義 ································· 3

　　I-1-（3）社会的養護専門職の研究動向 ····················· 3

I-2　研究の目的 ··· 5

I-3　研究の方法 ··· 6

I-4　研究の意義 ··· 7

　　I-4-（1）社会的養護実践への貢献 ··························· 7

　　I-4-（2）保健福祉学への貢献 ································· 7

I-5　本論文の構成 ··· 8

引用参考文献 ··· 9

II 社会的養護分野専門職の
　　人材育成についての文献レビュー

II-1　研究の概要 ··· 12

　　II-1-（1）研究目的 ··· 12

　　II-1-（2）研究方法 ··· 12

　　II-1-（3）分析の方法 ··· 13

　　II-1-（4）倫理的配慮 ··· 14

Ⅱ-2　研究結果 …………………………………………………… 14

　　Ⅱ-2-（1）社会的養護（養育）の政策動向 ……………… 15

　　Ⅱ-2-（2）社会的養護専門職の政策動向 ………………… 21

　　Ⅱ-2-（3）人材養成（キャリア形成）の背景 …………… 42

　　Ⅱ-2-（4）社会的養護専門職の研究動向 ………………… 53

　　Ⅱ-2-（5）国際比較の視点と研究の状況 ………………… 75

Ⅱ-3　考察 …………………………………………………………… 93

　　Ⅱ-3-（1）社会的養護の専門性の視点 …………………… 93

　　Ⅱ-3-（2）人材育成の視点 ………………………………… 95

　　Ⅱ-3-（3）職員体制や職場の課題の視点 ………………… 96

Ⅱ-4　結論 …………………………………………………………… 98

引用参考文献 ……………………………………………………… 99

Ⅲ 自治体を限定した児童相談所と　施設専門職による専門性や職場環境

Ⅲ-1　研究の概要 …………………………………………………… 108

　　Ⅲ-1-（1）研究背景と目的 ………………………………… 108

　　Ⅲ-1-（2）研究方法 ………………………………………… 108

Ⅲ-2　研究結果 ……………………………………………………… 113

　　Ⅲ-2-（1）基本属性等 ……………………………………… 113

　　Ⅲ-2-（2）専門性の自己評価 ……………………………… 120

　　Ⅲ-2-（3）職場環境の現状 ………………………………… 121

　　Ⅲ-2-（4）経験と年齢による状況 ………………………… 130

　　Ⅲ-2-（5）種別（児童相談所・一時保護所・施設）の比較 …… 130

Ⅲ−3　考察 ……………………………………………………… 148
　　Ⅲ−3−（1）専門性はどのように形成されるのか ……………… 148
　　Ⅲ−3−（2）職場環境における課題とは ……………………… 150
　　Ⅲ−3−（3）経験と年齢から見えてくる課題 ………………… 151

Ⅲ−4　結論 ……………………………………………………… 153

注記 ……………………………………………………………… 156
引用参考文献 …………………………………………………… 158

Ⅳ 全国の社会的養護施設3種別に見る
　施設専門職による専門性や職場環境

Ⅳ−1　研究の概要 …………………………………………… 160
　　Ⅳ−1−（1）研究背景と目的 ………………………………… 160
　　Ⅳ−1−（2）研究方法 ………………………………………… 160

Ⅳ−2　研究結果 ……………………………………………… 165
　　Ⅳ−2−（1）基本属性等 ……………………………………… 165
　　Ⅳ−2−（2）年齢と経験の視点 ……………………………… 176
　　Ⅳ−2−（3）学歴と専攻による違い ………………………… 176
　　Ⅳ−2−（4）社会的養護施設の種別による特徴 …………… 186

Ⅳ−3　考察 …………………………………………………… 198
　　Ⅳ−3−（1）専門性の特徴 …………………………………… 198
　　Ⅳ−3−（2）人材育成に関わる共通の課題 ………………… 200

Ⅳ−4　結論 …………………………………………………… 207

注記 …………………………………………………………… 210
引用参考文献 ………………………………………………… 211

V 総合考察

V−1 社会的養護の人材育成課題についての考察 ……… 214

    V−1−（1） 専門性の特徴 ……… 214

    V−1−（2） 専門職の成長 ……… 216

    V−1−（3） 人材育成と職場の課題 ……… 220

注記 ……… 226

引用参考文献 ……… 227

VI 補論 ── 支援に関わる専門職をめぐる動向

VI−1 担い手としての専門職の位置づけ ……… 230

VI−2 安全の取り組み ……… 231

VI−3 児童家庭支援の専門性向上の取り組み ……… 232

引用参考文献 ……… 234

謝辞

著者紹介

I

序論

Ⅰ-1 研究の背景

Ⅰ-1-(1) 社会的養護（養育）の政策動向

　社会的養護（養育）分野の専門職は、その児童の養育者として児童の心身の成長を支える重要な役割を果たすことが期待されている（以下、特記しない場合は「社会的養護」は「社会的養育」を含む）。この対策は、対象となる要保護児童の多数が、社会的養護分野の施設入所により支援が行われるとともに、支援業務の内容は法令に規定される側面がある。社会的養護施設を利用する児童にとって、施設は一時的な生活の場という位置づけを超えて、人生スタートの場であり自らの心身の成長を促す環境としての生活の場となっている。厚生労働省では、家庭的な養育環境推進のため、里親委託推進（「家庭養護」）、施設養護の小規模化推進（「家庭的養護」、以下、特記しない場合は「家庭的養護」は施設養護で進められる家庭的な養育を意味する）、施設への専門職加配や児童相談所等の人員体制強化を打ち出している（厚生労働省2011：36-41、2017：49-53）。

　当該対策において、配置される職種と任用要件としての資格には多様性と幅がある。例えば、児童への直接的なケアの職種に、保育士を取得して新卒で着任する者もあれば、社会福祉分野以外の学歴から社会福祉主事に該当する任用要件を持ち中途採用で着任する者もあり、多様な人材背景がある。社会的養護施設で働く者の資格は、社会福祉士、保育士、看護師、管理栄養士、調理師等多様な状況となっている（「児童福祉施設の設備及び運営に関する基準」（昭和23年厚生省令第63号））。このことから、国家資格を持つ専門職が多く、転職や、退職後の再就職がしやすい特徴もある。

　それぞれの専門職の業務は法令で規定されるものの、現場での実践は、児童の「生活」を中心に各専門職の協働により展開する。このことから、専門職にとって、児童を中心とした生活支援の中で、いかに専門性を具体化する

かが課題となっている。施設の小規模化に向けては、職員負担の課題が指摘されており、現状では、児童養護施設では採用後5年未満に退職する職員が約5割ともされる（全国児童養護施設協議会2017）。政策的には、ユニット化された環境下で担当ケアワーカーを孤立させないための、カンファレンスやコンサルテーション、スーパービジョン（SV）体制の確立が求められている（厚生労働省2017）。

I-1-（2）本研究の専門職の定義

社会的養護の専門職を広く捉えれば、社会福祉分野の専門職の一分野と位置づけることができる。「社会福祉法」によれば、「社会福祉事業等に従事する者」（第89条第1項）となり、「社会福祉事業」の定義（第2条）によることとなる。しかしながら、当該事業の現場に従事する者については、後述するように、社会的養護分野だけを見ても利用者支援課題の多様化に合わせて、政策的に職種や任用に関する制度改定を繰り返してきている（II-2-（2）社会的養護専門職の政策動向）。この分野の専門職は、少なくとも職種、保有資格といった重層的専門性の実態として見ていく必要がある。また「社会福祉事業に従事する者の確保を図るための措置に関する基本的な指針（「新人材確保指針」）」（平成19年厚生労働省告示第289号）によれば、人材の考え方として「潜在的有資格者等の参入の促進」「多様な人材の参入・参画の促進」等を図ることが示されている。こうした人材は、職種や資格を横断しながらキャリアを積む人材として、育成する専門性や育成の仕組みの再定義が求められている。そこで、本研究では、専門職の定義について、広義には「社会福祉事業等に従事する者」としつつも、狭義には、「児童福祉施設の設備及び運営に関する基準」（昭和23年厚生省令第63号）に規定される各施設種別に配置される「職員」として、職種や資格等により重層的に構成される専門性として範囲を設定し、実態を明らかにする。なお、後段の量的調査研究では、操作定義を「常勤専門職」としてさらに追加している。

I-1-（3）社会的養護専門職の研究動向

社会的養護の対策は、児童福祉法等に根拠を持つ全国規模の仕組みである

にもかかわらず、これまで全国的な把握、職種横断的な把握が行われてこなかった。先行研究として、全国規模の調査はある（石垣・生田2012）が、専門職のあり方や人材育成の課題に焦点化したものではない。

　専門職のあり方までは明確化されないものの、いくつかの社会的養護分野の専門職を対象とした量的な把握の研究がある。例えば、児童相談所において相談業務を担当する児童福祉司についての分析では、その専門性について多岐にわたる特徴が指摘されている。専門性として、里親支援でケース全体を見ながら、必要時のケースへの適時介入、児童や家族の生活への社会資源活用、機関間・専門職間でのコーディネート役割を果たすこと等が指摘される（音山2019）。社会的養護と一括りにしても、児童相談所の専門職には、児童への直接支援だけでなく、機関連携等の多様な業務があることから、施設の専門職とは異なっている。また、児童養護施設専門職の援助特性に触れた分析では、児童に関わる専門職の疲労やバーンアウトのリスクは、専門職の個人特性から四つの群に分けることができるとされ、職員集団の多様性に合わせた研修やスーパービジョン等の検討が必要とされるという研究がある（趙2014）。

　質的な把握方法による調査研究も行われてきている。児童養護施設の職員にいかなる主体性が求められるかを分析した研究では、職場における職員間の「関係の質」が「主体性」の発揮に影響を与えていることが指摘されている（岡本2017）。この現場の専門職の特徴の一つとして、専門職が単独で仕事をするのではなく、周囲の職員環境との相互作用で仕事をしていく特徴に着目することが、職場の仕組みづくりや職場環境の改革、職員のバーンアウト防止に重要であるという指摘である。社会的養護施設の一種別である母子生活支援施設職員の葛藤を分析した研究では、専門職の直面する葛藤は単純な二項対立のジレンマ構造ではなくジレンマの複合体であり、多次元的に起こる葛藤の一つとして機関間・施設内職員間の判断や意見の相違や信頼関係の状況といった「スタッフワーク」が重要な要素であるという指摘がある（横山2013）。社会的養護専門職が仕事を続けていくためには、専門職がいかなる専門性を身につけるのかだけでなく、職場や職員関係の理解が重要となる。

　また、すでに行われてきた国際比較の研究から、社会的養護分野における

専門職の特性について示唆を得ることは容易ではない。一つには、施設養護と対となる、家庭養護として実施されている里親への委託率は各国でばらつきがあり、その国の施設養護における政策的価値のあり方、施設養護にいかに予算と職員配置の重点を置くかということについて、各国を横断的に比較する視点を持つことが難しいことがある。もう一つには、ヨーロッパ諸国のようにソーシャルワーク・社会福祉専門職の資格要件・配置基準が明示されている国であっても、ソーシャルワークの資格は、施設で養育に直接当たると考えられるケアの職員とは別に設定されていることが多く、横断的な比較がされづらいことがある（日本社会事業大学社会事業研究所2016）。欧米とともに日本・東アジア圏の状況も含めて比較検討されている例としては、わが国でいうところの児童相談所機能も含めた「児童保護サービス」全般の社会的要請への対応状況や政策戦略を比較する研究が見られる（木村2018）。それらは、各国の児童保護システムにおけるアプローチ比較の段階にあり、わが国の国際的な文脈を明確にしながら社会的養護専門職の特徴を明らかにしていく段階には至っていない。

　以上のような分析から、この専門職の専門性の特徴や職場環境の実態が断片的に明らかになってきている。しかしながら、質的な把握においても、また量的な把握においても、いずれも課題の洗い出しの分析にとどまり、専門職の職場や研修体系等の仕組みづくりにつながる実態把握や分析は十分に行われてきたとはいえない。

I−2　研究の目的

　本研究は、社会的養護分野（児童養護施設等の施設と児童相談所）における常勤専門職（保育士、児童指導員、児童福祉司等）の専門性と職場環境の自己評価を通じて、職場環境の実態を把握し、人材育成の課題を明らかにす

ることを目的とする。その際、施設、児童相談所、児童相談所一時保護所の専門職の違い、児童の生活に関わる施設専門職の職種・資格等の基本属性の違いを意識し、専門性や職場環境の自己評価にいかなる実態があるのかに焦点を当てて課題探索的分析を行う。これら実態と課題を明らかにすることをとおして、全国的な対策である社会的養護分野の専門職のための職場環境や研修体系への示唆を得ることを目指す。

I-3 研究の方法

　本研究は、次の三つの研究で構成される。

　【研究1】社会的養護専門職の人材育成に関わる文献研究から先行研究の動向、施設専門職の特徴、人材育成の背景について他の二研究の分析に必要な視点を得る。ここで得られた視点をもとに、次の二つの研究による量的調査データを対象に、人材育成の実態と課題を見るための視点と要因を探索していく分析を行う（Ⅱ章）。

　【研究2】自治体を限定し、社会的養護分野の児童相談所および施設（児童相談所一時保護所を含む8種別）専門職の全数調査データを対象として、児童相談所と施設専門職による専門性や職場環境にいかなる違いがあるのかを明らかにする分析を行う（Ⅲ章）。

　【研究3】全国の社会的養護施設（児童養護施設、乳児院、母子生活支援施設に焦点化）専門職の全数調査データを初めて取得し対象として、施設専門職に焦点化し、職種・年齢等を横断的に分析し、専門性の積み上げや職場環境の課題はいかなる実態があるかを明らかにするとともに、研修・就労環境の課題を考察する分析を行う（Ⅳ章）。

I-4 研究の意義

I-4-(1) 社会的養護実践への貢献

　社会的養護の専門職は、対象となる児童の成長を促す環境の一部として児童に関わることが求められている。特に日々の成長に取り組む生活の場としての施設で実践に当たる専門職は、対象児童の直面する時間的・空間的な発達課題（Germain=1992：25-51）に合わせて支援を具体化していくことが求められている。その実践は、児童を中心に展開されることから、専門職の持つ知識や技術は児童の生活場面に即して適用していくことが求められている。専門性の発揮や実践の成果は、専門職側よりもむしろ児童側に主導性があるともいえる。

　本研究では、二つの量的データ分析をもとに、社会的養護対策における児童相談所と社会的養護施設専門職の実態に焦点を当てることをとおして、専門性の違いと職場環境の違いを整理するための示唆を得るとともに、実践の特徴の相違と生活型の支援専門職の専門性についての知見を得ることができると考える。

I-4-(2) 保健福祉学への貢献

　当該対策の専門職は法令に規定され配置されているが、配置される職種と任用要件としての資格には多様性と幅がある。また、各専門職が所持する資格にはそれぞれの職能団体等で策定されるキャリアパスやキャリアラダーといった専門職成長のモデルが示され、人材像が異なっている（全国児童養護施設協議会2017ほか）。その一方で、この分野の支援は対象児童の生活を中心に展開するため、児童の前に立つ時、多様な背景を持った専門職が資格の枠組みを超えて支援に取り組むことが求められている。

　本研究をとおして、児童の生活支援において、資格や職種等の基本属性に

よる違いを超えた人材としての共通特性や人材育成の課題を明らかにすることができる。また、生活支援の専門職育成のために、多様な背景を持った人材に合わせた職場環境や研修体系の要素を探る上での示唆を得ることができると考える。

Ⅰ-5 本論文の構成

　本研究の論考を次の構成により取り組むこととする。

Ⅱ　社会的養護分野専門職の人材育成についての文献レビュー

Ⅲ　自治体を限定した児童相談所と施設専門職による専門性や職場環境

Ⅳ　全国の社会的養護施設3種別に見る施設専門職による専門性や職場環境

Ⅴ　総合考察

引用参考文献

- 趙正祐（2014）「児童養護施設の援助者支援における共感満足・疲労に関する研究——CSF の高低による子どもとの関わり方の特徴から」『社会福祉学』55（1），76-88.
- Germain, C.（1992）*Ecological social work : anthology of Carel B. Germain.*（＝小島蓉子編訳（1992）『エコロジカルソーシャルワーク』学苑社.）
- 石垣文・生田京子（2012）「児童養護施設における生活単位小規模化の実態に関する研究」『日本建築学会計画系論文集』77（671），19-25.
- 木村容子（2018）「厚生労働科学研究費補助金 政策科学総合研究事業（政策科学推進研究事業）社会的養護等の子どもに対する社会サービスの発展に関する国際比較研究——循環型発展プロセスの課題と文脈の分析 平成29年度総合研究報告書」，厚生労働省.
- 厚生労働省（2011）「社会的養護の課題と将来像」（https://www.mhlw.go.jp/stf/shingi/2r9852000001j8zz-att/2r9852000001j91g.pdf，2023.12.30）
- 厚生労働省（2017）「新しい社会的養育ビジョン」（https://www.mhlw.go.jp/file/05-Shingikai-11901000-Koyoukintoujidoukateikyoku-Soumuka/0000173888.pdf，2023.12.30）
- 日本社会事業大学社会事業研究所（2016）「平成26年度 厚生労働省児童福祉問題調査研究事業 課題9 社会的養護制度の国際比較に関する研究 調査報告書（第3報）」
- 岡本晴美（2017）「社会福祉施設における人材育成——職員に求められる「主体性」とその形成・発揮を支援する職場環境」『評論・社会科学』（120），同志社大学社会学会，85-102.
- 音山裕宣（2019）「児童福祉司・里親の養育支援に対する意識とその課題」『社会福祉学』60（3），76-89.
- 横山登志子（2013）「虐待問題を抱える母子の生活支援における『多次元葛藤』——支援者の経験的側面からみた子ども虐待の状況特性」『社会福祉学』54（3），16-28.
- 全養協 児童養護施設の人材確保・育成・定着を図るための特別委員会（2017）「改訂 児童養護施設の研修体系——人材育成のための指針」全国社会福祉協議会 全国児童養護施設協議会.

II

社会的養護分野専門職の人材育成についての文献レビュー

Ⅱ-1 研究の概要

Ⅱ-1-(1) 研究目的

社会的養護分野専門職の人材育成を検討する上で、背景となる視点、政策動向および研究動向を概観することを通じて、本研究における量的調査結果を分析する視点について明確化することを目的とする。

Ⅱ-1-(2) 研究方法

Ⅱ-1-(2)-A 文献レビューの視点、文献抽出の視点

社会的養護の対策および専門職の配置は、児童福祉法に根拠を持つ国レベルの制度に基づいている。しかしながら、政策的背景から、当該対策における用語、対象児童の設定、職種・任用要件等に変更が行われてきている。さらに、人材確保や人材育成は、施設専門職については、施設種別ごとの協議会を中心に進められてきた。したがって、社会的養護の人材育成について、実態や課題把握を横断的にレビューするための体系的な視点や概念が確立されている状況にはない。そこで本章では、施設種別を超えて議論が進められてきた「家庭的養護推進」や「施設小規模化」にともなう人材育成の背景に焦点を当てて、視点や概念を対象とする文献レビューを行うこととした。人材育成の背景は、①政策的な動向、②人材養成（キャリア形成）の動向、③研究動向に区分して整理する。

政策的動向としては、2011（平成23）年7月公表の「社会的養護の課題と将来像」と、2017（平成29）年8月公表の「新しい社会的養育ビジョン」を中心に扱う。特に、当該実践領域における人材育成について、2011（平成23）年よりも前の時期の概括と、2011（平成23）年から2017（平成29）年への変化を見ることとする。

人材養成（キャリア形成）の動向としては、社会的養護の各種別施設およ

び機関により配置される職種・資格を考慮し、児童養護施設等の施設における専門職、児童相談所における児童福祉司、さらに一時保護所の児童指導員等の専門職に分けて見ていく必要がある。その際、社会的養護分野の施設（児童養護施設、乳児院、母子生活支援施設）では、各施設協議会により、人材育成のための研修体系が策定されてきていることを踏まえる必要がある。さらに、当該施設に配置されている保育士、社会福祉士、看護師には、各資格制度に基づく人材養成やキャリア形成のモデルが設定されており、これについて横断的に整理していく必要がある。

　研究動向としては、社会的養護の対策は、児童福祉法等に根拠を持つ全国規模の仕組みであるにもかかわらず、これまで全国的な把握、職種横断的な把握が行われてこなかった。小規模化の実態についての全国規模の調査はある（石垣・生田2012：19-21）が、人材育成の課題に焦点化しており、全国的、職種横断的な把握は行われていない。他方で、自治体や施設種別を絞った調査（伊藤・石垣2013）等の定量的研究の成果や、職場環境と専門職の関係に焦点を当てる調査（岡本2017：93-94）等の定性的な研究成果を整理し先行研究の到達点を明確にすることにより、本研究が取り組むべき分析の視点を明確にすることが必要である。

　以上のような対象設定を行い、検索については、ハンドサーチを併用しながら、次のデータベース検索を活用して対象文献を抽出した。学術図書、学術論文等については、国立情報学研究所（NII）が提供する「CiNii Research（https://cir.nii.ac.jp）」、英語文献については、米国ではあるが、わが国の保健医療福祉系研究で英語圏の文献検索に活用されている「PubMed（https://pubmed.ncbi.nlm.nih.gov）」を活用した。

Ⅱ－1－（3）分析の方法

　社会的養護分野専門職の人材育成についての分析を行うために、求められる基本概念については、概念を多面的に分析する手法を意識して整理を行った。政策動向、人材育成、先行研究の動向については、経年的な動向を意識しながらも、社会的養護の人材育成の課題が明確となるような概念や視点の抽出を目的とした。

Ⅱ-1-(4) 倫理的配慮

　日本社会福祉学会の「一般社団法人日本社会福祉学会研究倫理規程」等の規程に則って実施した。その際、使用する文献は、刊行されたものおよびウェブサイト等で一般に公開されているもののみとした。また、個人が特定されるような内容は扱わないこととし、出典を明示するとともに、著作権の保護に留意した。

Ⅱ-2　研究結果

　社会的養護施設についての論文検索の結果では、海外の文献状況を、わが国の保健医療福祉系研究で英語圏の文献検索に活用されている米国 PubMed（National Library of Medicine データベース）で見た（2023年7月末時点）。後述する国際研究動向に基づき、「alternative」「care」「children」を組み合わせると1万2796件の結果となる。これに「facility」の語を組み合わせると672件、さらに「residential」の語を加えると、83件の結果となる。1976年の論文から登録があるが、90年代までで33件、2000〜2010年で20件、2011〜2023年で42件となっている。この中には、里親ケアを含んで取り上げているもの、HIVの児童へのケアや精神疾患や障害のある児童のケア、施設内虐待についてのテーマが取り上げられているものがある。また、わずかではあるが、小児医療、成人や高齢者ケアの論文も含まれている。研究対象については、米国の各州をはじめ、ギリシャ、ハイチ、バングラデシュなど多様である。

　次に、国内の文献の状況を CiNii（国立情報学研究所：NII）のデータベースで見た（2023年10月末時点）。「社会的養護」の語では、2259件、そこに「施設」の語を組み合わせると、736件となり、うち「論文」493件、「本」113件、「博士論文」6件、科研等研究の「プロジェクト」124件となっている。「社会的養護」に「専門職」をキーワードで組み合わせると、「論文」10

件、「博士論文」1件、「プロジェクト」12件であり、「社会的養護」と「人材育成」の組み合わせでは、「論文」14件、「プロジェクト」2件であった。「児童養護施設」では「論文」3431件、「本」336件、「博士論文」51件（「人材育成」を組み合わせると「論文」18件）、「乳児院」では「論文」588件、「本」72件、「母子生活支援施設」では「論文」278件、「本」39件、「児童相談所」では「論文」2420件、「本」414件、「博士論文」9件（「人材育成」を組み合わせると「論文」14件）であった。

　先行研究の動向を概括すると、本研究テーマの中核となる「専門職」「人材育成」をキーワードにあげている論文と博論の動向を抽出すると、**表2-1**および**表2-2**の状況となる。実態把握や実証研究は少ない状況となっている。また、本研究テーマである「社会的養護」や「専門職」「人材育成」をどう捉えるかの総説等の論文はほとんどなく、政策動向については、直近の政策課題を取り上げるものとなり、通史的な動向はない。そこで、本研究では、施設種別ごとを対象とする実態把握や実証研究として行われている論文、社会的養護を全般的に扱っている書籍、科学研究費プロジェクト、そして厚生労働科学研究を積極的に受託していた恩賜財団母子愛育会愛育研究所（日本子ども家庭総合研究所）研究紀要から、参考文献等をたどるハンドサーチを活用して、次の4点で先行研究の動向を整理することとする。①社会的養護専門職の政策動向、②人材養成（キャリア形成）の背景、③社会的養護専門職の研究動向、④国際比較の視点と研究の状況の4点について、続く各節で取り上げることとする。

Ⅱ-2-(1) 社会的養護（養育）の政策動向

　本節では、文献研究の結果としての第一の視点である、専門職が取り組む社会的養護の対策について、概念整理と政策動向を中心として整理を行う。

Ⅱ-2-(1)-A 社会的養護（養育）の視点

Ⅱ-2-(1)-A-(A) 概念としての「養護」

　「養護」という概念は、1947（昭和22）年に児童福祉法が制定されたことにより体系的な制度化が行われ、児童福祉施設の種別の一つである「養護施設」として使用された。その後、養護施設は、1997（平成9）年の児童福祉

表2-1　CiNii検索結果の概要（「社会的養護」「専門職」）

番号	著者	刊行年	タイトル	掲載誌名	概要分類
1	小林理ほか	2021	社会的養護における人材育成の課題：A県における児童相談所と社会的養護施設の専門職の職場環境の比較をもとに	社会福祉学評論22	児童相談所、施設、自治体調査
2	小林理ほか	2020	社会的養護における専門職の人材育成に関する実態と課題：職場研修のニーズを中心に	厚生の指標67（8）	施設、全国調査
3	小野島萌	2019	母子生活支援施設の心理職による研究の現状と課題	お茶の水女子大学心理臨床相談センター紀要2	母子生活支援施設、心理職、文献調査
4	宮島清	2019	家庭と同様の環境および家庭的な環境での養育の推進	小児内科51（3）	乳児院、里親養護、養子縁組
5	在原理恵ほか	2016	母子生活支援施設専門職の成長—社会的養護施設専門職の成長を記述するための一考察—	子ども家庭福祉学16	母子生活支援施設、専門職の成長、インタビュー調査
6	阿久津美紀	2016	児童福祉施設における記録管理	レコード・マネジメント71	スコットランド公文書法、施設記録マネジメント
7	大多賀政昭ほか	2014	情緒障害児短期治療施設入所児童に提供されるケア内容の実態	静岡県立大学・経営情報学部/学報27（1）	情緒障害児短期治療施設、多職種、タイムスタディ調査法
8	田家英二	2011	社会的養護の意味	鶴見大学紀要.第3部、保育・歯科衛生編(48)	社会的養護概念、機能、文献研究
9	加藤純	2011	東京都子供の権利擁護専門職制度相談事業の実践より	児童養護41（3）	権利擁護事業、自治体事例、実践事例報告
10	大畑和子	2010	それぞれの専門職や機関と連携しあって解決課題に取り組む	児童養護41（2）	多職種、多機関連携、実践事例
博1	阿久津美紀	2018	「社会的養護」における記録管理とケアリーヴァーのアクセス支援	学習院大学博士論文	ケアリーヴァー記録、国際比較、記録管理アーキビスト

表2-2　CiNii検索結果の概要（「社会的養護」「人材育成」）

番号	著者	刊行年	タイトル	掲載誌名	概要分類
1	小林理ほか	2021	社会的養護における人材育成の課題：A県における児童相談所と社会的養護施設の専門職の職場環境の比較をもとに	社会福祉学評論22	児童相談所、施設、自治体調査
2	小林理ほか	2020	社会的養護における専門職の人材育成に関する実態と課題：職場研修のニーズを中心に	厚生の指標67（8）	施設、全国調査
3	樋口亜瑞佐	2020	『社会的養護における進学支援』	愛知教育大学教育臨床総合センター紀要10	児童養護施設、進学支援、心理支援、文献研究
4	加藤智功	2018	母子生活支援施設における人材育成と人材の確保	子どもと福祉11	母子生活支援施設、職員確保、政策動向
5	吉村譲ほか	2017	社会的養護施設の職員養成について考える　一施設に就職を希望する学生のための養成講座を振り返る一	岡崎女子大学・岡崎女子短期大学研究紀要50	児童養護施設、職員養成講座、アンケート調査
6	鈴木里香	2016	子育て支援員研修制度における社会的養護コース創設とその意義	淑徳大学大学院総合福祉研究科研究紀要23	子育て支援員研修（社会的養護コース）、政策動向、文献研究
7	相澤仁	2015	社会的養護に関する研究および人材育成の推進を	子どもの虐待とネグレクト：日本子ども虐待防止学会学術雑誌17（1）	政策動向、現場の実態、実践報告
8	増沢高	2014	社会的養護の人材育成と研修をめぐって	児童養護45（3）	研修制度動向、現場の実態、実践報告
9	曽田等ほか	2013	持続的な成長のための施設職員の人材育成：東京都の取り組み	世界の児童と母性74	自治体事例、現場の実態、実践報告
10	増沢高	2013	社会的養護の人材育成と研修をめぐって	世界の児童と母性74	研修制度動向、現場の実態、実践報告
11	渡部律子	2013	職員相互に力量を高めるために：事例検討会の取り組み	世界の児童と母性74	研修事例、現場の実態、事例報告
12	加藤純	2013	施設職員のエンパワメント：子育てワークショップの取り組み	世界の児童と母性74	研修事例、現場の実態、事例報告
13	宇城輝美	2013	援助指針作成の意義と活用：「育て」と「育ち」を支えるために	世界の児童と母性74	研修事例、現場の実態、事例報告
14	高橋久雄	2013	養成校における人材育成の現状と課題	世界の児童と母性74	養成校の実態、政策動向、実践報告

法改正により「児童養護施設」へと名称変更されている。施設の小規模化や里親委託推進を進めていく政策の中で、施設だけではなく「社会全体で」対策を進めていく理念として「社会的養護」概念が用いられるようになった。その後、2017（平成29）年「新しい社会的養育ビジョン」では、「社会的養育」の概念が使用されるようになっている。

　「養護」概念には、戦前から引き継がれてきた用語から派生する「養護教諭」「養護学校」という使用例があるが、児童福祉法における「養護」は、これとは区別されて法制化され、「養育保護」を意味する用語であるとされている（鈴木2015：4、浅井・黒田2018：25）。この用語には概念属性（語の特徴）として、要保護性（制度的な保護が必要であるという特徴）が込められている。さらに「養護」概念に近い使用例として「養育」があるが、これは児童福祉法で広く使用される基本用語で、普遍的な児童を育てる意味を持つ概念と理解される。この用語との対比において、「養護」は、特定の課題への対策を意味する概念ということがいえる。なお、同様に近い使用例として児童養護施設等において乳幼児期の児童に関わる専門職の「保育」がある。「保育」と「養護」の関係について、「保育所保育指針」では、保育士が環境を整え、一人一人の心身の状態などに応じて適切に対応する細やかな配慮の下での援助や関わりの全体を指すとされている（厚生労働省2018：33）。保育士は、社会的養護分野において活動する重要な人材であるが、対策としての保育対策と養護対策は、異なる制度や実践現場として構築されてきた歴史がある。「保育・子育て支援」と「施設養護」とは別々の領域にあるという。「保育・子育て支援」は、「家庭養護」に属するものであり、「施設養護」を展開する児童福祉施設とはほとんど関わりないとされてきており、施設に「保育・子育て支援」の役割が期待されるようになったのは、近年になってからであるとされる（遠藤2009：5-6）。社会的養護の機能変化については、「Ⅱ-2-（2）社会的養護専門職の政策動向」の中で詳述する（「近未来像Ⅱ」（2003年））。

　加藤（2006）は、「養護」を「家族という小集団による生活の場や家庭という生活活動が本来的にもっている養い育てる行為である『養育』と、身体的に精神的に未熟なものや障害があるものに対して危険のないように助けた

り、守ったりする『保護』とを結びつけた観念を内容としたもの」としている（加藤2006：3）。遠藤（2009）は、「広義」の養護には、「子どもたちが心身ともに健全に成長・発達するために行われる支援やサービス、プログラムであれば、すべてが含まれる」とする。これに対し、「狭義」の養護は、「特に児童福祉施設で展開されるケア・養護に限定される」とし、「最も狭義の養護」として「居住型児童福祉施設で行われる養護」としている（遠藤2009：2-3）。さらに、入所施設に焦点を当てた「養護の基本原理」として、吉澤（2002）は、①人権の尊重と自己実現、②家族の尊重と家族関係調整、③個の尊重と集団活用、④社会関係の重視と社会参加をあげている（吉澤2002：23-27）。「社会福祉法」では、福祉サービスの基本理念として「利用者が心身ともに健やかに育成され、又はその有する能力に応じ自立した日常生活を営むことができるように支援する」と規定している（第3条）。

Ⅱ-2-(1)-A-(B) 現行制度における位置づけ

　現行の児童福祉法では、第6条の3第8項において「要保護児童」を「保護者のない児童又は保護者に監護させることが不適当であると認められる児童」と定義するとともに、「第2章第6節　要保護児童の保護措置等」において地方公共団体の行う措置について規定している。さらに2017（平成29）年に策定された「新しい社会的養育ビジョン」（政策背景は後述）においては、「社会的養護」および「代替養育」（国際的な背景については後述）は、保護者等の意向を尊重しつつも、児童へのサービス提供の必要があると判断する場合に「サービスの開始と終了に行政機関が関与」し、児童に直接的に確実にサービスを届ける形態であり、保護者からの分離した後の代替養育を含む、と定義されている（厚生労働省2017c：8）。児童福祉法上の措置については、上記、法「第2章第6節　要保護児童の保護措置等」において、児童福祉施設の入所措置として、乳児院、児童養護施設、児童自立支援施設の活用が規定されているが、2011（平成23）年に策定された「社会的養護の課題と将来像」において、改めてDV被害を受けた母子や、地域での自立生活が難しい母子家庭に対する母子生活支援施設の活用についても言及されている（厚生労働省2011：5）。なお、2022（令和4）年に制定された「こども基本法」では、第3条第5号において、こどもの養育について「家庭を基

本」として理念が示され、「家庭での養育が困難なこどもにはできる限り家庭と同様の養育環境を確保する」ことが示されている。

　以上のような整理を踏まえると、「養護」概念にとって不可欠な特徴は、制度的な保護を要する対象を特定して保護・支援することと考えることができる。網野によれば、児童福祉における私的責任と公的責任の関係は、歴史的に三つのS（Supportive「支援的」、Supplementary「補完」、Substitutive「代替」）としてサービスが展開して、後に問題を事前に予防する観点から三つのP（Popularization「普及」、Promotion「増進」、Prevention「予防」）として支援領域が展開した。公的責任の範囲は、三つのSから次第に三つのPへと拡大してきた経緯がある。三つのPからSに向けて公的責任はより重くなり、特に「代替」サービス（親の児童養育の責任や機能に代わって行使する）は、公的責任、権利、義務が最も重く、強いものとなるとしている（網野2002：180-190）。「代替養育」概念は、「養護」概念の属性を備えた概念例と考えることができる。ゆえに「養護」とは、国や地方公共団体により提供される「要保護」児童対策を指し、児童相談所による保護から児童の生活の場の確保までを行政主導で行う「施設養護」や「家庭的養護」（施設の小規模化等による家庭に近い養育に近づける対応）と考えることができる。なお、「家庭養護」（里親委託等）は、「養護」概念の全ての属性は含まないが、行政の主導性で児童福祉法に根拠を持つ対策として、養護概念の一部の属性を含む概念と考えることができる。養護を中心概念とした「社会的養護」とは、施設養護を中心として概念が派生した、里親委託等までを含む幅広い概念と考えることができる。

　2017（平成29）年の「新しい社会的養育ビジョン」（以下、「ビジョン」）では、社会的養護について、児童や保護者への直接的な支援の必要性を行政が判断する場合に「サービスの開始と終了に行政機関が関与し、子どもに確実に支援を届けるサービス形態を社会的養護と定義する」としている（厚生労働省2017c：8）。これは、上記の概念分析から整理できる「養護」概念の基本属性からも理念的な理解ができる定義である。他方で、「ビジョン」が示した2011（平成23）年の「課題と将来像」の理念を改定する「社会的養育」という概念はどのようなものであろうか。「ビジョン」は、「課題と将来

像」で目指した施設養護における「家庭的養護」推進は、施設の小規模化による生活単位の縮小だけでなく、地域への養育環境の移行に必要性があった、と述べている（厚生労働省2017c：9-10）。「社会的養育」理念の具体化については、2016（平成28）年の「児童福祉法」改正により、家庭養育や家庭と同様の養育環境で養育することが適当でない場合の「できる限り良好な家庭的環境」において養育されるための措置が国および地方公共団体の責務として規定された（第3条の2）。

　本研究では、「養護」の本質としての特性である行政主導のサービス管理としての特性、施設における生活確保としての保護の特性、施設の小規模化の方向性において家庭養育に近づける環境について検討する必要性を確認する。そして、長く日本の特徴として歴史的に積み上がってきた「養護」実践の中から、専門職の仕事として何が求められてきたのか、という観点を踏まえる必要がある。そこで、次節では、社会的養護の政策動向を見ていく。その際、児童の養育環境を具体化する役割として、この分野の専門職に何が求められてきたのかという視点を中心に見ていくこととする。

Ⅱ-2-（2）社会的養護専門職の政策動向

　ここでは社会的養護の政策動向として、この対策のニーズがどのように変化してきたのかについて、対応する専門職に何が求められてきたのか、という視点を中心に見ていく。整理する視点は、社会的養護ニーズの変化（Ⅱ-2-（2）-A、Ⅱ-2-（2）-B）、2011（平成23）年の「課題と将来像」（Ⅱ-2-（2）-C）、2017（平成29）年「ビジョン」（Ⅱ-2-（2）-D）において直面していた課題の捉え方とその後の対応状況に分けて見ていくこととする。

Ⅱ-2-（2）-A　1950年代から1970年代までの社会的養護ニーズの変化

　第二次世界大戦終結から1950年代までは、社会的養護ニーズの基盤が作られた時期である。この時期にこの分野でいかなる対応が求められてきたのかは、この時期に発出された政府からの通知に見ることができる。**表2-3**は、第二次世界大戦直後に発出された厚生省等の国からの通知等の対応である。ここから抽出できるキーワードは、「戦災孤児」「浮浪児」という対象設定であり、「一斉把握」「児童保護」「応急措置」「緊急対策」という対応策であ

る。当時喫緊の課題は、戦災状況の実態把握（孤児の実情把握）と孤児の生活環境確保（保護）であった。児童福祉法制定・児童相談所設置による実情把握・保護の対応の必要性が認識され、行政の専門職主導という特徴を持った対応が展開される。さらに、保護した児童の生活環境の確保として、養護施設の制度化が行われ、1951（昭和26）年の社会福祉事業法（現・社会福祉法）の制定により、歴史的にボランタリーな活動により展開されていた孤児の保護活動が、社会福祉法人制度化により、公的な保護として制度整備がなされることとなった。児童福祉法ではその後改正が追加され、現在では、児童養護施設として「保護者のない児童…（中略）…、虐待されている児童その他環境上養護を要する児童を入所させて、これを養護し、あわせて退所した者に対する相談その他の自立のための援助を行うことを目的とする施設」と定義されている（第41条）。併せて、「児童福祉施設最低基準」（昭和23年厚生省令第63号）により、施設の設備や専門職制が制度化された。この時期、現在の児童福祉法第41条にある「虐待されている児童その他環境上養護

表2-3　第二次世界大戦直後の国からの通知等の対応

- ・「戦災孤児等保護対策要綱」1945（昭和20）年9月20日次官会議決定
- ・「戦災孤児等集団合宿教育に関する件」1945（昭和20）年9月15日文部省国民教育局長通牒
- ・「浮浪児その他の児童保護等の応急措置実施に関する件」1946（昭和21）年4月15日厚生省社会局長通牒
- ・「少年に対する防犯機構の整備について」1946（昭和21）年9月30日内務省発警保局長通牒
- ・「主要地方浮浪児等保護要綱」1946（昭和21）年9月19日東京、神奈川、愛知、京都、大阪、兵庫、福岡各地方長官宛厚生次官通牒
- ・「全国孤児一斉調査に関する件」1947（昭和22）年12月6日各都道府県知事宛厚生省児童局長厚生大臣官房会計課長連盟通牒
- ・「浮浪児根絶緊急対策要綱」1948（昭和23）年9月7日閣議決定
- ・「浮浪児根絶緊急対策要綱の実施について」1948（昭和23）年11月5日厚生・文部・運輸・労働次官、国家地方警察本部次長連名通牒

出典：藤田（2017：42-51）より作成

を要する児童」は追加される前の段階であり、児童相談所や児童福祉施設の専門職にとって、居住場所や保護者を持たない児童の把握・保護が求められる対応であった。

　社会的養護ニーズの変化を見ていく視点において、先行研究で整理される次の区分は、1960年代〜1970年代の時期である。この時期は、日本が経済復興を進めていく中で、特別な対象設定による保護対策が、一般家庭の児童対策へ拡大されていく時期である。この時期、政府の有識者の認識としては、児童のみを対象とするのではなく、育ちの環境としての家庭を一体的に把握して対策を進めるべきであるという認識が示されていた（1963（昭和38）年　中央児童福祉審議会家庭対策特別部会「家庭対策に関する中間報告」）（野澤1998：58）。この時期に、ニーズの重点は、孤児の事後的な保護の対策から、要保護児童の「予防」や一般養育における「健全育成」へとシフトしていったことになる。併せて、この時期から非行児童保護と、非行の予防対策としての地域での訪問指導が児童相談所の課題となる。非行児童については、対象特性の変化が指摘されている。初期では、生きるための窃盗や傷害という非行行動や少年犯罪への対応が中心であった。その後、非行対策は、戦後復興していく社会変化に応じて、非行少年の加害者性への注目がなされ、「繁栄型犯罪の激増」というラベリングがされた時期、警察による「遊び型」といった「中流非行論」展開の時期へと進む。そして次の1980年代の時期区分における「非行すれすれの行為の一般化」とともに、「小さな非行から暴力グループへ」という非行の深化の図式を危惧する時期へとつながっていったとされている（加藤2003：52-64）。

　この1970年代の時期において、児童相談所では、一般養育における課題への取り組みとして、非行問題等の原因追求やその成り立ちのメカニズム解明が行われ、児童相談所の診断機能の整備へとつながっていったとされている（藤田2017：65-66）。1964（昭和39）年厚生省「家庭児童相談室設置運営要綱」から、1967（昭和42）年厚生省通知「いわゆる「総合的相談機構」について」（児企発第727号）発出、1975（昭和50）年の主要都市で展開された児童相談所の「児童センター構想」は、児童相談所を、発見・予防・治療の統合的機能として位置づける政策動向であった（藤田2017：153、加藤2016：

38-48)。

Ⅱ−2−（2）−B　1980年代から2000年代までの社会的養護ニーズの変化

　戦後の社会的養護ニーズの変化は、1980年代から、児童の入所状況により顕在化してくる。養護施設（現・児童養護施設）への在所率は、戦後は1980年代までおおむね90％台で推移してきていたが、1984（昭和59）年に90.4％の後大幅に下がり始め、1993（平成5）年に77.8％となった。これが最低値となり、その後2000（平成12）年に85.5％、2000年代は90％代で推移するように上昇した。この下降から上昇へと推移した時期に、ニーズの変化があったと考えることができる。

　このニーズの変化は、二つの事象に顕在化してきていたことが先行研究から示唆される。その一つは、1960年代以降に展開された養護施設「斜陽論」あるいは「不要論」、もう一つは1980（昭和55）年を前後する社会福祉全般に関わる「福祉見直し」の政策動向である。前者は、1963（昭和38）年、1964（昭和39）年に連続して全国養護施設協議会が開催した大会において、当時の厚生省児童局長であった黒木利克が、旧来の養護施設と新しく創設された福祉事務所に設置される家庭児童相談室との比較の中で、従来役割の終焉と、地域相談機能の補完的限定的な役割について言及したことで現場関係者の危機意識が高まったとされる。さらに、1966（昭和41）年には行政管理庁の報告で「養護施設は待機児童がいない」という言及がなされた。後者の事象は、石油危機に端を発する経済低成長期のいわゆる「福祉見直し」の政策動向である。1979（昭和54）年「新経済社会7ヵ年計画」において自助努力や家庭近隣社会の連帯を基礎とし、公的福祉の効率的運営を目指す「日本型福祉社会」構想、1981（昭和56）年第2次臨時行政調査会による「行政改革における第一次答申」で支出の節減合理化を含めた「行政改革」推進が打ち出された。政策分野レベルでは、1978（昭和53）年に「児童入所施設における暫定定員計算方法について」（児企第17号）により、実績値に近づける暫定定員による計算方式が発出されている。加えて全養協では、1980（昭和55）年に労働省が公表した労働時間短縮計画に際して、全ての施設に週48時間労働が義務づけられるという危機意識も顕在化したとされている（吉田2018：103-124、鈴木2015：35-37、長谷川・堀場2005：76-87）。

このニーズ変化は、例えれば「親がいない」児童の保護対策から、「親がいる」児童の支援を前提とした児童福祉施設の機能再編（後に被虐待児童支援）を求めるニーズの変化といえる。これは具体的には、1990（平成2）年「家庭養育支援事業の実施について」（児発第515号）、1991（平成3）年「父子家庭等児童夜間養護事業の実施について」（児発第385号）、1993（平成5）年「子育て支援短期利用モデル事業の実施について」（児発第318号）により一般家庭養育を支援する目的でショートステイやトワイライトステイといった一時預かりサービスとして施設を活用する政策動向となった。

　この時期に、全国養護施設協議会では、施設機能再編の模索が進められた（**表2-4**）。こうした報告書や構想の内容を見ていくと、施設関係者や政策担当者の視点としては、焦点化された保護機能から対象児童の多様化に即した機能を追加する機能の「多元化」、より専門に特化したサービスを追加する「専門化」、地域家庭養育の支援や入所児童の地域生活への移行による「地域化」といったキーワードに整理することができる。そこで活動する専門職にとって、児童の日常生活確保は依然として仕事のベースとなっているが、新たな専門性の導入と、施設内外との連携が業務として求められてきていることがわかる。

　以上のような政策動向は、1997（平成9）年児童福祉法改正へとつながる。この児童福祉法制定後50年目となる改正は、当時、法制定後最大の改正といわれ、国連「児童の権利に関する条約」批准をはじめとする児童家庭福祉全般に関係する法改正となっている。児童福祉施設に関しては、1980年代から通知により対応されてきた予算事業の法制化、各施設の設置目的と名称の見直し、虚弱児施設の廃止と機能統合、教護院機能の見直し等が具体化した。さらに、1997（平成9）年児童福祉法改正直後には、社会的養護施設において保護される被虐待児童への対応や、施設内における虐待防止や権利擁護関係の対応などの政策動向があった（**表2-5**）。2000年代にかけて、児童相談所の保護から児童福祉施設における入所支援、施設職員に求められる被虐待児童の専門的支援と権利擁護対応が業務として整備され、社会的養護ニーズは、児童虐待への対応へと大きく移行した。

表2-4　1990年代における施設機能再編に関する主な文書等

・全国社会福祉協議会「児童福祉法制改革の方向と課題」1991年2月
　施設機能見直し案（多機能化、コミュニティホーム等の体系重層化など）記載

・全国養護施設協議会「平成2年度制度検討特別委員会報告」1991年3月
　定員割れの要因分析と、地域対応や専門的対応など解決策の提案

・全国乳児院協議会「乳児院の将来構想について－乳児院の子育てセンター化」1991
　年8月
　家庭育児支援サービス等の機能拡大による構想

・弓掛論文「養護施設の将来展望」1991年10月
　厚生省児童家庭局育成課課長（当時）による一般・専門施設分化等私的意見として
　の構想

・全国養護施設協議会「わが国における養護施設の近未来像」1993年3月
　制度検討特別委員会設置により養護体系構築の方向性として多元化・地域化・専門
　化の施設再編案

・全国養護施設協議会「養護施設の近未来像」報告書1995年2月
　1993年案をもとに、児童中心主義、利用者側に立ったサービス提供、地域資源とし
　ての施設

・厚生省「子供の未来21プラン研究会報告書」1993年7月
　児童家庭局長の私的研究会として提言の中に養護施設の地域活動強化など

・厚生省中央児童福祉審議会「児童の健全育成に関する意見」1994年
　情緒障害児短期治療施設の不登校児対応、教護院の名称変更

・全国養護施設協議会制度検討特別委員会「養護施設の近未来像報告書」1995年2月
　本文にて詳述

・全国社会福祉協議会「児童福祉施設再編への提言」1995年10月
　種別ごとにケアの小規模化・ケアの連続性・専門機能再構築を提起

・厚生省中央児童福祉審議会基本問題部会中間報告書「少子社会にふさわしい児童自
　立支援システムについて」1996年
　施設の役割、対象児童、名称の見直し、主として教護院の自立支援に言及

・虚弱児施設制度検討委員会「虚弱児施設制度検討委員会報告書」1996年
　子ども健康福祉センター構想の提言

・情緒障害児短期治療施設協議会「児童福祉施設の近未来像（試案）」1996年
　発達保障と心のケア、子育て支援機能追加など

・全国母子寮協議会制度施策委員会「母子寮再生のために」1996年
　家族福祉の拠点としての地域母子ホーム構想「ローズプラン」

出典：吉田（2018：138-144）、全国情緒障害児短期治療施設協議会（1996：44-49）、長谷川・堀場
　　　（2005：93-110）より作成

表2-5　1997年児童福祉法改正直後の社会的養護施設における権利擁護関係の対応

- 1995（平成7）年
「児童養護の実践指針（第3版）」「あなたの権利はどう守られるか：子どものための手引き書（第1版）」全国養護問題研究会
- 1997（平成9）年
「懲戒に関する権限の濫用禁止について」（児企第9号）
「児童虐待等に関する児童福祉法の適切な運用について」（児発第434号）
- 1998（平成10）年
「児童福祉施設最低基準」（厚生省令第63号）改正による施設長懲戒権濫用禁止の導入
「児童虐待に関し緊急に対応すべき事項について」（児企第13号）
- 1999（平成11）年
「児童養護施設および乳児院における被虐待児に対する適切な処遇体制の整備について」（児発第419号）
「乳児院における早期家庭復帰等の支援体制の強化について」（児発第421号）
「児童養護施設等に対する児童の権利擁護に関する指導の徹底について」（児家第60号）
- 2000（平成12）年
「児童虐待の防止等に関する法律」（法律第82号）
- 2004（平成16）年
「児童福祉施設最低基準」改正による施設職員による虐待禁止規定
- 2006（平成18）年
「児童福祉施設における施設内虐待の防止について」（雇児総発第1006001号）

出典：吉田（2018：155-165）、および長谷川・堀場（2005：93-110）より作成

Ⅱ－2－（2）－C 「近未来像Ⅰ・Ⅱ」（1995年、2003年）から「課題と将来像」（2011年）

　全国養護施設協議会（現・全国児童養護施設協議会）は、1993（平成5）年に制度検討特別委員会を設置し、児童養護施設の課題や今後の方向性について取りまとめてきた。1995（平成7）年、2003（平成15）年、2011（平成23）年の報告書をとおして、本研究テーマに関わる事項に焦点化して、施設

のあり方や専門職の位置づけの課題がどのように認識されてきたのか、概観を整理することとする。

　「養護施設の近未来像報告書」（1995年）（以下、「近未来像Ⅰ」）では、「養護施設の近未来像を考える基本的視座」として、（1）児童中心主義、（2）利用者側に立ったサービス提供、（3）地域資源としての施設をあげていた。この背景となっているのは、すでに述べた「児童の権利に関する条約」の視点、利用児童在所率低下に見る「養護ニーズと施設サービスとの間のミスマッチの結果」、地域ニーズへの対応等である（全養協制度検討特別委員会ほか1995：160）。この報告書では、養護ケースの類型化を試みて、次の三つのニーズに対応するサービス再編の方向性を提示した。（1）家庭養育代替サービス：親機能を代替する従来の養護サービスで里親・グループホーム・長期居住型施設、（2）家庭養育支援サービス：地域支援を行う家庭養育支援センター・短期養育支援ホーム、（3）教育治療・自立援助型サービス：発達障害等の専門支援や司法との連携を含む青少年問題へ対応する自立援助ホームである。ここには、児童福祉施設各種別横断的な再編の視点が、家庭養育と代替養育や、普遍的支援と専門的支援サービスの類型として提起されている。他方で、検討課題としてあげられているのは、（1）隣接領域の乳児院、教護院、情緒障害児短期治療施設、虚弱児施設、母子寮など、そして最も関係の深い里親問題などとの役割分担、（2）児童相談所との役割分担、（3）類型化した施設での専門職員の配置や、職員配置、物的条件などの施設最低基準の検討、（4）専門職員の養成、確保、研修問題、（5）実現へ向けての基本計画、実施計画などアクションプログラムの策定であった（全養協制度検討特別委員会ほか1995：164）。ここには、児童相談所との関係、施設種別ごとに作られてきた体系という従来の枠組みに踏み込むことの難しさと、機能再編した際の専門職の位置づけの難しさについて、そのまま従前の課題を引き継ぐ形の提言となっている。

　2003（平成15）年には、新たに制度検討特別委員会が「子どもを未来とするために—児童養護施設の近未来像Ⅱ報告書」を発表し「近未来像Ⅱ」と位置づけされている。2003（平成15）年「次世代育成支援対策推進法」が国会上程中という背景も踏まえて、一般家庭養育の支援を含めた、基礎自治体を

基盤とする、全体的な「子育て支援システムの改革の必要性と方向」という視点から児童養護サービスのあり方を検討している。社会的養護サービス類型について、（1）代替的サービスとして「居住型社会的養護サービス」、（2）補完的サービスとして「訪問・通所型社会的養護サービス」（ショートステイ、ホームヘルプ等）、（3）支援的サービスとして「訪問・通所型社会的養護サービス」（夜間や一時預かりを含む各種保育サービス等「一般子育て支援サービス」など）という重層化したサービス体系が整理された。さらに、従来の居住型施設サービスについては、「施設におけるケアの個別化とケア単位の小規模化」が提案された。「近未来像Ⅰ」から積み残しとなっていた専門職の位置づけについては、「施設養護に必要な知識と技術を習得するため、少なくとも現行保育士養成課程に施設保育士養成専門課程を1年ないし2年程度上乗せした施設保育士課程を新設する必要がある」という提言を行っている（全国児童養護施設協議会制度検討特別委員会小委員会2003：163）。他方で、職員配置については、「ケアの個別化とケア単位の小規模化」は提案されているが、職員配置の水準が「児童：職員」で「6：1」となっていたところに対して、具体的な数値目標は提案されていない。これについては、「施設保育士の専門性とは何か」という本質的な議論がなされていないという指摘もある（吉田2018：177）。先述の「保育士」課程に追加すべき専門課程（1〜2年程度）は言及されたが、そこに求められる「専門性」の内容や養成のあり方を具体化していくことの難しさが示唆される。

　上記のような施設協議会の報告書を含めた再編提案の経緯があり（**表2-4**）、厚生労働省は「社会的養護の課題と将来像」（2011年）（以下、「課題と将来像」）をまとめた。この時点での提起について、本報告では、1997（平成9）年・2000（平成12）年・2004（平成16）年・2008（平成20）年の児童福祉法改正、児童虐待の防止等に関する法律の制定と改正の背景を踏まえて、社会保障審議会児童部会社会的養護専門委員会、児童養護施設等の社会的養護の課題に関する検討委員会の検討結果であるとしている。社会的養護の基本的方向として、（1）家庭的養護の推進、（2）専門的ケアの充実、（3）自立支援の充実、（4）家族支援、地域支援の充実として、施設機能や専門職の役割が提起された。

具体的には、施設職員の専門性の向上として、（1）施設長の資格要件及び研修の義務化、（2）施設の組織力の向上として、「施設長→基幹的職員→チーム責任者→一般職員」の組織化と、「一般職員 → チーム責任者 → 基幹的職員 → 施設長」のキャリアアップの仕組みづくり、（3）職員研修の充実として、施設長、基幹的職員（スーパーバイザー）に加えて、新たに、中堅のチーム責任者クラス、家庭支援専門相談員（ファミリーソーシャルワーカー）の研修の追加があげられ、施設類型ごとの研修システム構築の必要性が提起された（厚生労働省2011：26-27）。

　「課題と将来像」における人員配置の考え方は、全施設にわたる考え方と各施設種別の考え方として整理されている（**表2-6**）。また、各施設種別にケアの標準化を目指し運営指針や手引きの策定があげられた。児童虐待の被害への対応、障害への支援、DV被害への対応など支援の専門性の追加、予算措置による職員の加算は行われてきてはいるものの、基本配置基準は、1976（昭和51）年が基本となってきたことから、ベースの見直しが必要であること、支援の標準化を種別ごとに進めていくことの必要性が提起されていることがわかる（厚生労働省2011：36-43）。

Ⅱ−2−（2）−D 「ビジョン」（2017年）

　「課題と将来像」が、従来の社会的養護の種別ごとの課題や将来像の検討として取りまとめられたことと異なり、2017（平成29）年に厚生労働省が示した「新しい社会的養育ビジョン」は、「養育」という視点から「社会的養護」という概念を根本から見直す視点となった。その背景となったのは、2016（平成28）年の児童福祉法改正により子どもが権利の主体として明確化されたことであった。「ビジョン」は、この改正を実装するために、「子ども家庭への養育支援から代替養育までの社会的養育」のあり方を示すことを目的としている。「社会的養護」と「代替養育」は改めて定義がなされた。「社会的養護」とは、通常の養育支援や子どもへの直接的な支援が、開始と終了が保護者の判断や意向による契約で実施されるのに対比して、「サービスの開始と終了に行政機関が関与し、子どもに確実に支援を届けるサービス形態」であると定義した。さらに社会的養護は保護者と分離している場合と分離していない場合を含むが、分離している場合を「代替養育」と呼ぶ、とし

表2-6 「課題と将来像」（2011年）における施設の人員配置に関する内容

（1）全施設の人員配置の考え方
①直接職員の基本配置の引き上げ
1976（昭和51）年（児童自立支援施設は1980（昭和55）年、母子生活支援施設は1982（昭和57）年）をベースとする基本配置見直しの必要性、専門的ケアを要する児童へのケア時間、勤務ローテーションの課題から、配置目標水準に向けた段階的取り組み。

②加算職員の配置の充実
里親支援担当職員や自立支援担当職員の配置、心理療法担当職員の全施設配置。

（2）各施設種別による整理
①児童養護施設
スーパーバイザー（基幹的職員）やチーム責任者設置、小規模化に際しての非常勤家事支援員追加、地域支援を行う本体施設に、心理療法担当職員、個別担当職員、ファミリーソーシャルワーカー、里親支援担当職員、自立支援担当職員の配置。

②乳児院
個別対応職員、心理療法担当職員の全施設配置、経験豊富な看護職員の確保対策、小児精神科や、理学療法士（PT）、作業療法士（OT）、言語聴覚士（ST）などとの連携、小規模グループ2に対して1名の夜間対応ができる体制。

③児童自立支援施設
心理療法担当職員の複数配置、1997（平成9）年児童福祉法改正による学校教育への就学義務設定により、施設内の分校、分教室の設置等が推進されるに当たり、施設が学科指導を行う経過措置で対応している施設の解消。

④母子生活支援施設
母子支援員、少年指導員の人員配置引き上げ、個別対応職員配置義務化、保育士配置について30：1から0歳児3：1、1・2歳児6：1等の保育所に準じた配置へ引き上げ、心身の障害等を有するなど特に対応が困難な母または子が4人以上入所する施設に非常勤母子支援員加算。

⑤上記以外の里親と支援機関、ファミリーホーム、自立援助ホーム、児童家庭支援センターの課題と将来像も取り上げられているが、職員配置や養成については、具体的な記述はなかった。

出典：厚生労働省（2011：7-39）より抜粋して作成

ている（厚生労働省2017c：8）。

　それまで実務的な改正は進められてきてはいたが、在宅支援のあり方や養子縁組を含めた「永続的解決の保障」について十分提示されてこなかったことが「ビジョン」の必要性を高めた。ここでは、本研究に直接関わる、社会的養護における在宅支援と、代替養育、とりわけ施設養育における専門職の役割という二つの事項を中心に考え方を整理しておく。

　第一に、在宅支援については、市区町村を中心とするポピュレーションアプローチから初期アセスメントによるハイリスク段階の判断を行うという前提で、地域をベースとしていかに社会的養護が関わるかという視点から整理がなされた。2016（平成28）年の法改正により加えられた児童相談所の指導措置委託（児童福祉法第27条第1項第2号）によって、児童相談所の措置を活用しながら市区町村から確実に必要な支援を届ける考え方が示されている。さらに、1997（平成9）年の児童福祉法の改正により児童福祉施設に追加された児童家庭支援センターによって、市区町村の子ども家庭支援拠点と連携し、多様な機能を担う社会資源として施設専門職の役割が強調されている。こうした背景のもと、児童相談所および一時保護所に求められる考え方や役割は、別表のように整理することができる（**表2-7**）。児童相談所と一時保護所に求められる役割と検討の方向性は多岐にわたるが、（1）権利擁護の仕組みの具体化、（2）市区町村等地域における連携・協働、（3）アセスメント等を含めた専門性の質向上、（4）一時保護における保護施設の機能明確化と他の資源との連携に区分できる。このことから、児童相談所や児童福祉司の役割がさらに多岐にわたってきていることが示唆される。

　第二に、代替養育・施設養育の考え方については、永続的解決に向けた「一時的なもの」という位置づけが明確にされた。一時的に代替養育を活用する意義として、児童福祉法第3条の2「児童を家庭及び当該養育環境において養育することが適当でない場合」の理解として、「虐待やネグレクトなど不適切な養育に起因する行動上の問題や心理的問題が深刻な状態であり、養子縁組家庭や里親家庭といった個人的な家庭環境では…中略…対処することができず、そのために子どもが家庭生活を営むことが不可能もしくは極めて困難な場合」、「年齢が高く、子ども自身が家庭生活に拒否感をもっている

表2-7　「ビジョン」(2017年) における児童相談所と一時保護所の考え方や役割

（1）子どもの権利を守る法律家と協働したソーシャルワークの必要性とあり方
　　権利擁護に取り組むため機関内弁護士と協働するリーガルソーシャルワークへの取り組み

（2）児童相談所の機能分化
　　調査・保護・アセスメント機能と支援マネージメント機能の分化

（3）支援が必要な子どもの把握と通告窓口
　　窓口一元化（振り分け機能、民間委託含む）の検討と通告を機に得られた情報の管理体制

（4）中核市、特別区の児童相談のあり方
　　基礎自治体としての役割と都道府県の持つ代替養育サービスとの連携の進め方の検討

（5）市区町村の子ども家庭支援との協働のあり方と方向性
　　市区町村中心の子ども家庭支援における関わり方（財政支援等）とモニタリングの適切な運用

（6）代替養育からの永続的解決を見据えたソーシャルワーク
　　家庭復帰の努力、親族・知人等による養育、特別養子縁組、普通養子縁組、長期里親・ファミリーホーム、施設養護という選択肢を踏まえた支援計画の策定と当事者の参画

（7）人材育成、専門性向上、資格化の可能性
　　スーパーバイザー研修、社会福祉主事の児童福祉司任用前研修、児童福祉司任用後研修、採用体制・配属基準・配属後の質向上の取り組み

（8）子どもも含めた意思決定

（9）記録の保存
　　子どもの将来の開示請求に対応できるための代替養育（一時保護を含む）の記録の永久保存

（10）一時保護の機能と場、保護時の養育およびケア
　　緊急一時保護、アセスメントのための保護、治療的ケア、保護の場の選択、一時保護里親創設、専用施設のあり方、離別体験等のケア、子どもの意見尊重、人的配置の増加とフォスタリング機関との連携、保護中の生活用品支給、教育権・社会参加の再検討

（11）一時保護の質確保と外部評価機構

（12）乳幼児アセスメント
　　保健師・心理士の活用やアセスメントの場の確保

出典：厚生労働省（2017c：16-26）より作成

場合」としている（厚生労働省2017c：29-30）。ここには、家庭養育の優先の前提とともに、代替養育は小規模施設を選択肢として、上記の状況は「3年以内」に家庭養育に移行できるような努力を行うという考え方が示された。さらに、2005（平成17）年より義務化されている児童自立支援計画の策定に際し、当面の養育プラン（子どもの発達や心理状況に応じたケアの計画）だけでなく、永続的解決に向けたソーシャルワークにおけるプラン（子ども・親・地域のアセスメントに基づき、機関・人材、効果の評価、子どもと親の再調合を含めた計画）として取り組む必要性をあげている。

　代替養育施設の具体的な位置づけとしては、「個々の子どものニーズに合った養育を行う個別化の具現化」であるとして、ニーズの内容や程度に応じた措置費の加算制度の整備、最大6人の子どもに対して日中は複数の職員が対応することを基礎とする体制、ケアニーズの非常に高い場合は、小規模ケア（子ども最大4人、子ども1人について職員2人）を生活単位の基準とすることが示された。併せて、施設には、入所機能だけでなく、アセスメント機能、相談・通所機能、在宅支援・里親支援機能を付加していく必要があるとしている（厚生労働省2017c：33-36）。

　以上のような社会的養育全体の中における代替養育・施設養育の位置づけから、今後求められてくる高度な専門性とは「治療的養育」であるとされた。そして「一時的」な役割という立場から永続的解決という全体的なプランに基づき、家庭や外部資源との連携が求められていることが示唆される。

　ここでは、「ビジョン」における児童相談所および一時保護所と代替養育としての施設養育の考え方を整理した。社会的養護の専門職としては、児童相談所と一時保護所、そして社会的養護施設は、取り組む視点や専門性が異なってきていることがわかる。「社会的養育」という全体の考え方では、連携の仕組みづくりや協働の知識や技術の習得という点では共通するものの、児童相談所はより多様な機能を実現するための専門職の多様な業務が求められてきており、社会的養護施設は、個別ケアに焦点化し、家庭で提供できない専門的支援や専門的支援に沿った生活支援に特化することが求められている。一時保護所は、相談機関の一部という立場では、養育資源としての相対化（他の社会資源との関係で自己の機関としての役割が決まってくるという

意味で）が進められる一方で、施設養育という側面では、より機能の焦点化や限定化（特定の機能に絞って短期間支援に取り組むという意味で）が求められていると考えることができる。

Ⅱ-2-(2)-E 人材育成環境を構成する要点

ここまで社会的養護対策のニーズがどのように変化してきたのかについて、2011（平成23）年の「課題と将来像」、2017（平成29）年「ビジョン」を中心に見てきた。専門職に求められていることは変化してきており、人材育成の環境も変化してきている。ここでは、近年の動向から、人材育成の環境を構成する要点を政策的動向とともに整理しておく。

Ⅱ-2-(2)-E-(A) 支援業務の幅：利用児童の自立支援と地域の支援

社会的養護専門職は、児童に関わる専門職として、「代替養育」の位置づけを見直すとともに、求められている業務についても、低年齢児童を対象とした家族との連携や家族再統合、また高年齢児童に対する自立の支援まで幅広くなってきている。また、児童については、義務教育を終了し、就職により児童養護施設等を退所した後に見られる、社会的な自立の困難が課題となってきた。自立相談援助は、1988（昭和63）年から取り組まれてきていたが、施設等を退所した児童の支援強化のため1998（平成10）年より「児童自立生活援助事業」が児童居宅生活支援事業の一類型として法定化された（「児童自立生活援助事業の実施について」平成10年児発第344号）。施設等に措置された児童にとって、施設退所や里親委託解除などにより、進学や就労をしながら社会的自立をしていくことは困難をともない、これまでの制度で対応することが難しい状況がある。そこで、2005（平成17）年には、目標設定と支援効果の客観的評価を踏まえて計画的に自立支援を進めていくこと（「児童養護施設等における入所者の自立支援計画について」平成17年雇児福発第0810001号）、さらに2011（平成23）年には、18歳以降の措置延長の積極的活用、中学校卒業や高校中退等で就職する児童の措置継続・再措置を適切に行うことが進められている（厚生労働省「児童養護施設等及び里親等の措置延長等について」平成23年雇児発1228第2号）。

また、施設等を退所し地域で生活する児童や、地域家庭の相談にも応じる児童福祉施設として1997（平成9）年に児童家庭支援センターが法定化された。

このセンターは、児童福祉施設等と連携し、地域の児童の専門的な相談に応じることや市町村に助言を行うことなど、地域の幅広い児童の課題への対応が求められており、児童養護施設等にも積極的に付置が進められてきている（「児童家庭支援センターの設置運営等について」（平成10年児発第397号））。

このように、社会的養護の専門職は、施設利用児童の対応だけでなく、施設退所から地域生活への切れ目ない支援や、地域の家庭の相談や市町村との連携など地域支援機能が付加され、従来の制度に基づく対象と業務から、児童のライフコースに合わせた対象と業務へと視点を切り替えることが求められてきている。

Ⅱ-2-(2)-E-(B) 職員配置：相談専門職等の追加

「ビジョン」による小規模ケアの職員配置の見直しにより予算措置がなされ、人員配置基準の改善が進められた。さらに、児童の早期家庭復帰を支援しうる体制の強化や、被虐待児童等の支援強化のため、児童養護施設等に新たな専門職の配置が進められた（**表2-8**）。1999（平成11）年より家庭支援専門相談員（ファミリーソーシャルワーカー）、心理療法担当職員が、2001（平成13）年より個別対応職員が、2005（平成17）年より職業指導員が、2008（平成20）年より医療的ケアを担当する職員が、2012（平成24）年より里親支援専門相談員（里親支援ソーシャルワーカー）が配置された（「家庭支援専門相談員、里親支援専門相談員、心理療法担当職員、個別対応職員、職業指導員及び医療的ケアを担当する職員の配置について」（平成24年雇児発0405第11号））。保育士や児童指導員といった従来から配置されている職員とこれらの専門職とが連携しながら、児童の生活を基盤とした支援が行われることとなっている。併せて2009（平成21）年から、支援の質を確保するために施設での自立支援計画等の作成・進行管理、職員の指導等を行う基幹的職員（スーパーバイザー）が都道府県により養成されることとなった（「基幹的職員研修事業の運営について」平成21年雇児発第0331014号）。また、施設の小規模化によって生じた児童の生活現場における職員数の減少や、シフト制による専門職の職場交流機会の減少など、人材育成の新たな課題への対応も求められてきている。

表2-8　社会的養護施設に追加配置された職種

職種	配置施設
家庭支援専門相談員 （ファミリーソーシャルワーカー）	児童養護施設、乳児院、情緒障害児短期治療施設（現・児童心理治療施設）および児童自立支援施設
里親支援専門相談員 （里親支援ソーシャルワーカー）	里親支援を行う児童養護施設および乳児院
心理療法担当職員	児童養護施設（心理療法の必要がある児童10人以上）、児童自立支援施設（心理療法の必要がある児童10人以上に1人）、乳児院（心理療法の必要がある乳幼児またはその保護者10人以上）、情緒障害児短期治療施設（定員9人につき1人、定員8人につき1人または定員7人につき1人）、母子生活支援施設（心理療法の必要がある母または子10人以上）
個別対応職員	児童養護施設、乳児院、情緒障害児短期治療施設、児童自立支援施設、母子生活支援施設
職業指導員	実習設備を設けて職業指導を行う児童養護施設または児童自立支援施設
医療的ケアを担当する職員	医療的ケアを必要とする児童が15人以上入所している児童養護施設

出典：「家庭支援専門相談員、里親支援専門相談員、心理療法担当職員、個別対応職員、職業指導員及び医療的ケアを担当する職員の配置について」（平成24年雇児発0405第11号）より筆者作成

Ⅱ－2－（2）－E－（C）　自治体ごとの仕組み：都道府県による計画化

　社会福祉を含む課題として、地域ごとのニーズの違いが指摘されてきている。2009（平成21）年には、地方分権推進委員会の勧告に基づく「地域の自主性及び自立性を高めるための改革の推進を図るための関係法律の整備に関する法律」（平成23年法律第37号）が制定され、2012（平成24）年より施行された。児童福祉関係では、児童福祉施設最低基準の自治体の条例委任がなされ、法令の基準により条例を拘束する「従うべき基準」、法令を標準とし

つつ地域の実情に応じた内容が許容される「標準」、自治体が参酌して地域の実情に応じた内容を定めることができる「参酌すべき基準」に整理された。これにより、児童養護施設等の人員配置基準や居室面積基準は「従うべき基準」として位置づけられたが、衛生管理、入所者・職員の健康診断、乳児院、母子生活支援施設、児童養護施設、情緒障害児短期治療施設（現・児童心理治療施設）、児童自立支援施設における関係機関との連携等は「参酌すべき基準」となっている。

　社会的養護における自治体の役割は近年より重要な位置づけとなっている。「ビジョン」や改正児童福祉法等を受けて、既存の都道府県推進計画を全面的に見直し、新たに都道府県社会的養育推進計画を策定することになった（「『都道府県社会的養育推進計画』の策定について」（平成30年子発0706第1号））。さらに都道府県社会的養育推進計画の「見える化」として、3歳未満の里親委託率等の「数値目標の水準」、代替養育を必要とする児童の潜在的需要を見込むための「計算過程」、里親支援体制強化に向けた「取り組み内容」を自治体ごとの計画に盛り込むことが進められた。このように、社会的養護は、自治体ごとの基準や計画により仕組みが整備され、市区町村の体制整備を支援していく位置づけとして、都道府県の人材育成を含めた対策が進められていくことになっている。

Ⅱ−2−（2）−E−（D）　施設種別ごとの課題

　施設種別ごとの現状や特徴について、概観しておく。

　児童養護施設は、戦争孤児の対策から始まった施設であるが、虐待被害の対応へ重点が移り、障害の有無の境界領域に当たる事例、先述の通知が発出されているような義務教育終了児童の対応が求められている。2018（平成30）年2月1日現在、児童養護施設では、虐待を受けた子どもが65.6%、何らかの障害を持つ子どもが36.7%と増加傾向にあり、専門的なケアの必要性が指摘されている。また入所児童の平均在籍期間は、5.2年だが、10年以上の在籍期間の児童が14.6%とされる。これまで「ビジョン」等で触れてきたように、施設のケア単位の小規模化（小規模グループケア）やグループホーム化などの推進が課題となっている。施設数は612、定員は3万1494人、現員は2万4539人となっている（「福祉行政報告例」2020年3月末）。

乳児院は、基本的な養育機能に加え、被虐待児・病児・障害児などに対応できる専門的養育機能を持つことが求められている。1980年代にはベビーホテル問題への対応が課題となった。乳児院の在所期間は、1か月未満が6.5％、6か月未満を含めると25.7％とされる。短期の利用では、子育て支援の役割が、長期の在所では、乳幼児の養育のみならず、保護者支援、退所後のアフターケアを含む親子関係再構築支援の役割が重要となっている。「ビジョン」の考え方から、短期の入所措置から家庭復帰や里親委託という流れが想定されてきている。児童相談所の一時保護所は、乳児への対応ができない場合が多く、乳児院が児童相談所から一時保護委託を受け、アセスメントを含め、実質的に一時保護機能を担っているとされる。近年では、地域の育児相談や、ショートステイ等の子育て支援機能が期待されている。施設数は144、定員は3906人、現員は2760人となっている（「福祉行政報告例」から厚生労働省家庭福祉課作成 2020年3月末）。

　母子生活支援施設は、従来は、生活に困窮する母子家庭に住む場所を提供する施設であり、「母子寮」の名称から始まった。1997（平成9）年の児童福祉法改正で、施設の目的に「入所者の自立の促進のためにその生活を支援すること」を追加し、名称も変更され、近年では、DV被害者（入所理由が配偶者からの暴力）が入所者の50.7％を占める。また、精神障害や知的障害のある母や、発達障害など障害のある子どもも増加しているとされる。施設数は221、定員は4592世帯、現員は3367世帯（児童5626人）となっている（「福祉行政報告例」2020年3月末）。

　児童心理治療施設（旧・情緒障害児短期治療施設：2016（平成28）年児童福祉法改正により名称変更）は、心理的・精神的問題を抱え日常生活の多岐にわたり支障をきたしている児童に、医療的な観点から生活支援を基盤とした心理治療を行う。平均在所期間は2.2年で、治療後に、家庭復帰や、里親・児童養護施設での養育につなぐ役割を持つ。通所部門を持ち、在宅通所での心理治療等の機能を持つ施設もある。入所児は、何らかの障害等がある子どもが72.9％を占めるとされる。学校教育は、施設内の分教室や分校を持つ場合がほとんどであるが、近隣の学校の普通学級、特別支援学級に通う場合もある。施設数は51、定員は1992人、現員は1370人となっている（「福祉

行政報告例」2020年3月末）。

　行動上の問題、特に非行問題を中心に対応する児童自立支援施設は、1997（平成9）年の児童福祉法改正により、「教護院」から名称変更し、「家庭環境その他の環境上の理由により生活指導等を要する児童」も対象に加えた。職員である実夫婦とその家族が小舎に住み込み、家庭的な生活の中で入所児童に一貫性・継続性のある支援を行う伝統的な小舎夫婦制や、小舎交代制という支援形態で展開してきた小規模による家庭的なケアの歴史がある。少年法に基づく家庭裁判所の保護処分等により入所する場合もあり、児童福祉法により、都道府県等に設置義務が課せられており、大多数が公立施設となっている。施設数は58、定員は3464人、現員は1201人となっている（厚生労働省家庭福祉課調べ　2019年10月）。

　自立援助ホーム（児童自立生活援助事業）は、義務教育を終了した満20歳未満の児童等や、大学等に在学中で満22歳になる年度末日までの者（満20歳に達する前日に入居していた者に限る）であって、児童養護施設等を退所した者等が共同生活を営む住居において、相談その他の日常生活上の援助、生活指導、就業の支援等を行う事業である。施設数は193、定員は1255人、現員は662人となっている（厚生労働省家庭福祉課調べ　2019年10月）。

　施設「小規模化」の動向にともなう影響について、全国の乳児院と児童養護施設を対象とした調査結果には、近年の社会的養護の環境を見ることができる（みずほ情報総研2017）。ここから人材育成の環境に関わる結果を見てみる。児童養護施設の小規模化の状況は、養育形態別で見ると「小規模グループケア（敷地内で行うもの）」が39.1％であり、「小規模グループケア（分園型）」「自治体の独自制度によるグループケア」「地域小規模児童養護施設」を合わせると75.9％となる。平均児童数は、形態ごとで見ると「小規模グループケア（敷地内）」では「8人」が最も多く42.5％、「小規模グループケア（分園型）」では「6人」が最も多く61.6％となる。養育単位ごとの児童数を見ると、「小学生」の3.4人が最も多く、「中学生」「中学卒業〜18歳未満」とも2.2人である。養育単位ごとの在籍児童の年齢区分を見ると、「3つの年齢区分の児童がいる」が38.2％で最も多く、次いで「2つの年齢区分の児童がいる」が23.0％で合わせて半数を超える。養育単位ごとの平均職員数

は、常勤職員の「3人」が34.7％で最も多く、次いで「4人」が17.7％である。非常勤職員では「0人」が55.5％、次いで「1人」が22.8％となる。養育単位の本体施設との職員兼務は「有」が14.8％、「無」が46.7％と、兼務が行われていない養育単位が多い。職員応援は「有」が36.6％、「無」が23.3％と、応援が行われている養育単位が多かった（みずほ情報総研2017：15-19）。このように応援を得ながら1人ないし2人で生活空間を構成し、小学生を中心とした6～8人の多年齢児童をみているイメージとなる。

　小規模化による変化は、「職員による子どもへの個別的な関わりが増えた」が83.3％、「子どもが家事を大人が行う姿に接したり自分で行ったりするなど、日常生活上の体験が豊かになった」が68.4％など、職員との関係性の変化に関わる項目は上位にあがっている。養育上の課題としては「課題の大きい子どもがいる集団では、他の子どもへの影響が大きくなる」（70.2％）が最も多く、次いで「課題の大きい子どもへの支援体制が十分確保できない」（61.1％）など、職員による児童間の個別対応の難しさがあがっている。運営上の課題としては「職員一人ひとりの資質・経験の違いによる養育の差が生じやすくなった」（72.7％）が最も多く、次いで「子どもの課題が表出することで、職員が精神的に疲労するようになった」（56.8％）、「職員が一人で子どもを養育する時間が長くなった」（49.5％）が上位にあがる（みずほ情報総研2017：25-28）。

　乳児院の小規模化の状況は、養育形態別に見ると、最も多かったのは「本体施設」（52.9％）、次いで「小規模グループケア」（46.5％）であった。養育単位ごとの平均在籍乳児・幼児数は、「2歳～3歳未満」が1.5人で最も多く、次いで「1歳～1歳6か月未満」「1歳6か月～2歳未満」がそれぞれ1.2人であった。養育単位ごとに在籍乳児・幼児の年齢区分を見ると、乳児・幼児全員が同じ年齢区分である養育単位では、全員が「2歳～3歳未満」である養育単位が20.4％と最も多く、次いで全員が「1歳～1歳6か月未満」「1歳6か月～2歳未満」の養育単位がそれぞれ18.4％であった。養育単位あたりの平均職員数は、常勤職員では「5～6人」が31.1％で最も多く、次いで「3～4人」が27.5％、「7～9人」が14.8％であった。非常勤職員では「0人」が49.5％で最も多く、次いで「1人」が30.8％、「2人」が

6.9％であった。職員兼務は「有」が19.9％、「無」が32.3％と、兼務が行われていない養育単位が多く、職員応援については「有」が23.0％、「無」が22.1％と、応援ありがやや多かった（みずほ情報総研2017：69-77）。このように、児童養護施設に比べて乳児院は、絞った年齢層の子どもにより多くの職員で関わることや、本体施設が多いことから、応援は児童養護施設ほど活用されていないといえる。

　小規模化の変化については、利点は、「職員による子どもへの個別的な関わりが増えた」（85.7％）が最も多く、次いで「子どもと職員との愛着の形成がより図られるようになった」が79.4％と続く。課題は、「課題の大きい子どもがいる集団では、他の子どもへの影響が大きくなった」が41.3％で最も多く、次いで「入退所が子どもの集団に影響し、グループが不安定になる等のことがみられるようになった」「子どもが抱えている課題、感情が表出されやすくなり、グループ内での対応が困難になった」がそれぞれ28.6％と、児童養護施設ほどではないが、児童集団間の影響への対応の難しさがあがっている。運営上の課題としては、「職員一人ひとりの資質・経験の違いによる養育の差が生じやすくなった」が61.9％で最も多く、次いで「入所や通院等の緊急対応時に職員の手配ができず、小規模グループケアが実施できない時があった」が50.8％と続き、職員体制編成や人材育成の難しさがあがっている（みずほ情報総研2017：84-86）。

Ⅱ-2-(3) 人材養成（キャリア形成）の背景

Ⅱ-2-(3)-A　社会的養護分野の研修体系

　ここでは、社会的養護分野の施設として、特に入所児童現員の多い、児童養護施設、乳児院、母子生活支援施設を対象に、人材育成や専門性形成の捉え方を見ることとする。厚生労働省では、2013（平成25）年に「児童養護施設等の職員の資質向上のための研修事業実施要綱」（2014（平成26）年改正）を策定し、都道府県（指定都市および児童相談所設置市を含む）を実施主体として定めている。また社会的養護分野の各施設協議会では、各施設種別で求められる人材育成のための研修体系を策定している。この研修体系から、人材育成や専門性形成について、（A）専門性の積み上げ、（B）専門性の広

がり、に焦点を当てて、視点の整理を行う。

Ⅱ−2−(3)−A−(A) 専門性の積み上げの視点

Ⅱ−2−(3)−A−(A)−(a) 全養協の設定する専門性積み上げの視点

　全国児童養護施設協議会（以下、全養協）では、2015（平成27）年に研修体系について策定している。さらに、2015（平成27）年・2016（平成28）年にわたり、研修内容の改訂や研修等の実施に活用する「ふりかえりノート」（日々のOJTも含めた研修のふりかえりを促す記録様式）の作成を行った。その後、この「ふりかえりノートの活用」と「人材育成に必要な職場風土の醸成」の事項を盛り込み、2017（平成29）年に改訂版を策定している（全養協2017）が、専門性の積み上げや広がりの視点に変更はなされていない。

　専門性の積み上げは、「人材育成のレベル」として職員経験年数と業務実績等により六つのレベルで整理されている（全養協2017：3−6）。Lv.1：入職前（施設での採用が決まっている者）、Lv.2：新任（入職1〜3年目）、Lv.3：中堅（4〜6年目またはそれと同等な業務経験と研修履歴がある者）、Lv.4：上級（7年目以上またはそれと同等な業務経験と研修履歴がある者）、Lv.5：基幹的（上級職員にあって基幹的職員認定研修を修了した者）、Lv.6施設長（施設長となる資格を有した者）と区分されている。さらに、各階層で期待される役割や技術がそれぞれ提示されている（**図2-1**）。

Ⅱ−2−(3)−A−(A)−(b) 全乳協の設定する専門性積み上げの視点

　全国乳児福祉協議会（以下、全乳協）は、2012（平成24）年に研修体系の指針を出しているが、小規模グループケアに合わせた改訂や専門性の領域の捉え方の見直しを行い、2015（平成27）年に改訂版を出している（全乳協2015）。全乳協においても全養協と同じように、人材育成のレベルを設定しており（全乳協2015：3−8）、2012（平成24）年から2015（平成27）年の改訂での変更点はない。全養協のように、五つのレベル＋施設長となっており、細かなところでは、「Lv.6」として施設長が位置づけられていないこと、「レベル1」に入職前の研修期間中に「実習生等」が追記されていること、「レベル4」に、上級職員に加えて「チーム責任者」が記載されていることが違いとしてあげられる。入職からの経験年数の想定に大きな違いはなく、「レベル3」以降に業務年数だけでなく、「必要な研修を受けた職員ある

図2-1　全養協人材育成のレベル

Lv. 1　入職前職員
児童養護施設での採用が決まっている者

児童養護施設職員として求められる基本的な姿勢や知識等を学ぶために、入職前研修を受けなければならない。

Lv. 2　新任職員（初級）
入職から3年目までの職員

初任者として期待される役割を担うために、研修計画に基づいた必要な研修を受けなければならない。

Lv. 3　中堅職員（中級）
新人職員として3年間の業務を行い、その間必要な研修を受けた職員あるいはそれと同等な業務経験と研修履歴があり、施設長が中堅職員として認めた職員

中堅職員として期待される役割を担うために、研修計画に基づいた必要な研修を受けなければならない。

Lv. 4　上級職員（上級）
中堅職員として業務を行う中で、必要な研修を受けた職員あるいはそれと同等な業務経験と研修履歴があり、施設長が上級職員として認めた職員

上級職員として期待される役割を担うために、研修計画に基づいた必要な研修を受けなければならない。

各自治体による基幹的職員認定研修の受講

Lv. 5　基幹的職員（スーパーバイザー）
上級職員として業務を行う中で、必要な研修を受け、施設長が基幹的職員として推薦し、基幹的職員認定研修を修了した職員

基幹的職員として期待される役割を担うために、必要な研修を受け続けなければならない。

出典：全養協（2017：7）

いはそれに等しい業務経験と研修履歴のある職員」と図に追記されている（**図2-2**）。

Ⅱ−2−（3）−A−（A）−（c） 全母協の設定する専門性積み上げの視点

全国母子生活支援施設協議会（以下、全母協）では、年1回の全国の職員研修会を初任者研修として位置づけるとともに、2005（平成17）年度から2010（平成22）年度にかけて職員研修会上級コースを実施し、主にスーパービジョンについての内容を深め、研修体系の全体を整理し、2017（平成29）年に「研修体系」を策定している（全母協2017：1-2）。全養協や全乳協と比べて、施設種別による対象の違いや図表の書式に細かな違いはあるが、記述内容におけるレベル分けや期待される役割に大きな違いはない（**図2-3**）。

Ⅱ−2−（3）−A−（A）−（d） 人材育成レベルのイメージ

社会的養護3協議会の研修体系を見ていく中で、人材育成のレベルのイメージ像の共通点と違いが見えてくる。経験年数で役割がどのように変化していくのか、という点について比較していくと、微細な位置づけの表現の違いはあったが、大きな違いはなかった。

他方で、この人材育成のレベルのイメージ像は、経験年数におけるレベルの積み上げとともに、専門性積み上げの側面もある。この「積み上げ」の内容は、専門性の広がりと連動する部分でもあり、全体像では見えづらい種別ごとの相違がある。例えば、「レベル3」で位置づけられている中堅職員において、全母協では、「ジェネラリスト・ソーシャルワークについてより深く理解し…」とある（**表2-9**）。確かに、全養協では、このレベルで「要保護児童対策地域協議会（中略）について理解を深め…ケースに応じた協働」ということがあげられており、種別による対象の違いからくる記述内容の相違とも見える。全乳協では、このレベルで医療機関等関連機関の理解と連携があげられており、連携や協働の役割は同じで単なる連携先の種別の違いにも見える。他方で、全乳協では、このレベルで「保育看護ができる」という役割が記載されており、これら全母協や全乳協の記述の違いは、人材育成レベルにおける積み上げの相違について、種別で見ていく必要性を示唆している。

図2-2　全乳協人材育成のレベル

レベル1：就任前

入職前の研修期間中、または実習生等

乳児院の養育に関わる者として、乳児院入職後につながる学びや研修の機会が必要

レベル2：初任職員

入職から3年目の職員

初任者として期待される役割を担うために、研修計画に基づいた必要な研修を受けなければならない

レベル3：中堅職員

初任者として3年間の業務を行い、その間必要な研修を受けた職員あるいはそれに等しい業務経験と研修履歴のある職員で、施設長が中堅職員として認めた職員

中堅職員として期待される役割を担うために、研修計画に基づいた必要な研修を受けなければならない

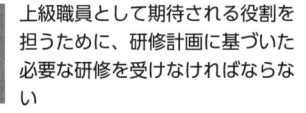

レベル4：上級職員・チーム責任者

中堅職員として業務を行う中で、必要な研修を受けた職員あるいはそれに等しい業務経験と研修履歴のある職員で、施設長が上級職員として認めた職員

上級職員として期待される役割を担うために、研修計画に基づいた必要な研修を受けなければならない

各自治体による基幹的職員認定研修の受講

レベル5：基幹的職員

上級職員として業務を行う中で、必要な研修を受け、施設長が基幹的職員として推薦し、基幹的職員認定研修を修了した職員

基幹的職員として期待される役割を担うために、必要な研修を受け続けなければならない

出典：全乳協（2015：8）

図2-3　全母協人材育成のレベル

> レベル 1　就任前　入所前の研修中、または実習生等
>
> 母子生活支援施設に関わるものとして、母子生活支援施設につながる知識、技術、価値を学ぶ研修の機会が必要とされる。

> レベル 2　新任職員　入職 1 年目から 3 年目までの職員
>
> 新任者として期待される役割を担うため、研修計画に基づいた学びや研修の機会が必要とされる。

> レベル 3　中堅職員　4 年目から 6 年目までの職員
>
> 中堅職員として期待される役割を担うため、研修計画に基づいた学びや研修の機会が必要とされる。

> レベル 4　上級職員　チーム責任者　7 年以上の職員
>
> 上級職員として期待される役割を担うため、研修計画に基づいた学びや研修の機会が必要とされる。

> 各自治体による基幹的職員認定研修会の受講

> レベル 5　基幹的職員　基幹的職員認定研修を修了した職員
>
> 基幹的職員として期待される役割を担うため、必要とされる研修を受け続けなければならない。

出典：全母協（2017：14）

表2-9　全母協「人材育成のレベル」（レベル3まで）と職員像

レベル1 就任前	入所前の研修中、または実習生等
	・今後、母子生活支援施設に関わる者として、母子生活支援施設の現状と課題や職員としての基本的な姿勢、知識、子ども・女性の権利擁護について理解する。 ・母子生活支援施設と連携する機関や地域の子ども・子育て支援についても理解に努める。
レベル2 新任職員	入職1年目から3年目までの職員
	・母子生活支援施設の人材育成体系を理解し、中堅以上の職員の指導のもと、ひとり親に対する支援や子どもの権利擁護の理念、子どもの基本的な発達のありかたを理解し、それに則った支援ができる。 ・基本的なコミュニケーションスキルを身につけ、傾聴と共感的理解を基本的姿勢として援助を行うことに努める。
レベル3 中堅職員	4年目から6年目までの職員
	・さまざまな場面において、新任職員の手本となり、助言、指導をするとともに、利用者のニーズを受け止め、その代弁者としての役割を理解し、利用者の権利擁護に則った適切な行動をとることができる。 ・ジェネラリスト・ソーシャルワークについてより深く理解し、実践に反映させるとともに新任職員に伝えることに努める。

出典：全母協（2017：12）、なおレベル4以降は省略している。

Ⅱ-2-(3)-A-(B)　専門性の広がり

　上記の人材育成のレベルの設定があり、「各レベルに応じて身につけていくべき事柄は多岐にわたる」（全養協2017：8）として、人材育成の領域を設定している。全養協と全母協は8領域、全乳協は9領域となっている（**表2-10**）。

Ⅱ-2-(3)-A-(B)-(a)　人材育成の領域構成

　領域の大まかな構成を見ていくと、前半の区分（1～4）は種別ごとの違いはなく視点を共有している。後半の区分は、「5 支援や技術」「6 チームアプローチ（全養協は機関協働をこれに含める）」「7 家族支援（全乳協は保護者支援）」に全母協は直接該当する項目はなく、全母協の「5 母親と子

表2-10　人材の領域（網掛けのセルは機関連携の項目、下線部は強調点を筆者が加筆）

		全養協	全乳協		全母協	
1	人材育成の基本	・自身の理解、日々の実践から学ぶ ・スーパーバイズ（SV）の理解と実施、人材育成の文化・体制づくり ・社会的養護の質的向上、関連領域での貢献 ・地域子育て支援への貢献	育ち・育てること（人材育成の基盤）	同左	専門性の向上	同左 ・<u>カンファレンスとSV質的向上</u> ・<u>社会</u>子育て支援への貢献
2	資質と倫理	・自己健康管理、人格的成長、<u>子どものモデルとなる</u> ・所属の理念理解、倫理規定順守と行動 ・地域の承認・理解 ・自己実践開示と記録、報告、相談、話し合い ・<u>個人情報保護</u> ・緊急対応・事故防止	資質と倫理	同左 ・<u>全ての養育者の模範となる</u> ・<u>救急対応・事故防止・緊急対応</u>	資質と倫理	同左 ・<u>全母協倫理綱領遵守と実践</u> ・<u>子どもと家族を支える支援者としての模範</u> ・<u>地域社会から信頼される</u> ・<u>利用者の主体性尊重</u>
3	子どもの権利擁護	・子どもの最善の利益を<u>施設内外で展開</u> ・多様性尊重、差別偏見から子どもを守る ・虐待・搾取・いじめ等不当な扱い防止 ・貧困影響から守る ・その他不適切な対応・環境・場面の改善	子どもの権利擁護	・子どもの最善の利益を<u>理解・反映</u> ・<u>個人情報保護</u> ・<u>その他の権利侵害から守る</u>	権利擁護	・<u>母親と子どもの尊厳と権利の理解実践</u> ・子どもの最善の権利を<u>理解・反映</u> ・<u>人種・障害・階級・経済状況・年齢・性別・信仰信念等の多様性尊重・差別偏見から母親と子どもを守る</u> ・暴力・搾取・いじめ等不当な扱いから<u>母親と子どもを守る</u> ・<u>母親と子どもにとって不適切な環境や対応の改善</u> ・母親と子どもの間で権利衝突の場合調整 ・個人情報保護 ・<u>施設の自己評価・第三者評価の意義理解改善</u>

4	知識	・社会的養護の法制度・健全な生活の営み・身体的発育・成長・心的な発達知識 ・子どもの社会学的理論や知見 ・精神疾患、不適切養育環境・外傷・喪失体験の影響・愛着問題・不適応行動等の臨床の理論・知見 ・家族・里親に関する理論・知見、子どもの自立を支える資源情報、ライフサイクル・世代間伝達等 ・その他社会的養護に必要な理論・知識・知見	専門的知識	同左 ・社会的養護を中心に福祉全般と諸領域 ・アタッチメント、身体疾患、精神疾患に関して学ぶ ・アセスメント、養育スキルに関する知識や知見	専門的知識	同左 ・民法・児童福祉法・児童虐待防止法・配偶者暴力防止法等、母親と子どもの暮らしに関連する法律諸制度 ・ジェネラリスト・ソーシャルワーク理念技法、アセスメントの展開と支援計画策定に向けた知識・知見 ・身体の成長と心的発達、母子関係の理論知見、関係性の病理 ・子どもの課題に対する治療教育的技法 ・母親の課題、母子関係が抱えた課題に対する支援技法
5	子どもの支援技術	・子どもの心身の健康管理 ・傾聴・共感・肯定的評価等基本的支援技術、愛着・信頼関係構築 ・家庭的養育・個別的ケア、小規模ケアの利点とリスクの理解と小規模ケア追求 ・健康的な生活（衣食住）の営みと向上 ・アセスメント・自立支援計画・個々の養育の手立て、カンファレンスの理解 ・人生の連続性、ニーズに合わせ科学的根拠に基づく治療教育的技法の活用	専門的な養育技術	同左 ・急激な経過をたどる病気への救急対応 ・食育の理解実践	母親と子どもへの支援	同左 ・世代間の負の連鎖防止の手立て ・ケースカンファレンスを重視しアセスメント・自立支援計画 ・アセスメント実践の要点…母子の健康と日々の生活支援、母親の心身の課題・経済的問題・孤立・就労・ＤＶ被害等の課題解決、母子関係構築、リービングケア・アフターケアの手立て ・実践振り返り・評価
6	チームアプローチと機関協働	・チーム支援の理解と一員としての機能、職員同士の支援体制 ・情報アセスメントの共有、小規模ケアにおける職員の孤立や抱え込み防止 ・メンタルヘルスの理解 ・多機関協働の意義と地域機関連携、地域資源の発掘・連携	チームアプローチと小規模ケア	同左 ・緊急時（災害・事故・子どもの病気等）のチーム体制構築と対応 ・小規模グループ同士の連携・本体施設との連携	施設内チームアプローチ	同左 ・職種別の役割責務の理解、協働 ・緊急時（災害・事故・子どもの病気等）のチーム体制構築 ・グループスーパーバイズの効果的展開

7	家族支援	・保護者対応基本的姿勢実践 ・面接電話相談の基本 ・家族アセスメント、家族の抱えたリスク要因理解・機関連携と解決、精神疾患の課題理解・機関連携と解決 ・親子関係の維持と調整 ・児相等関係機関とのアセスメントと家庭復帰	保護者支援	同左	機関連携	・福祉事務所、学校や保育園等、保健センター・司法機関・女性センター等必要な機関、医療機関、児相との連携 ・入所前・中・後の母子が暮らす要保護児童対策地域協議会との連携 ・地域資源を見出し連携
8	里親・ファミリーホーム支援	・家庭養護の意義役割理解 ・里親制度理解と里親養育推進 ・里親ファミリーホームの理解と協働 ・里親と里子の関係構築	他機関連携	・児相、医療機関、要保護児童対策地域協議会、保健センター・子育て支援機関等地域機関の連携 ・地域資源の発掘と連携	地域の母子支援（アウトリーチ）	・日本の現状と課題の理解
9			里親支援	・里親制度理解、里親支援 ・里親と子どもの関係調整		

出典：全養協（2017）、全乳協（2015）、全母協（2017）より筆者作成

どもの支援」「8 地域の母子支援」を足したような内容となる。一方で全乳協と全母協は「機関連携」が独立しているところが全養協と異なる。**表2-10**には、特に違いが明確となる「機関連携」のところを網掛けで示している。さらに、全母協には対象者の違いから「里親支援」の項目はなく、全乳協は「9 里親支援」となっている。それぞれの内容で見ると、「1 人材育成の基本」〜「3 権利擁護」の区分は、種別共通事項と種別により異なる事項で構成されているが、違いの部分は、主として、対象が児童だけか母親も含むかによる。これに対して、種別ごとの相違は、「4 知識」以降の区分に多く見られている。次に代表的なものをあげる。

Ⅱ－2－(3)－A－(B)－(b)「知識」と「支援や技術」の内容

　知識、支援や技術の内容は、専門性の具体像を示すと考えられる。「4 知識」では、児童の心身のこと、家族、法制度等のおおむね基盤となるものは

共通しているが、全養協ではライフサイクルや世代間伝達の視点、全乳協ではアタッチメント、全母協では母子関係の知識が加わっている。「5 支援や技術」では、全乳協で病気の救急対応、全母協でケースカンファレンスの重視や母親の課題への支援技術が取り上げられているところに特徴がある。

Ⅱ-2-(3)-A-(B)-(c) 「チーム」アプローチの要素

チームアプローチについては、小規模化する施設の孤立・抱え込み防止という点では、共通しているが、全乳協では、職員グループ（小規模グループ）間の連携や小規模ユニットと本体施設との連携が取り上げられている。さらに、全母協では、職種別の役割やグループスーパーバイズの手法の活用が取り上げられている点が他の種別と異なっている。

Ⅱ-2-(3)-A-(B)-(d) 「機関連携」の位置づけ

すでに述べたが、多様な他の機関との連携の位置づけは三者で異なっている（表2-10網掛け部分）。全養協では、「多機関連携」「地域資源の発掘」は「6 チームアプローチ」と同じ区分に位置づけられているのに対して、全乳協では、チームアプローチと他機関連携は、別の区分となっている。また、全乳協では、「児童相談所、医療機関、要保護児童対策地域協議会、保健センター・子育て支援機関等地域機関の連携」と具体的な連携先が明示（特定）されている。全母協についても「機関連携」として別の区分となっており、「福祉事務所、学校や保育園等、保健センター・司法機関・女性センター等必要な機関、医療機関、児童相談所との連携」「入所前・中・後の母子が暮らす要保護児童対策地域協議会との連携」と、連携先が明示されている。

また、全母協には、他の種別にはない、「地域の母子支援」の区分が設定され、地域貢献（支援）、アウトリーチ、地域支援計画について触れられている。

Ⅱ-2-(3)-A-(B)-(e) 専門性の広がりのイメージ

人材育成の「領域」は、三つの種別でおおむね共通した構成となっており、前半の区分を基盤として共通部分を中心に構成し、後半の区分を種別ごとの特徴で構成している。

全養協は、児童の生活に関係する知識や技術を重視し、職員の体制や連携は、児童の生活グループの単位を中心に構成することをイメージしていると

ころに特徴がある。全乳協は、児童の病気に関連する救急対応が他にはない特徴であるといえるが、職員体制では、小規模の職員グループ（チーム）を超えた（あるいは間の）連携や共有が重視されている。全母協では、ジェネラリスト・ソーシャルワークの視点が強調され、スーパーバイズやグループスーパーバイズ等の手法に具体性が高い。また、職種間、機関間、地域支援計画等、ミクロシステムに対する視点だけでなく、メゾ〜マクロシステムへの関心が他の種別よりも重視されている。

Ⅱ-2-(3)-B 近年の環境変化による専門性の課題

社会的養護3協議会の研修体系は、前節で触れてきた近年の環境変化に対して、課題が指摘されてきている。最新の調査研究では、大規模な調査研究ではないものの、各施設協議会策定の研修体系をもとに、施設機能の変化に合わせて、いかなる専門性や人材育成の課題が生じているか整理している（みずほ情報総研2021：104-107）。

乳児院4か所、児童養護施設4か所の抽出ヒアリングでは、今後求められる研修で取り上げるべきテーマやプログラムのねらいが整理されている。施設の高機能化、小規模かつ地域分散化にともなって、専門性の明確化のために、研修は、乳児院と児童養護施設で種別ごとに整理される必要が想定されている。これを踏まえて、縦軸を「研修テーマとプログラム」の13の柱、横軸を「対象職員、該当する研修領域」とし、それらを既存の各協議会の研修体系で示されている人材育成の「領域」と対照する表によって、乳児院、児童養護施設それぞれの研修のねらいが整理された（**表2-11**）。縦軸には、業務の基本的理解（地域化など）、専門職としての自己、高機能化の基盤を形成するものといった側面からの人材育成研修のねらいの特質が見られる。また、横軸からは、新任〜上級までレベルごとに期待されることを設定していく必要性が理解できる。

Ⅱ-2-(4) 社会的養護専門職の研究動向

上述の政策的背景等に対し、先行研究では、具体的な人材育成の課題について明らかにしようという試みが見られている。社会的養護分野の専門職と対象範囲を限定しても、内容を大きく区分しても、専門職には、児童養護施

表2-11　種別ごとに明確化された研修のねらい（乳児院・児童養護施設）

乳児院の人材育成の研修テーマとプログラムのねらい（案）

	新任職員対象	中堅・上級職員対象	本園（支援拠点）職員対象	研修領域
人材育成の視点	養育における重要事項の理解と実践力の習得	養育のモデルと学びのリーダーシップ	施設の養育・支援力の向上とそのための体制作り	
乳児院の役割と養育の基本	乳児院に求められる社会的役割と養育の基本を理解する	乳児院に求められる社会的期待と役割、それに照らし合わせた当該ホーム課題とビジョンを言語化し説明できる	乳児院に求められる今後の社会的期待・役割をふまえ、当該施設のビジョンを伝える	領域①②⑤⑥
スーパーバイズ	スーパーバイズを受けることの意義を理解する	スーパーバイズのスキルを学ぶ	スーパーバイズの体制作りと効果的なスーパーバイズの工夫	領域①②③⑤⑥⑦
自身の実践を振り返る	自らの実践を振り返る力を身に着ける	自身の実践の振り返りと自己覚知		領域①②⑤
包括的アセスメントとケースカンファレンス	包括的アセスメントとケースカンファレンスの意義を理解し実践する	支持的なケースカンファレンスと包括的アセスメント力の向上	ケースに関する情報の共有、カンファレンスの運営、およびケースの進行管理	領域④⑤⑥⑦⑧
子どもの権利擁護	子どもの権利擁護の本質を理解する	子どもの権利擁護の本質を理解し、実践する	子どもの権利擁護の本質を伝える	領域②③⑤
養育の質的向上	生活支援の意義と基本的な生活スキルの習得	日々の生活と養育の質の向上を図る	養育の質的向上を図るための施設運営	領域②④⑤
子どもが抱えた課題	発達の理解　アタッチメント、トラウマ等の理解	子どもが抱えた課題の理解と対応	乳幼児の抱えた課題の理解と支援	領域④⑤⑥
ケアの連続性	社会的養護にある子どもの喪失への理解し支援する	悲嘆や喪失への支援と養育・支援の連続性の保障を実践する	悲嘆や喪失への支援と養育・支援の連続性を支援する	領域③④⑤
雇用と人材育成			職員の雇用、定着、人材育成の体制と質的向上	領域①
チーム・アプローチ	チーム・アプローチについて理解し、実践する	健康な施設内チームを強化し、維持する	健康な施設内チームの強化と維持を支援する	領域②⑥
関係機関や地域との連携	関係機関や地域との連携の在り方を理解する	地域との連携の推進を図る	地域ネットワークの構築と強化	領域②⑥
親理解と家族支援	親への理解と家族支援のあり方を学ぶ	親への理解と家族支援を展開する	親への理解と家族支援を協働する	領域⑦
里親の理解と支援及び協働	社会的養護における里親の役割と意義を理解する	里親支援を協働しながら展開する	里親支援の質的向上と体制の強化	領域⑧

児童養護施設の人材育成の研修テーマとプログラムのねらい（案）

	新任職員対象	中堅・上級職員対象	本園（支援拠点）職員対象	研修領域
人材育成の視点	養育における重要事項の理解と実践力の習得	養育のモデルと学びのリーダーシップ	施設の養育・支援力の向上とそのための体制作り	
児童養護施設の役割と養育の基本	児童養護施設に求められる社会的役割と養育の基本を理解する	児童養護施設に求められる社会的期待と役割、それに照らし合わせた当該ホーム課題とビジョンを言語化し説明できる	児童養護施設に求められる今後の期待・役割をふまえ、当該施設のビジョンを伝える	領域①②⑤⑥
スーパーバイズ	スーパーバイズを受けることの意義を理解する	スーパーバイズのスキルを学ぶ	スーパーバイズの体制作りと効果的なスーパーバイズの工夫	領域①②③⑤⑥⑦
自身の実践を振り返る	自らの実践を振り返る力を身に着ける	自身の実践の振り返りと自己覚知		領域①②⑤
包括的アセスメントとケースカンファレンス	包括的アセスメントとケースカンファレンスの意義を理解し実践する	支持的なケースカンファレンスと包括的アセスメント力の向上	ケースに関する情報の共有、カンファレンスの運営、およびケースの進行管理	領域④⑤⑥⑦⑧
子どもの権利擁護	子どもの権利擁護の本質を理解する	子どもの権利擁護の本質を理解する	職員の子どもの権利擁護の本質的理解を支える	領域②③
養育の質的向上	生活支援の意義と基本的な生活スキルの習得	生活と養育の質の向上・子どもから学ぶ	生活の質的向上を図るための施設運営	領域②③⑤
子どもが抱えた課題と支援	発達の理解　アタッチメント、トラウマ等の理解	アタッチメントとトラウマ等、精神症状の理解と対応	特別な支援を必要とする子どもの理解と支援	領域④⑤
ケアの連続性	社会的養護の子どもの喪失への理解と支援	悲嘆や喪失への支援と養育・支援の連続性の保障を実践する	悲嘆や喪失への支援と支援の連続性の保障を支援する	領域③⑤⑥
雇用と人材育成			職員の雇用、定着、人材育成の体制と質的向上	領域①
チーム・アプローチ	チーム・アプローチについて理解し、チームの一員として実践する	健康な施設内チームを強化し、維持する	健康な施設内チームの強化と維持を支援する	領域②⑥
関係機関や地域との連携	地域を知り地域とつながる	子どもを支える地域との連携を図る	子どもを支える地域との連携の推進を行う	領域②⑥
家族支援	親への理解と家族支援のあり方を学ぶ	親への理解と家族支援を展開する	親への理解と家族支援を協働する	領域⑦
里親	社会的養護における里親の役割	里親との連携・協働を図る	里親支援の質的向上と体制の強化	領域⑧

出典：みずほ情報総研（2021：105-106）

設等の施設における専門職、児童相談所における児童福祉司、さらに一時保護所の児童指導員等の専門職と区分することができ、職場の環境に広がりがある。ここでは、先行研究で取り上げられている人材育成の課題について、その研究で採用されている主たる研究方法から、量的研究と質的研究の違いに留意しながら、それぞれ児童相談所と施設専門職に区分して、整理することとする。

Ⅱ−2−(4)−A　児童相談所

　児童相談所の児童福祉司を対象として、人材育成に特化した以下のような量的調査が行われている。20の児童相談所の抽出調査によるタイムスタディを行った業務分析（柏女・中谷・網野ほか1996）、被虐待児童への対応に関する研究の中で、児童相談所における虐待対応の実態を把握したもの（庄司・奥山・柏女ほか1999）、全国の児童相談所を対象とする現任研修の実態調査（才村・髙橋・庄司ほか2000）、児童福祉司に対するスーパービジョンの実態調査（才村・伊藤・小山ほか2001）、児童虐待に対する治療的介入と児童相談所のあり方に関する研究における虐待対応の進行管理についてのもの（本間2003）、柏女・中谷・網野ほか（1996）と同一の20の児童相談所を対象として継続比較で業務分析を行った調査（才村・有村・柏女ほか2010）、児童福祉司の専門性の分析に焦点を当てた調査（髙橋・才村・山本ほか2010、音山2019）、全国の児童福祉司を対象として職務ストレスを分析した調査（髙橋・澁谷・才村ほか2006）、児童福祉司スーパーバイザー（SV）研修ニーズの実態を扱うもの（三菱UFJリサーチ＆コンサルティング2021）、全国の児童相談所職員を対象とした研修ニーズの調査（川崎・大夛賀・越智2020）。ここでは、1）児童福祉司の専門性を明らかにしようとする研究と、2）児童相談所の人材育成の課題、3）一時保護所の実態と課題、に取り組む研究に分けて主なものを見ていく。

Ⅱ−2−(4)−A−(A)　児童福祉司の職務の特徴や専門性

　20の児童相談所の抽出調査によるタイムスタディ（柏女・中谷・網野ほか1996）では、児童相談所の業務の実態を把握する目的で全国の児童相談所から20の児童相談所を抽出して6専門職種（課長等管理職、児童福祉司、相談員、心理判定員、医師、児童指導員・保母（現在の保育士））を各所1名対

象としてタイムスタディを行った。タイムスタディは、平均的に日常業務を数量化して把握する方法に特徴がある。この研究では、それぞれの児童相談所や職種によりばらつきが見られ、同じ職場の中でも、職種により業務の特徴が異なることが明らかにされている。特に管理職では、統括する部署の業務を直接実施する状況もあり、生活指導（児童の生活に関わる業務）の部署の管理職は、1日で210分間直接業務に割いている例があるなど、個人差が大きくなったとしている。職種間での業務ウェイトの違いについては、その職種の専門性が発揮される業務とそれ以外の業務の割合を比較すると、医師、児童指導員・保母は、最も自己の専門性が発揮される業務の割合が高かった。それに比べて、児童福祉司、相談員、心理判定員（児童心理司）は、面接等を行う業務の準備に関係する業務がそれぞれの専門業務の2倍から2.5倍となっていた。相談内容では、養護相談（41.4％）と非行相談（35.9％）に多く時間の時間を割く児童福祉司が多かった（1件の相談に費やす時間は非行相談が心身障害相談の7倍となった）。これは、児童福祉司業務の多様性と児童相談所内の職種間の業務の多様性を示唆する結果となっている（柏女・中谷・網野ほか1996：175-179）。

　全国の児童相談所を対象とする虐待対応の進行管理についての調査（本間2003）の、児童福祉司の業務量の把握では、「課・班・係として課長・班長・係長が把握」（38.41％）が多いが、同じ程度で「担当職員自身が把握」が36.96％あった。進行管理が「システムとして確立している」は16.7％であり、児童福祉司は個別事例の対応について福祉司間での比較が難しく、児童相談所の組織的な対応の難しさがあるとしている（本間2003：352-353）。

　20の児童相談所を対象として継続比較で業務分析を行った調査（才村・有村・柏女ほか2010、2012）では、タイムスタディとインシデントスタディを組み合わせて分析を行った。これまでのタイムスタディの事項に、従来十分把握されてこなかった、施設入所措置、要保護児童対策地域協議会に関連する業務等を追加した。その際、タイムスタディの持つ日常業務の平均像だけではない、立ち入り調査や不服申し立てへの対応など、日常的には発生しないが、発生すると時間を費やす業務を加えてインシデントスタディによる定量化を追加した。職種別に見ると、管理職では、28条申立て（29.6時間）、

児童福祉審議会（12.8時間）などが高い。児童福祉司では、28条申立て（109.0時間）、入所措置・里親委託（70.3時間）、職権一時保護（62.6時間）などが高い。児童心理司では、28条申立て（26.0時間）、入所措置・里親委託（19.3時間）、職権一時保護（15.0時間）などが高い。このように職種により、日常業務に加えて、インシデントとして発生する業務のウェイトがかなり変わることが示唆された（才村・有村・山本ほか2012：112）。

　全国の児童福祉司を対象として、子どもの権利擁護についての意識から専門性の分析を行った研究（髙橋・才村・山本ほか2010：10-11）では、過年度研究で実施された児童福祉司のストレス調査項目は維持しながら、児童福祉司の専門性を明らかにするために、子どもの権利擁護の意識を加えて分析を行っている。ストレス分析については、児童福祉司の増員により情緒的消耗感は軽減されているものの、依然ストレスは強いことが報告された。さらに、因子分析の結果から、児童福祉司の権利擁護に関わる視点の特徴として、因子「子どもの意向の尊重と説明責任」、因子「文化的背景の尊重とストレングスの重視」、因子「子ども自身の意思決定への参画」が抽出された。また、教員や保育士などの「対人援助職」と児童福祉司とは専門性が異なることが示唆されている。

　同じく、児童福祉司の専門性について、里親支援に焦点化した横断的な量的調査として音山（2019）は、5自治体の14児童相談所に属する児童福祉司を対象にアンケート調査を実施した。その里親支援を中心とする専門性の特徴を、「子どもや里親、実親の状況を『リアルタイム』（佐藤隆司2008：35）で把握し、当事者を含む関係者全員の意見を聞いて、情報を共有しながら、支援の方向性の合意形成を図ること。そして、ケース全体を見ながら、措置不調時などにおける里親と協議したうえでの『一時保護』その他の専門的な支援など、必要時の適時介入、社会資源の調整など、子どもの自立や実親との再統合を見据えたコーディネーターとしての役割を担うこと」であるとしている。ここに児童福祉司の専門性の特徴として、ケース全体を見ながら、必要時の適時介入、社会資源の活用、コーディネート役割等、多岐にわたる業務が指摘されている（音山2019：76-87）。この音山が整理する児童相談所実務の中でも、音山が指摘する「適時介入」に関して、遠藤・野田・藤間ほ

か（2020）の実証研究がある。親子分離の段階におけるアセスメントについて、その実務の特徴として、時間的制約のもとに、実務を行うための専門性の明確化とマンパワーの強化が不十分である課題が指摘されている（遠藤・野田・藤間ほか2020：30）。

　質的調査としては、児童相談所専門職の実務や専門性の特徴を明らかにする、連携について、市町村との連携の促進要因についての分析がある（丸谷2022）。丸谷は、児童相談所と市町村要保護児童対策地域協議会の職員15名のインタビュー調査から、連携促進に共通する概念として、連携を支える「抽象的連携概念」と、連携の方法や技術に関する「具体的連携概念」を析出するとともに、連携促進要因として、児童相談所側は「市町村をコーディネートの中心とする」連携体制の推進、市町村側は「必要時に備えて児童相談所の業務を理解する」連携があるとした（丸谷2022：10-12）。社会的養護における自治体専門職の業務として「連携」は一つの特徴と専門性を構成するが、児童相談所と市町村では、専門性や業務の特徴が異なり、児童相談所は、ベースは市町村の仕事におきながら、タイミングを捉えて専門的サービスを提供するイメージが示唆されている。

　また千賀・山田・渡邊ほか（2020）では、児童福祉司に複数回インタビューを行う方法で、ネグレクトや心理的虐待に焦点化した援助プロセスにおけるリスク判断の特徴を明らかにする分析を行っている。その実務の特徴として、通告を繰り返すネグレクトや心理的虐待のケースに対して、福祉司は、家族との関係性を築きながら、リスクのアセスメントを行い、適切なタイミングでの介入を判断している点が明らかにされている（千賀・山田・渡邊ほか2020：117-118）。援助プロセスと家族を含めた連携がこの専門職の実務にとって重要であることは、自治体の退所統計を分析した福井（2021）の研究でも指摘されている。福井は、心理的親としての永続的関係の下での養育環境を保障するパーマネンシーの視点に立ち、移行支援の専任担当を置く形を「介入」と捉えて、「介入」前後で、家庭復帰後や親族養育移行後の再通告率、再保護率、再措置率を見た。いずれも介入前よりも低くなり、家庭復帰や親族移行のプロセスで取り組みの量が増えていることが、児童相談所のきめ細かな支援として重要であることを指摘している（福井2021：24-

26）。この研究からは、児童相談所の支援業務が、家族や親族との連携をいかにプロセスに入れていくかが業務の効果につながっていくという専門性の特徴を示唆している。

　児童相談所専門職は、社会的養護分野の専門職の中でも公務員としての側面を持っているところも重要な特徴である。小村（2022）は、一自治体を対象として、児童相談所長6名とスーパーバイザー10名のインタビューを実施し、児童相談所職員の自治体職員としての専門性の特徴について取り上げている。計量テキスト分析の結果、1）都道府県児童相談所職員の語る専門性として、「基礎能力」「倫理」「専門的知識・技術」「政策形成推進力」が含まれること、2）都道府県児童相談所職員に求められる能力は、地域の状況に精通し、それに応じたサービス提供を可能にする「地域特殊対応力」があること、3）都道府県児童相談所職員としての専門性は、「技術的・組織的特殊性」と「知識レベル」という軸で分類できることを明らかにしている（小村2022：74-75）。ここには、自治体ベースで仕事をする公務員として、その地域の状況に応じた、その地域の制度や資源を活用して「特殊」な実務を行う専門性の特徴が示唆されている。

II－2－（4）－A－（B）　児童福祉司等の人材育成の課題

　全国の児童相談所を対象とする現任研修の実態調査（才村・髙橋・庄司ほか2000）では、児童相談所設置自治体（当時59か所）を対象としてアンケート調査を実施している。結果として、職員研修の実施状況に自治体間の格差が大きいこと、職員の採用に際し（社会福祉士等資格による専門職採用ではなく）「一般行政職」を配置に充てているところよりも、専門職を配置している自治体の方が、研修数・期間・予算が充実していること、厚生労働省の指導に対して研修の体系化が進んでいないことがあげられた。研修は講義形式が中心で、実践的技術習得が十分でないことなどが報告された（才村・髙橋・庄司ほか2000：186）。さらに、同一の調査結果からスーパービジョンの実態が報告されている。その報告では、スーパーバイザーの配置が進んでいない児童相談所が約3分の1あったこと、スーパーバイザーの過半数が経験年数10年未満であったこと、スーパーバイザーのみを対象とした研修がほとんどなかったことなどが報告されている（才村・伊藤・小山ほか2001：221-

224）。

　その後の人材育成に関する調査結果には、児童相談所専門職の研修ニーズ分析（三菱UFJリサーチ＆コンサルティング2021）がある。この研究では、2016（平成28）年より制度化・配置されている児童福祉司の指導教育を担当するスーパーバイザー（SV）の研修ニーズの実態について全国調査が行われている。この中で、児童福祉司の配置や業務の状況について、児童相談所職員の異動は「原則3年程度の期間で異動」が69.5％となっており、「その他」が21.8％、「定期的な人事異動は特にない」が8.0％であった。その他として「県の福祉職全体を踏まえた人事異動」「特に決まっていない」「職員の希望による」などの回答があった。SV育成のための研修については、児童相談所における育成の仕組みとして、先輩が後輩に指導する制度が「ある」は67.8％、その内容としては「新規採用の職員を対象として、業務全般に関する指導などを行う担当者をつける」が87.3％であった。SV業務をしている人の研修受講状況は、「受講済み」の割合は「児童福祉司任用後研修」で65.4％、「児童福祉司SV法定研修」で53.1％であった。あればよいと思うSV研修の開催方法としては、「オンデマンド型での事前学習の実施」が64.9％であった（三菱UFJリサーチ＆コンサルティング2021：44-45）。各自治体で整備が進む児童福祉司の指導教育の仕組みは、おおむね過半数の自治体で法令に合わせた対応が進んでいるものの、一部の少数の自治体では、環境整備が追いついていない現状も示唆されている。

　児童相談所職員全般にわたる具体的な研修ニーズについては、川崎らが、全国の児童相談所214か所の児童福祉司・児童心理司・保健師を対象に調査を実施した。学ぶ必要があると考える講義テーマは「虐待の子どもへの影響」「虐待の判断・リスクアセスメント」などがあげられた。職種間の差がないものは「虐待の子どもへの影響」であり、全ての職種が学ぶ必要があると考えるが、学ぶ機会がないものは「子ども・保護者との面接に関する技術」であった。演習テーマでは「子ども・保護者との面接に関する技術」「虐待の判断・リスクアセスメント」があった。職種間の差がないものは「事例検討」などで、全ての職種が学ぶ必要があると考えるが、学ぶ機会がないものは、「スーパービジョン」「子ども・保護者との面接に関する技術」

であった。今後の研修のあり方として、学ぶ必要性の認識が高く、学ぶ機会に職種間で差がなかったテーマについて、3職種合同で取り上げ意見交換をする機会を設けることなどにより、職種間の相互理解に役立つのではないかと指摘している（川崎・大夛賀・越智2020：312-313）。このように、児童相談所の人材育成は、職種間の違いとともに、同じ職場や業務としての相互理解を形成していく課題が示唆され、この専門職の職場環境の特性を理解できる。

　児童相談所児童福祉司の人材育成の課題について、相澤（2021）は、児童福祉司の専門性の積み上げには、自治体ごとに作られている人事制度やキャリアパスのあり方が重要であり、自治体ごとに専門職の養成のビジョンを持つことが必要となっているとしている。さらに、児童福祉司をはじめとする児童家庭分野のソーシャルワークについては、従来の社会福祉士養成教育が知識偏重となっており、「こども家庭ソーシャルワーカー」の国家資格化の議論にあたっては、実践能力の修得や実践力の向上という課題を解決するために、一定の実務経験や実習経験といった条件をつけるなどの仕組みを考えていく必要があるという指摘がある（相澤2021：380-384）。人材を育てる際の実務上の壁として、実践報告としては、坂本（2012：53-56）で、担当ケースの状況に応じて、実際に実施可能となる面接の実態が影響を受けるといった報告などがある。三輪（2012）が行った都道府県・政令指定都市のパネルデータ分析でも、児童福祉司の増員が担当ケース数の減少だけでなく、里親対応が可能となる児童福祉司の増員へつながり、結果的に里親委託の推進につながることが示唆されている（三輪2012：53-54）。

　こうした研究成果からは、児童相談所の専門職にとって、自治体ごとの人的体制整備状況に人材育成が左右されることがわかる。さらに、援助のプロセスをとおして、他機関との連携や家族・親族の参画を含めた業務の特性、適切なタイミングを見極めた介入といった専門性の特徴があり、人材育成の課題としては、自治体ごとの仕組みに影響を受けながらも自治体の状況に合わせた人材育成を行うことと、同じ職場に存在する複数の専門性を持つ職種が共通して持つ研修ニーズのあり方を考えていくことの必要性が見えてくる。他方で、社会的養護分野として、施設現場と児童相談所のような機関との間で専門性のあり方や職場環境にいかなる違いがあるのか、といった視点での

先行研究は例がないことがわかった。

Ⅱ-2-(4)-B　一時保護所の実態と課題

　児童相談所一時保護所は、児童福祉司とは異なり、児童の生活に関わる業務を行う児童指導員や保育士を中心に、専門職が配置されている。児童相談所や児童福祉司の調査に比べて、一時保護所について取り上げる研究は少なく、児童相談所の調査の中で部分的に課題に言及する研究の例（竹中1982）がある。児童福祉司と同時に把握されている20児童相談所の抽出調査によるタイムスタディ（柏女・中谷・網野ほか1996）では、既述のように、児童指導員や保育士は、児童相談所の他の職種に比べて、自己の職種の専門性に直接関係する業務（児童の生活支援）に最も時間を割いている。業務の配分では、グループへの関わり（44.3%）が高いのは当然であるが、併せて養護相談に22.3%の配分がある。ここには、複数児童の生活関与に多くの時間を費やす業務特性と、生活に関わりながら相談を行っている業務の特徴が示唆されている（柏女・中谷・網野ほか1996：177）。

　一時保護所に特化する研究では、一時保護所の学習権保障の実態と課題を自治体の公表資料から事例分析した研究（圓入2005）、全国の一時保護所の児童指導員を対象として入所児童の実態や特性を明らかにする調査（和田・山本・堤ほか2013）、事例研究から援助アプローチの分析を扱った研究（千賀2016）、中国地方5県の一時保護所を対象として、環境としての設備や設計に焦点を当てて空間の活用実態の分析を行った研究（石垣・林・角倉2022）などがある。一時保護所の専門職や人材に焦点を当てる調査を行っているものでは、全国108か所の一時保護所を対象とした調査（髙橋・澁谷・才村ほか2002、2003）で児童指導員と保育士を対象としている。人材の特徴としては、所有資格で保育士（51.6%）、社会福祉主事（33.5%）などとなっており、前職は児童福祉施設（35.7%）、福祉以外の職場（15.5%）などと多様である。研修では、所外研修は0回（29.9%）、1回（26.5%）、2回〜4回（15.1%）とばらつきがある。また、研修の時間、内容については、「満足している」が29.6%であるのに対して、時間、内容とも「不満」が24.9%とこちらもばらついている。一時保護所の労働条件の不満は、「いつもある」「時々ある」を合わせると70.1%となり、不満の理由は、「職員が足りない」

（29.1％）、「労働時間（残業含む）が長い」（18.4％）が高い。他方で、「職務上の専門的助言が受けられる」は74.0％と高く、その相手は、「課長や所長」が 6 割、「同僚」が 4 割であった。子どもに関わる際の困難感は、「いつもある」が31.4％、「時々ある」が57.8％で、 9 割近くがあると答えた。困難の内容は、子どもの「暴力や脅し、威圧的態度」（53.7％）、「多動傾向」（35.2％）、「自傷傾向や希死念慮」（18.5％）、「無断外泊」（18.0％）などとなっており、子どもの個別の対応に困難を抱えていることがわかる（髙橋・澁谷・才村ほか2002：11-14）。

　髙橋・庄司・澁谷ほか（2007）では、全国の一時保護所（ 1 か所 1 票）と職員（ 1 名 1 票）を対象として、職員にはバーンアウト尺度を組み合わせたストレスの実態調査を行っている。職員の個票調査におけるスーパービジョン体制の項目では、上記の調査と同様に、回答者544人の 6 割がスーパービジョンの頻度や内容におおむね満足と回答した。他方で、個別の項目を見ていくと、「上司と話し合う時間が取れず、上司に頼り難い」が15.1％、「スーパーバイズはしてくれるが、上司から的確な助言をしてもらえたと感じられない」が9.6％あり、合わせると 3 割近くになる。因子分析の結果として、専門職採用および保育士採用の職員の回答とそれ以外の職員の回答で比較したところ、専門職・保育士採用で、因子「職務への愛着と専門性」が高い反面、因子「情緒的消耗感」、因子「職務体制への不満」が高い傾向が見られた。これは、自己の職責や職務の質の担保を求める傾向が強く、職場の特性から消耗やジレンマを感じることが示唆されている（髙橋・庄司・澁谷ほか2007： 6 - 9 ）。

　一時保護所の実態調査からは、専門職にとって日常的な業務の相談はしやすい傾向がある一方、自治体や職場の状況で研修やスーパービジョンの体制にばらつきがあるという実態と、専門職の責任や職務の質を担保しようとする者ほど消耗やジレンマを感じるという課題の特徴が見えてくる。

Ⅱ－2－（4）－C　社会的養護施設

　次に、社会的養護施設に関係する調査研究について見ていく。量的研究として行われている調査として全国規模のものはいくつかある（石垣・生田2012、望月・恒川2021、伊部2022）。しかしながら、人材育成の課題を取り

上げたものの中で、児童相談所の児童福祉司や、児童相談所一時保護所の児童指導員等との専門職について比較可能となるような研究は少ない。施設種別ごとの課題や支援の特徴については、前段の節「Ⅱ-2-（2）-E-(D) 施設種別ごとの課題」で取り上げた。ここでは、社会的養護施設に共通する特徴と考えられる生活型の支援に関係する専門職について、取り上げる研究を、1）専門性の特徴、2）人材育成の課題に分けて見ていく。その際、人材育成の課題は、①職場環境と②研修等のあり方の視点に整理することができる。

Ⅱ-2-（4）-C-（A） 専門性の特徴

施設の職員の業務や専門性をどのように位置づけるか、社会的養護施設だけでなく、児童福祉施設以外の種別の状況も取り上げながら、比較検討を行った研究がある。吉澤・坂本（1989）、吉澤・坂本・瀧口（1990）は、養護施設（現・児童養護施設）を中心に、乳児院、母子寮（現・母子生活支援施設）、さらに、養護老人・特別養護老人ホーム、知的・身体障害児・者施設に広げた対象設定のもと、施設職員の抽出調査（3法人10種別、有効回答226票）を行い、施設ケアワーカーの職務内容の分析を行った。吉澤らは、それまで直接援助技術とされてきた「ケースワーク」「グループワーク」「コミュニティワーク」という区分でカバーできない固有の領域があるとして、そうした日常生活処遇は、「ケアワーク」「インスティチューショナルワーク」「レジデンシャルワーク」などと論者により多様にいわれてきたという。施設職員も含めた検討を行い、日常生活習慣に関わる項目7項目（①保健医療面の設備・環境、②食事、③排泄、④睡眠、⑤入浴、⑥衣生活、⑦居住環境）、対人・社会関係に関わる項目9項目（①コミュニケーション、②学習、③娯楽・文化面、④利用者の社会・地域関係、⑤家族関係、⑥労働、⑦正しい性の理解と性教育、⑧信仰の自由保障、⑨利用者の発達・能力に合った経済生活保障）を導出した。これについて職員を対象に対応状況を5段階評価で質問紙調査を実施した。分析では、物的条件の整備に関わる業務については、種別の違いが出たものの、対人関係の業務については統計的な有意差から標準化を見いだすことができず、質的分析を併用していく必要をあげている（吉澤・坂本・瀧口1990：39-46）。施設職員の専門性を明らかにしようという研究は、すでに取り上げた、児童相談所の児童福祉司や一時保

護所の児童指導員等を対象とした研究（柏女・中谷・網野ほか1996）や、児童自立支援施設を対象とした研究（筒井・大夛賀・東野ほか2012）で見られるようなタイムスタディの手法や、児童養護施設の看護職を取り上げたケーススタディによるもの（大岩・吉田・安藤ほか2001）などがある。

　社会的養護施設の専門職が児童やその職務をどのように捉えているのかについて、ケア担当職員の子ども観と対応について分析する研究がある。林（2000）は、全国116か所の児童養護施設を抽出し、ケア担当職員（児童指導員・保育士など）の子ども観の分析を行った。臨床場面における職員の子ども観を見ていくための、五つの因子が抽出された。因子Ⅰ「虐待の疑いのあるかかわり」、因子Ⅱ「子どもの権利を尊重したかかわり」、因子Ⅲ「金銭管理に関するかかわり」、因子Ⅳ「義務を課すかかわり」、因子Ⅴ「所有物管理に関するかかわり」である。個別の事項で見ると、ケア担当職員の意識として、「A.子どもの役割や当番」や「B.子どもの守るべき決まりや日課」といった子ども自身の役割や日課の必要性を感じている職員が多い。また、「D.しつけ上子どもに手をあげる」は「必要と思う」と「どちらかと言えば必要」を合わせると32.0％に上り、依然として体罰を容認するような状況が見られた。他方で、「O.子どもの権利内容の周知徹底」「Q.子どもの呼称に対する配慮」といった子どもの立場を尊重したかかわりの必要性を認識している者の割合については「どちらかと言えば必要」を含めると8割を上回った。こうした結果からは、子どもの生活管理を業務とするケア担当職員自身の子どもの権利意識等の子ども観が、その業務の対応に密接に影響するという専門性の特徴が示唆されている。さらに、「児童の権利に関する条約」を読んだ経験の有無と子ども観との間には、多くの項目で有意差が認められ、因子Ⅰ「虐待の疑いのあるかかわり」、因子Ⅲ「金銭管理に関するかかわり」、因子Ⅳ「義務を課すかかわり」、因子Ⅴ「所有物管理に関するかかわり」に含まれる項目においては、条約を読んだ経験が浅い者ほど、そうした職員管理の必要性を認識している者が多かった。従来の認識では、パターナリズム思想に基づいた「子どもの指導／規制の強調」「子どもの義務の強調」「子どもの受動的権利の強調」という職員の姿勢の課題は、施設の構造的問題が影響しているという視点で捉えられてきた。しかし、この調査結果で

は、構造的視点だけでない、個人の捉え方や子ども観を構成する子どもの権利の認識等の視点も影響を持つことから、複眼的見方、すなわち普遍化した施設構造上の問題と同時に、職員個々の価値観も問い直す必要があるとしている（林2000：145-148）。こうした分析からは、生活型の支援の専門職が持つ自己の価値観や生活経験が、その業務や専門性に影響を与えている側面があることを示唆している。

　ケアの業務が対象の児童にいかなる影響を与えるかについて、ケアの効果を分析したものがある。高原・高橋（2021）は、関東甲信越圏の児童養護施設5施設164人の児童の担当職員を対象に、児童の行動チェックリスト（CBCL尺度）によりケアの効果を測定した。CBCL尺度を用いた先行研究では、中小舎と大舎の違い、入所期間の長短により児童の適応行動に違いが出るという結果が報告されたこともある。高原らの研究では、児童養護施設でのケアの規模、入所時点での児童の年齢、入所期間、入所施設の変更の有無によって、CBCL尺度の点数（現在の入所児童の情緒と行動の状況）にいかなる差が見られるかを分析した。その結果は、小規模化した施設かどうかの「ケア規模」のみ統計的に有意な関連が認められ、「入所期間」の短さ等の要因は有意差が見られなかった（高原・高橋2021：32-34）。この研究では、今後の課題として施設横断的な分析だけでなく、児童を継続的に見ていく縦断的分析の必要性もあげているが、こうした分析からは、生活型施設の専門職の業務がケアの規模といった構造的な影響を受けやすいという特徴との関連で理解する必要性を示唆している。

　施設専門職の仕事の特徴として、ケア規模だけでなく、職員間の連携といった組織的な要因もまた、影響を考える上で重要であるとされている。横山（2013）は、支援者としての専門職の経験的側面に注目し、母子生活支援施設1施設7名の職員を対象とするエスノグラフィーを活用したインタビュー調査から直接ケアに当たる職員の直面する課題を分析した。施設を利用する虐待の課題を抱える母子に支援を行う支援者が、現場で葛藤を経験している実態が明らかとなった。施設という場における葛藤の誘因となる状況特性としては、「養育者の立場と子どもの立場の対立」「養育者に対する否定と肯定」「介入・支援・見守りの状況判断の難しさ」「スタッフ・ワーク上の

挑戦が存在すること」の４点があげられた。支援者の葛藤は、単純な二項対立のジレンマ構造ではなく、養育者理解、母子理解、支援の方向性の判断、スタッフ・ワークなどに関するジレンマの複合体であるという。これを「多次元葛藤」と命名し、この特徴を「葛藤の層化と多声化」としている。職場の課題としては、規範的な母親役割の脱構築の必要性、対話的関係の形成、価値的ジレンマを扱うケース会議の方法論の必要性を指摘している。こうした分析からは、利用者である児童や母との関係性、施設内の職員間の見解や連携の調整といった要因が、施設専門職の仕事のあり方や業務を続けていく際の負荷に影響しているという特徴を理解することができる（横山2013：25-27）。

　先の吉澤らの研究では、利用者への直接ケアに焦点化して施設のケア担当職員を分析していたが、児童相談所の一時保護所の分析では、ケアを担当しながら相談業務も併せて実施している生活型支援の実情が明らかとなっていた。相談を含めた施設ケアの仕事の特徴を「レジデンシャル・ソーシャルワーク」として整理しようという分析も見られる。宮﨑（2020）は、社会的養護施設のケアには、施設退所に向けた支援と退所後の継続的な支援が重要な要素になっているとして、リービングケアとアフターケアの業務に着目して専門職の業務の実態を分析した。児童養護施設１施設の職業指導員を対象とするインタビュー分析から、入所中の「インケア」だけでなく、「リービングケア」や「アフターケア」まで継続していく視点が今日的には重要で、「自立支援計画」の策定や関係機関との「ネットワーク」を基盤に様々な活動が担当職員によりなされている実態を取り上げている。それらの取り組みは、レジデンシャル・ソーシャルワークと密接に結びついており、支援内容の特徴として確認することができたとしている（宮﨑2020：131）。

　以上のような先行研究からは、社会的養護施設の専門職の業務や専門性を明らかにしようという取り組みがなされてきている。それは、生活型の支援を行う特性として、施設の場としての構造的側面（ケアの規模や設備など）に影響を受けながら、構造的な側面だけでなく、個人の価値観や子ども観といった個人的側面にも影響を受ける仕事である。さらに、ケアを担当する職員の仕事は、直接的に利用児童の行動面に影響する側面があることも仕事の

特徴といえる。また、利用者との間や職員間の関係における評価や認識の調整が常に求められ、多元的な葛藤に直面することになる。児童福祉司に対して、一時保護所の児童指導員や保育士といった児童の生活に関わる専門職は、ケアを担当しながら相談業務を行っていくという近い特性を持つが、社会的養護施設のケアを担当する職員は、インケアとよばれる入所中のケアだけにとどまらず、リービングケアやアフターケアといった、より継続的なプロセスで関わっていくところに特徴があることが示唆されてくる。

Ⅱ-2-(4)-C-(B) 人材育成の課題

社会的養護施設の分析をさらに見ていきながら、人材育成の課題に取り組む分析を見ていく。ここでは、専門職の活動する①職場環境と、②研修等のあり方の課題に取り組む研究に分けて見ていく。

Ⅱ-2-(4)-C-(B)-(a) 職場環境

社会的養護施設の分析では、児童養護施設を取り上げる研究が多いが、児童自立支援施設が小規模化していく際の職員の編成課題に取り組む研究がある。筒井・大夕賀・東野ほか（2012）は、全国の児童自立支援施設の中から小舎夫婦制と交代制の施設形態で、それぞれ定員充足率の高い2施設を抽出し、職員の行ったケアを対象として他計式1分間タイムスタディ調査データを用いた分析を行った。小舎夫婦制と交代制は、この種別の小規模ケアおよび家庭的養育を具現化してきており、ケアの内容および時間、ケアに関わる職員の負担感に関する実証的データの比較からケア提供体制の特徴を析出している。小舎夫婦制の入所児童の情緒・行動上の障害の程度は、交代制より比較的重く、また、提供されたケア内容は身の回りの世話に関するケア時間が長かった。さらに、小舎夫婦制での提供時間は交代制よりも長かったが、交代制に比較すると職員の負担感は軽かった。この種別の小規模化の方向性として、すでに実施されてきている交代制において、人事マネジメント等のあり方を改めて検討する必要があるとしている（筒井・大夕賀・東野ほか2012：33-37）。社会的養護施設の小規模化に際しては、前掲の「Ⅱ-2-(1) 社会的養護(養育)の政策動向」に関連して、ケア形態の編成、非常勤職員や兼務職員の活用状況等の調査結果（みずほ情報総研2017）等を取り上げた。職場の課題として、職員の編成人数だけでなく、一貫したスタッフメンバー

の範囲がどの程度の広がりとなるのか、メンバーが固定化できるのかは、児童への影響と担当職員の負荷に影響することが重要な視点となっている。

前節では、職員の直面する葛藤の誘因となるスタッフワーク等の要素を取り上げた。髙橋・伊藤・中谷ほか（2001）は、全国554か所の児童養護施設の児童指導員・保育士を対象として、施設の職場環境の実態についての調査を実施している。調査結果からは、職員が様々な側面で不満や負担感を感じているが、優先順位で1位は「労働時間が長い」（47.4％）、2位は「有給休暇が取れない」（24.9％）が最も多かった。喜びや充実感については、優先順位で1位は「子どもの成長を強く感じた時」（82.4％）、2位は「子どもが学校で褒められた時」（19.8％）となっており、2位以下がばらついている。職場環境の改善の課題は、①職員の労働条件、②スーパービジョン体制と不満や負担感との関係、③施設内の職員間の良好な人間関係（ネットワーク）が課題としてあげられている。特に、職場の人間関係の負担感や不満とスーパービジョン体制の有無には統計的な有意差が出ている。このスーパービジョン体制は、子どもとの関わりや労働環境には有意差が出なかったものの、「職員が必要と思う不満や負担感の解消法」において「スーパービジョン体制の充実」は高いポイントになっており、この職場環境における重要な要素と考えることができる（髙橋・伊藤・中谷ほか2001：53-55）。

伊藤・石垣（2013）では、全国調査（石垣・生田2012：19-21）から調査協力が得られた4施設の職員を対象としたアンケート調査の結果から職場環境の課題を分析している。職員が長く続けられる「職場環境としての施設のあり方」に必要なこととして、職員間の情報共有および意識標準化の満足度に対して、①記録様式の統一、良好な人間関係構築に対して、②引き継ぎ方法等の工夫、さらに③定期的なスーパービジョン（SV）の機会保障の3点が指摘されている（伊藤・石垣2013：9-11）。

岡本（2017）は、児童養護施設の幹部職員を対象とするグループインタビューの分析から、職員の仕事への主体性の形成・発揮を可能とするのは、「関係の質」が良好な職場環境であることを指摘している。「関係の質」の向上のためには、組織的で意図的な職員への支援、すなわち、人材育成の観点からの職員支援が不可欠であり、主体性の中身を吟味するとともに、支援の

意図や生活支援の意味、施設の理念等の共有化のための仕組みづくりや、管理職の責任のもとで職場環境に対する改革が進められることが重要であるとする（岡本2017：95-99）。児童養護施設では、時に「ルーティーンワーク」（岡本2017：95-97）などとも現場で呼ばれている、いわゆる「習慣化された」業務が日常業務としてある。日常生活はパターン化することで児童が安心感を得られる反面、職員が日常性に埋没することで、職員の創意工夫や「主体性」を減じてしまうこともあり、生活支援の意味を確認し共有していくことは、この専門職にとって重要な人材育成の課題となっていることを示唆している。

　児童の日常生活を支援する専門職の職場として、職員間の関係性やスーパービジョン体制の重要性を指摘する研究が多いことがわかる。堀場（2021）は、全国から抽出した児童養護施設20か所の前職員を対象とするアンケート調査から、職員のストレスと健康状態を多面的に分析した。労働環境の厳しさを反映して、職員の自覚症状と精神的ストレスが深刻である実情が取り上げられている。職員の多くが給与の安さ、心身の疲れ、休暇の取りにくさ、サービス残業の多さ、労働時間の長さなどに不安・悩みを抱えていた。また、そうした状況で、「労組」の有無別に見ると、「有」の方が、「上司との関係」で不安や悩みを抱えている割合が少なく、相談相手についても、「労組」で「有」の方が、「同じ施設の同僚」「同じ施設の上司」「他施設の職員」「研究会の仲間」の割合が高い状況があり、職員が同僚・上司や家族など多様な関係性に支えられている状況も明らかとなっている（堀場2021：93-101）。木村（2019）は、文献研究から、全養協の示す人材育成の八つの領域に対して、各施設で取り組まれている「安全委員会方式」の持つ意義を整理している。これは、地域の小中学校の先生や児童相談所職員などの外部に委嘱された委員と児童養護施設内の職員から選ばれた委員とで構成された「安全委員会」というものを設置し、児童養護施設内で起こる暴力事件についての対応を行うものである。児童養護施設の職場風土の特徴に対して、安全委員会のような外部資源の活用は人材育成にとって重要な活動となるとしている（木村2019：126-129）。社会的養護施設の持つ日常生活支援は、職員と利用者との日常的・安定的な関係を基盤とする仕事であるが、い

かに職員間・機関間、施設外の資源の活用が重要であることかが理解できる。

施設内の職員間のチームについての研究がある。望月・恒川（2021）は、全国598か所の児童養護施設の直接支援職員（保育士および児童指導員）各3名ずつを対象とし、職員チームアプローチの実態を量的調査した。その結果、多くの直接支援職員が子どもと積極的に関わっていると感じているが、一方で施設から自らの支援を認めてもらえているという実感があまり持てない傾向が見られている。さらに、支援記録等の紙面やデータによって情報の共有を毎日行っているが、職員間で情報共有を行うための時間があまり設けられない実態が指摘されている。また、児童養護施設の「組織風土」を測定する尺度として、「施設における承認と自己効力感」「子ども及び保護者支援における専門性の向上」「専門的な支援技術の向上」の因子が抽出された。チームアプローチ実践を測定する尺度として、「子どもへの個別支援のための協働」「支援のための役割の明確化」「コミュニケーションを通した支援の再考」が因子として抽出された。チームアプローチの実践を測定する尺度と勤務年数との関連性では「子どもへの個別支援のための協働」と「コミュニケーションを通した支援の再考」で有意差があった。勤務年数および現在の役職との関連性では、11年以上の勤続年数の職員よりも5年以下の職員の方が、支援や職員間のコミュニケーション、専門性の向上に関して高いことが明らかになった。これは勤務年数が長く、職場内の人間関係が良い状態であったとしても、それがチームアプローチに関連するということではないこと、他方で、勤務年数が長い職員ほど組織やチーム全体を捉える視点に重点が置かれている可能性があることを示唆しているとする（望月・恒川2021：68）。これは、社会的養護施設職員の専門性と特徴として、自己の実践において、個別の支援であっても、職員間のコミュニケーションが専門性の実感に作用していることや、経験年数や役職の有無により、自己の専門性の重点が変わってくる可能性があることを示唆している。

人材育成にとって、職員が直面するストレスの状況は重要な要素である。新村・葛西（2018）は、ある県の児童養護施設10施設132名の直接処遇職員を対象に、施設職員の養育観尺度およびストレッサー尺度を用いて分析を行った。養育観の因子構造は2因子が抽出され、第1因子「養育に対する肯

定的印象」、第2因子「養育に対する否定的印象」が抽出された。ストレッサー尺度の因子構造には3因子あり「業務・役割遂行の困難」「対応困難な子どもとの関わり」「子どもを取り巻く環境」が抽出された。養育観尺度とストレッサー尺度の関係では、男女差が確認された。男性職員の養育観はいずれもストレッサーに影響を及ばさない一方で、女性職員は養育観がストレッサーの認知に複数の影響をもたらすことが示唆された（新村・葛西 2018：188-189）。この専門職の仕事を構成する養育観については、その認知の状況が養育観を見ていく上で重要であること、実践の対象である児童との関係性においてストレスを見ていくことの重要性が示唆されている。また先行研究で、養育観やストレス状況など専門性の人材育成に関係する要因の男女差についての分析は少ないが、性別や経験年数等の基本属性による分析は引き続き重要と考えられる。

Ⅱ-2-(4)-C-(B)-(b) 研修等のあり方

先行研究では、具体的な研修等のあり方についての分析や提言が示されているものがある。趙（2014）は、児童養護施設14か所の職員のアンケート調査から、バーンアウト測定尺度等を用いながら、共感満足／共感疲労の状況を分析した。その結果、子どもとの関わり方については、共感満足は、「コミュニケーション」「チームワーク」に正の相関があり、子どもにポジティブなメッセージを送ることや関係スキルと、スタッフ間の相互補完的な関係の重要性を示唆している。共感疲労との相関については、援助者から子どもへ向けられる「否定的な態度や行動（粗暴な子どもの態度への無視など）」が高めていることがわかった。また、施設職員の共感満足や共感疲労の状況に応じた4群で分けてみると、研修やスーパービジョンにおいても多様な援助者の特徴に合わせた内容の検討が必要であるとしている（趙2014：83-86）。

伊藤・藤井・井上（2022）は、近畿圏の児童養護施設職員を対象とした調査で子どものアドボケイトの状況を分析している。その結果から、多くの施設職員が「子どもの意見を聴こうと努力している」「子どもの意見を聴くことは大切だと思う」と回答した一方で、「子どもの意見とわがままの区別は難しい」「子どもの意見を聴くことは難しい」と考えていることも明らかになったとする。子どもの意見を聴く機会を増やすための工夫を行っているも

のの「話を最後まで聴く」「受容・共感の姿勢で聴く」等といった「聴き方の工夫」についてはあまり実践できていないという状況があり、こうした対応については、職員間の標準化やスキルを上げていくことの研修ニーズがあることを指摘している（伊藤・藤井・井上2022：14-15）。

　支援対象としての児童への対応がこの専門職の人材育成の重要な課題であることは、多くの研究で示唆されている。坪井・三後（2011）は、児童養護施設の若手職員11名を対象とするインタビュー調査の分析を行った。その結果、職員は、虐待を受けた子どもに特徴的な「感情と異なる行動」への対応に困難を感じていることが明らかとなった。さらに、若手職員が「力関係に敏感」な子どもたちの攻撃性のターゲットになる傾向も指摘している。施設職員が力関係の問題に巻き込まれないために、職員同士の連携・共通理解とケアワークの専門性の向上が重要であるとする（坪井・三後2011：56-58）。

　増沢（2013）は、人材育成は組織や上司からの一方的な指示や指導ではなく、援助者支援をベースに「導く者」と「育つ者」、および「援助する者」と「援助を受ける子どもや家族」との良質な相互的営みが活発になることで豊かに展開されるとしている。そのために、導き手としての職員の配置、スーパーバイザー体制やカンファレンス体制の整備と充実が施設に求められるとし、職務の中で行われるOJTが有効に機能することと、支え合いのチームワークの質的向上とは、強く結びついて展開するものであると述べている（増沢2013：10）。

　この専門職の人材育成の課題として、専門職が利用者も含めた周囲の環境や人間関係との相互作用のプロセスをとおして、バーンアウトを防いだり、仕事を継続させやすくしたり、成長を促したりすることが重要であると理解できる。在原・新保（2016）は、母子生活支援施設職員を対象とするインタビュー調査から、成長の要素を分析した。要素として、「結果としての対象者の変化」「自分の変化（プラスの変化）」「気づいたけれどできない状態」「思いの強さと明確さ」をコード化し、それらの成長に関連している要素と判断した内容から、「職務内容の変化」「職場内でのポジション変化」「職場内の教育的対話」「職場のあたたかさ」「元々もっていた資質」という五つの成長関連要素をコード化している（在原・新保2016：77-78）。専門職の成長

には、入職後に獲得したものではない資質としての力や、幼少期に培ったもの、教育課程で養われるものがある。しかし、それと同時に、その力を深める対話や機会が職場内にあることも重要であると理解できる。

これらの研究が取り組む視点は、専門職を成長のプロセスとして見て、さらに職場の環境や人間関係において、成長を支えていく視点が、社会的養護分野の専門職研究には重要であるという示唆を提供している。

Ⅱ-2-(5) 国際比較の視点と研究の状況

Ⅱ-2-(5)-A 国際的な理念形成と標準化

ユニセフ（国連児童基金）では、社会的養護施設に代表される入所型サービスは、施設（institutions）あるいは旧来の「孤児院」（orphanages）といった施設を含み、residential care と呼ばれ、全世界で270万人の児童が利用していると見積もられている。他方で、各国で収集されているデータと実態との間にはギャップがあり、この数字は氷山の一角ではないかとしている（UNICEF 2017）。「residential」という用語は、「在宅」「居宅」と日本語に訳すことができるが、ここでは、児童が本来生活していた自宅から行政等により分離され、新たな居住の場を提供されることを指す。後述する国連の指針では「residential care facilities」という語が使用されており、厚生労働省の仮訳ではresidential care に「施設養護」の訳語を用いている。

1989年に国連で「児童の権利に関する条約」が採択されて以降、2003年「児童と入所型養護に関するストックホルム宣言」により、それまで各国で長く取り組まれてきた集団生活環境による入所型サービスから、家庭をベースとする養護へと転換が目指されてきた（Courtney=2010：293-294）。2009年に国連で採択された「児童の代替的養護に関する指針」では、児童の生活の場について、家庭を基盤として考え、それが難しい場合に限って、従来の入所型施設サービスを活用すべきであるという方針が確認されている。このことから、このサービスを「代替的養護」（alternative care）とも呼ぶようになっている（UNICEF 2021a）。

ここでは、国際的な社会的養護の共通理念となってきているサービスの考え方と専門職の位置づけを取り上げる。

Ⅱ-2-(5)-A-(A)　「児童の権利に関する条約」（1989年）における代替養護

　「児童の権利に関する条約（Convention on the Rights of the Child. 44/25, 1989)」（外務省訳：以下、条約）は、1989年の第44回国連総会において採択され、1990年に発効した。日本は1994年にこれに批准している。本条約では、基本的前提として、「児童の最善の利益（the best interests of the child)」を考慮することが謳われているが、「公的もしくは私的な社会福祉施設（public or private social welfare institutions)」でとられる全ての措置についても児童の最善の利益が前提となっていることが確認されている（第3条）。併せて、条約では、児童がその父母の意思に反してその父母から分離されないことを確認するとともに、児童の最善の利益のためであれば、権限のある行政当局が司法の審査に従うことを条件として法律および手続に従うことにより、父母との分離を決定することができることを規定している。これは、「父母が児童を虐待し若しくは放置する場合又は父母が別居しており児童の居住地を決定しなければならない場合のような特定の場合」に必要となるとしている（第9条）。

　代替養護は、児童が一時的もしくは恒久的にその家庭環境を奪われた場合に、「国が与える特別の保護及び援助」を受ける権利により「代替的な監護（alternative care)」が提供される。その方法としては里親委託等があるが、その一つとして適当な「施設への収容」が認められるとされている（第20条）。この第20条には、代替の家庭環境を確保する解決策として、児童の養育において継続性が望ましいこと（the desirability of continuity in a child's upbringing)、児童の種族的、宗教的、文化的および言語的な背景について十分な考慮を払うことも規定されている。「条約」には、児童の最善の利益を前提として、父母を中心とした「家庭」を第一の生活の場として位置づけ、代替的な解決策の一つとして「施設への収容」を限定的に位置づけていることがわかる。

Ⅱ-2-(5)-A-(B)　「児童の代替的養護に関する指針」（2009年）における施設専門職の位置づけ

　国連では、2009年に「条約」採択20周年に合わせて、64回総会において「児童の代替的養護に関する指針」（United Nations=2009、以下、「指針」)

を採択した。ここでは、上記の条約における養護の基本的位置づけを踏まえて、「代替養護」サービスの考え方とそこにおける専門職の位置づけを規定している。「指針」について、特に、施設サービスの考え方と専門職の位置づけに関わる条文を次にあげる（以下、本文中カッコ内の数字は条文番号に対照）。

　指針では、まず、「代替的養護」（alternative care）について、家族復帰の可能性を含めて、それまでの児童の教育・文化・社会生活の断絶を最小限とすることをあげている（Ⅱ. B. 11.）。児童を家族から離脱させることは、一時的、短期的であるべきで、離脱の原因解消により常にその決定が見直されるべきとする（同14.）。代替的養護の目的は、児童が安定的な家庭環境を確保し（ensuring children a stable home）、養護者による安全で継続的な愛着関係のニーズを満たすことであるとしている（同12.）。このことから、養護サービスは、あくまでも本来の家族の代替として位置づけられるが、最も優先されるのは、児童にとって安定的・継続的関係性が形成されるかどうかであることがわかる。

　【養護サービスと施設の位置づけ】　養護施設（residential care facilities）と家庭を基本とする養護（family-based care）は互いに補完する役割（complement each other）であり、大規模な施設が残存する場合でも、脱施設化（deinstitutionalization）を目指し、新設の場合は、公民にかかわらず個別的な少人数による養護を目指すべきとしている（同23.）。この「家庭を基本とする養護」は、おそらく個別化する対応を意味しており、里親家庭や一般家庭規模にまで小規模化した養護施設（わが国におけるグループホーム）をイメージしていると考えられる。養護サービスの機能については、「児童の個別の心理・情緒的ニーズ、社会的ニーズ及びその他のニーズを満たす」ことであり、家族および地域を基盤にした解決策を最優先に考えるべきとする（V. 53.）。

　さらに、施設養護（residential care）の位置づけとしては、「小規模で、可能な限り家庭や少人数グループに近い環境にあるべき」とし、その目的は、一時的な養護（temporary care）を提供し、児童の家庭への復帰に積極的に貢献することであるとする（Ⅶ. C. 123.）。また、施設には、個別対

応が可能となる十分な人数の養護者を配置する（同126.）。

【専門職の位置づけと役割】　本指針における専門職の位置づけについては、施設養護か家庭を基本とする養護かを問わず、「養護者の専門的技能、選抜、訓練及び監督（the professional skills, selection, training and supervision of carers）について特別な注意を払うべきである」としている（Ⅶ. A. 71.）。サービス提供に当たり、ねらいと目的、児童に対する責任を明記し、全ての養護提供者は、法的要件に従い、適切に資格を得るまたは承認を受ける（be appropriately qualified or approved in accordance with legal requirements）べきであるとしている（同73.）。

さらに、指針では、養護提供の具体的方法にも言及している。「細心の注意を払い、児童にとって親しみやすい方法」で「特に特殊な訓練を受けた、原則として制服を着用していない職員（non-uniformed personnel）が関与すべき」としている（Ⅶ. A. 2. 80.）。職員の仕事としては、家族との連絡、連絡が取れない場合の情報収集（同81.）、地域の食習慣、該当する栄養基準量、児童の宗教的信条に従った十分な量の健康的で滋養に富んだ食事保障（同83.）、必要に応じた医療、カウンセリングおよび支援（同84.）、地元の教育施設で可能な範囲の正規・非正規の教育および職業教育（同85.）、乳児および幼児（特別なニーズを持つ者を含む）の個別の安全面、健康面、栄養面、発達面を充足する養護関係があげられており、専門職としての養護者は、この「養護関係を構築する能力（developing positive, safe and nurturing relationships with children）」を持つべきであるとする（同87. 90.）。

アフターケアに対する支援として、養護の全期間を通じ、機関および施設は組織的に、地域生活への参加を通じて、社会的スキル・ライフスキル獲得により、地域社会への完全な統合へ向けた準備を行う（Ⅶ. E. 131.）。養護の終了に際し、独立を支援する専門家を割り当てるよう特別に努力し（同133.）、終了を迎える青年が経済的に自立し自ら収入を創出できるよう、継続的な教育および職業トレーニングの機会が与えられるべきであるとしている（同135.）。

【職場の位置づけ】　全ての公式な養護を担当する機関・施設（agencies and facilities responsible for formal care）は、「目的、方針、方法、並びに

資格を有する適切な養護提供者の採用・監視・監督・評価（the recruitment, monitoring, supervision and evaluation of qualified and suitable carers）に適用される基準」を整備する（Ⅶ. B. 1. 106.）。養護者および児童と直接接触するその他職員の採用に、働く適性に関する適切かつ包括的な評価を組織的に確保すること（同113.）、養護者の労働条件（報酬を含む）について、意欲、仕事に対する満足感および継続性を最大化すること（同114.）が規定されている。

【研修等について】　さらに、求められるトレーニングとして、「児童の権利、及び児童の特有の傷つきやすさ、特に緊急委託又は通常の居住地以外の地域への委託など、困難な状態に置かれた児童の弱さに関する訓練」の実施、職員の文化、社会、性別および宗教に対する感受性を高め、これら専門家が評価・表彰を受けるための十分な資源および経路を提供すること（同115.）、全ての養護職員に、「紛争解決テクニック、並びに危害行為又は自傷行為を防止するための手段を含む、困難な言動に適切に対処するための訓練」を行うことをあげている（同116.）。

　ここまで、社会的養護の国際的な指針を見た。「指針」では、代替養護と施設養護の位置づけだけでなく、養護サービスで求められる機能、専門職の資格等の位置づけ、職場環境の設定や研修等の考え方など、かなり具体的に規定されていることがわかる。本指針は、「児童の権利に関する条約」や他の国際規定の強化を目的として採択されていることが前文で触れられている。このことから、社会的養護の支援実践は、「条約」の締約国で行われる際には、ここにあげられている理念や方法によりサービスが提供されることが求められていると理解できる。「条約」は、規定する権利の実現のため、締約国に、自国における利用可能な手段の最大限の範囲内で、必要な措置を取ることを求めている（「条約」第4条）。その点では、他の支援分野の専門職と比較して、社会的養護分野の支援サービス、専門職、支援実践には、国際社会における標準的な枠組みが各国の公的な制度に基づき展開されるという特徴を持つことがわかる。

　他方で、上述したように、ユニセフによれば、各国で社会的養護の対象になっている児童の実態は、十分に把握されておらず、この条約や指針に規定

されるサービスの理念について、実態の統制は十分できていないと考えられる。ユニセフは、「社会的養護の対象となっている子どもの割合」として、各国で、社会的養護対象の児童の割合を報告している（UNICEF 2021b）。地域ごとの要約で見ると、「東アジア・太平洋諸国」14.2％（日本単独では85.4％、オーストラリアは100.0％）、「ヨーロッパ・中央アジア」90.8％（例えば、イギリスは65.6％、フランスとドイツは100.0％）、「ラテンアメリカ・カリブ諸国」44.6％（例えばブラジルは67.7％）、「サハラ以南のアフリカ」13.6％などと、かなりばらつきが出ている。なお、この統計は、「SOCIAL PROTECTION AND EQUITY」（直訳すると「社会的保護と公平性」）の用語に対して、日本ユニセフにより「社会的養護」の訳語が使われている。これは、制度的保護の対応の中でも、児童単位あるいは家族単位の現金給付対象となっている児童（または児童のいる世帯）について、児童または児童のいる世帯の総数から比率を計算したものとなっている（UNICEF 2021b：236-239）。用語法とともに、各国の制度的な多様性から、単純な施設養護の統計として算出することが難しい状況がここにも示唆されている。また、各国の統計的把握は、2010年から2019年までの期間に把握されたものであり、幅がある統計となっている。

　以上のように、国連の「指針」では、社会的養護に求められる考え方や施設養護の位置づけ、職員の役割と職場の要件について、具体的に規定されてはいるものの、各国の社会的養護サービスの提供についての実情は、国ごとの多様性があり、国際的な把握を難しくしている。

II−2−(5)−B　日本との比較研究

II−2−(5)−B−(A)　各国を比較する視点の多元性

　日本との比較を行いながら社会的養護サービスの提供形態や専門職の位置づけの特徴を整理しようとする研究として、木村（2018）を取り上げることとする。この研究は、日本における社会的養護システムのうち、児童相談所が持つ保護・相談支援機能に視点を置きながら、対象国および州を10か国・州に設定して、文献調査と現地訪問調査により整理を行った。対象国・州の特徴は、別表のように整理できる（**表2-12**）。

　まず、（ⅰ）アプローチの国ごとの違いがある。「介入アプローチ」を特徴

とする国では、裁判所の関与が強く、データによる家庭介入の管理が先行して進められていた。アプローチの限界も認識されており、地域資源の活用も並行して行われている。イギリス、韓国などでは、過剰なIT化、データベース化により、官僚的な仕事が増え、モニタリングやツールに向き合う時間が増えるかわりに、当事者である家庭や子どもに向き合う時間が減ってしまう弊害も指摘されている、とする。他方「脆弱性アプローチ」では、地方自治体の役割と責任が大きく、予防的対応が重視されることから、対象家庭も多くなる。例えば、スウェーデンでは、データ管理導入は遅く、個別家庭への介入度も浅い、としている。

　次に、（ⅱ）権利擁護・当事者参画の違いがある。全体の方向性として、児童の権利に関する条約に準拠し、各国の国内法を整備し、児童を中心としたウェルビーイングを重視する方向に進んでいる。権利擁護について、行政からある程度独立したオンブズパーソン（フランス、デンマーク）やアドボカシー団体（ワシントン州、ブリティッシュ・コロンビア州、デンマーク）を有している国が多くある。また、当事者参画についての法や仕組みの整備が行われている国もある。フランスでは、児童や家族の当事者参画とそのための支援者トレーニングが法律に盛り込まれている。デンマークでは、行政の決定に対して不服表明できる年齢が、15歳以上から12歳以上に引き下げられ、参画の場面でも、児童や家族と協働するミーティングが行われている。こうした国は、当事者の声を実践的な取り組みの「努力」で聴くだけにとどまらず、法的な整備や予算をともなった形で当事者の参画を保障する国々である。

　さらに、（ⅲ）データベースの動向の違いがある。各国で行われているデータ収集の動向は、二つの目的に分けられる。1）児童保護や社会的養護に携わる機関が、児童の安全やウェルビーイングを実現させるため、効果的・効率的な実践方策を導き、標準化を図る目的（フランス、韓国）。2）児童保護および社会的養護政策（制度・プログラム等）の効果を総合的に評価し、政策に反映させていく目的（全ての国）。なお、実践への活用例として次の主な事例があった。韓国では、全国の児童保護専門機関と連携機関における実践・業務プロセスの現状分析による改善方策を導き出し、効果的な実践・業務プロセスと方法を定め、標準化を目指している。イングランドでは、児

表2-12 木村（2018）の比較対象と特徴

No.	国および州	選定理由と特徴
1	イギリス	19世紀後半からの整備背景、地方自治体と親とのパートナーシップによる「共同ケア（Shared Care）」の動向、1990年代以降の子どもの貧困対策整備動向など対策を積極的に進めてきている背景がある。
2	フランス	国レベルと地方レベルでの二重体制となっている日本との共通点がある。2016年法改正以降、子どもにとっての親の権利を護るという考えから、法的介入なく家族の任意でまずは介入、それが不可能な場合に法的強制介入を取る優先順位を設けた。
3	スウェーデン	体罰防止法を世界に先がけて施行した。家庭養育を前提とし、介入（保護、里親養育、施設養育等）は家庭養育を補完するという意味が大きい。実施するサービスの選択にあたり地方当局にかなりの自由裁量権がある（地方行政単位コミューン）。
4	デンマーク	社会サービス法に規定され、各基礎自治体（コムーネ）の責任で実施。1990〜2000年代の変化として、強権的な国家介入と専門職主義の強いものから、「家族との協働」を目指すものへ移行。虐待対応の問題点に対し、何度も法改正や仕組みの見直し→評価と定着のプロセスを積極的に進めている。
5・6	アメリカ合衆国／ワシントン州、イリノイ州	50州50通りのシステムがある。ワシントン州は郡単位でそれぞれのシステム、一方でイリノイ州は州全体で一つの共通したシステムとなっている。区分対応システム（Differential Response：DR、ケースのスクリーニングにより対応する主体を区分していく）の導入の違いとして、ワシントン州は導入が遅く、他方、イリノイ州は、導入は早かったが後に中止したという発展経過の違いがある。
7	カナダ／ブリティッシュ・コロンビア州	制度策定のイニシアティブ、予算配分等で州政府に大方針からの裁量がある。近年、インテークセンター設置、機関間連携のための情報共有制度化など、介入と支援のバランスの模索は日本との共通点である。
8	大韓民国	法整備を行いながらも、民間の社会福祉法人の取組みが活発である。児童福祉施設運営のみならず、児童相談所機能が行う業務（措置業務を含む）を細分化した上で、機能や運営を民間に委託している。児童福祉施設と児童相談所の業務の中から子ども虐待対応という業務に特化した機関（子ども保護専門機関）を運営する法人、児童福祉分野のみならず、障害者福祉や高齢者福祉分野施設まで持つ法人もある。
9	タイ	先進国における介入型モデルの欠陥点をよく検証しながらタイ型のモデルの形成を進めている最中である。オーストラリアなどオセアニア諸国の影響を強く受けながら、コミュニティ・ベースド・モデル、および当事者参画型モデルなど、国際的に先駆的なモデルの導入に特徴がある。
10	フィリピン	アメリカ植民地時代の影響から、政治経済から社会福祉制度についてもアメリカに倣って編成されてきた経緯がある。予算のうち社会保障・福祉費が0.6%と少ないものの、地域を基盤とし、草の根的な住民組織とNGOとの提携関係を重視、従来の上意下達の社会福祉からボトムアップ方式へと社会福祉システムを転換した。

出典：木村（2018）より筆者作成

童保護のアウトカム指標は全国共通のデータを収集・分析しながらも、自治体ごとの「ケアの安定性」の基準を設けるシステムを活用している（グリニッジ王室特別区の「モッキンバード革新」の例）。アメリカ・ワシントン州では、虐待やDV情報については、児童保護サービス（CPS、警察、教育機関など）のデータベースを全ての機関で共有する取り組みが現在進行中である。

　最後に比較研究として、（iv）用語取り扱いの難しさがある。調査実施上の知見として、「保護」、英語での「Protection」という用語における取り扱いの難しさがあったとしている。この語は、英語を主として使用するイギリス、北アメリカで母語として使用されている言語として、それらの国々における文化に根ざしている点は否めず、Protectionという用語を、「予防からの対応すべてを包含するような、いわば領域として使う」場合などがあり、注意をしなければ何を指すのかについて誤ったイメージを持ってしまう可能性があるとしている（木村2018：17-24）。

　日本との比較の視点では、社会的養護システムを児童保護（日本でみられる児童相談所機能）から家庭外養育サービスまでで捉えた際に、「アプローチ」として表されるものには、前提となる各国の発展過程とそのプロセスで行われてきた議論が重要である。さらに、政策形成に取り入れられてきたデータベース等の仕組みが各国の動向に影響を与えている。その際、データベース整備の動向は、単に制度背景を支えるバックアップ資源としての意義だけでなく、保護対応の重点、特に介入を重視する度合いに応じた各国の文脈の違い（データ管理による介入を重視する国があること）を示す指標となる。こうした研究からは、保護機能（介入アプローチ）と支援機能（脆弱性に対するアプローチ）の関係性の中で、各国で比重の置き所に特徴があることが理解できる。

Ⅱ−2−（5）−B−（B）　社会的養護の人的体制についての視点

　同じく日本との比較の視点で取り組まれている研究として、日本社会事業大学社会事業研究所（2016）がある。この研究では、文献研究により、国の事例だけでなく、横断的な項目について、各国の状況も整理されている。特に、本研究に関わる社会的養護の位置づけと社会的養護施設の職員体制に関

係する研究結果について、筆者が別表に整理を行った（**表2-13**）。先行研究の動向では、西ヨーロッパ諸国、北米、オーストラリアは、比較的多くの研究で取り上げられている。参照しているデータは、国ごとに統計年が異なっていて、2011年から2015年までの幅が出ている。また、調査項目についても、一部の国でデータの取得ができなかった項目が見られた（**表2-13**では、記述が見られなかった事項は空欄となっている）。

　その国で施設養護にどれほどの児童が関わっているかは、「里親委託率」や「社会的養護費用」の項目で見ていくことになる。里親委託率が最も低い「日本」（「里親等」委託率で14.8％。2020（令和２）年は22.8％）から「香港」（86％）まで幅がある。なお、日本のより詳細な報告では、自治体間でも宮崎県の10.6％から新潟市の58.3％まで幅が出ている（厚生労働省2022）。

　次に、職員体制については、児童の生活や養育のケアに直接関わると考えられる職員の配置で見ると、年齢区分で分けない小規模型施設の形態となっていると考えられる「イギリス」のような国と、年齢区分ごとに配置人数を分けている「日本」のような国、施設規模や予算規模で異なる共通基準がない「タイ」のような国がある。年齢ごとで分けている国では乳児期児童等の低年齢になるほど、職員人数を手厚くしている国が見られる。総合的に見ると、児童と職員がほぼ同数の国（「ルーマニア」の３歳以下）から、13-17歳で児童25人に対し職員１名の「フィリピン」まで、この項目もデータに幅がある。職員配置は、対象となっているヨーロッパ諸国で職員配置が手厚い。「イギリス」は、職員：児童が1.4：１、「デンマーク」は、小規模ケアでケア職員７：児童６、という職員の方が多いところもあれば、「日本」や「韓国」のように年齢区分ごとに、乳幼児期を同数に近くして、少年期を５名前後に対し職員１名で配置している国もある。また、配置が手厚いと考えられるヨーロッパ諸国では、里親委託率は比較的高いように思われる。そうしたヨーロッパの傾向の中で、年齢区分ごとの配置数を変えている「ルーマニア」の里親委託率は31.7％で、「日本」や「韓国」に近いともいえる。

　専門職や資格制度の動向では、日本で児童相談所のような機関の機能と考えられる、児童保護のマネジメント機関は、調査対象のほとんどの国で省／局、地方自治体といった行政により担われている。さらに、こうした機関の

ソーシャルワーカー職については、ほとんどの国で、ソーシャルワークを専攻する学士等の資格を要件として設定している。他方で、施設養護の専門職の資格については、多様な状況がある。職員配置が手厚いヨーロッパ諸国では、ソーシャルワーク専門職として配置されている職員の資格要件は示されているものの、養育に直接当たると考えられる職員について、先行研究の整理として明確なデータが示されている国は少ない。これは、その国に当該職員について基準を設けていないという場合もあれば、あるいはその重要性が高くない場合、またデータが手に入りにくい場合、そしてこれら複数の理由がある場合が考えられる。社会福祉関係の施設における社会的養護施設の職員の比率も国ごとに異なる。「イギリス」は「residential」ケアが９％と低い国であり、施設職員自体の数が国全体で相対的に少ない。他方で、「ドイツ」のように、６万人規模で家庭的な小規模ホームに生活するのが一般的であるような国では、家庭養育に近い感覚であり、養育の専門職という位置づけや資格要件を設定して各施設に確保するのは、あまり意味を見いだせないのかもしれない。「香港」も植民地史の関係から、こうしたヨーロッパ諸国の歴史的影響があることが想定される。

これに対して「日本」「韓国」のように、多職種（多資格を活用）を配置している国もあれば、「イスラエル」や「フィリピン」のように、施設職員向けの研修を設定し対応している国もあった（日本社会事業大学社会事業研究所2016：246-247）。こうした研究から、国際比較について、横断的にデータを揃えて行うことの難しさとして、施設ケアにおける直接ケア（生活支援）に当たる職員の配置基準や要件は、その国における社会的養護のアプローチや理念の変化だけでなく、施設措置率や施設で生活する児童の規模により、その必要性が異なることが背景にあることが示唆される。

なお、イギリスでは、1991年の政府による「公的ケアを受けている児童：施設型養護の再検討（アッティング報告）」により、保護の委託に際しては、児童のニーズに合わせた施設選択や特殊専門ケアを個別に組み合わせることができる必要があり、施設専門職は、これまで統制された環境維持についての研修が十分に実施されてこなかったとし、「建設的な規制」が勧告された。その際、施設長全員、一定割合のケア職員（全職員の３分の１以上）

について、ソーシャルワーク修了証（Diploma in Social Work）あるいは同等の関連専門職資格を有していることを規定するよう要請され、その後施設長については、要件として規定されたとされる（津崎2013：162-173）。

　施設養護専門職の人事の課題として、高い人事異動率、適切な児童と職員の比率の認定と維持、適切な現任研修などがあることは、国際比較研究でも共通する課題となっているとされている。その背景は、重度の情緒障害や行動障害、家族問題を抱えた児童の治療的ニーズによるとされている。「イギリス」のようにソーシャルワーク研修が施設専門職の基礎資格として認知されている国でも研修が十分でない状況があり、「韓国」では、職員資格に見合うように施設認可を見直す必要があるという議論もある。「スウェーデン」では、公的施設と民間施設で訓練の差が大きいという指摘もある。また、「アメリカ合衆国」は、国共通の資格要件を持たない国となっている。

　実証的な研究として、職員の特性（例えば秘密保持、モラル、文化、指導力など）と、訓練を実践に移せる組織の要因について、国際研究によって何を優先して明らかにすればいいのか検討することは難しいとされている（Courtney＝2010：310-311）。

　以上のように、社会的養護の人材育成に関わる国際比較は、調査のアプローチや対象となる事項（保護の対象や主体、専門職の範囲や要件、研修等）、さらに理念や価値の変化を捉える中長期的視点の必要性など、多元的な視点で整理していく必要がある。さらに、英語を中心に比較が行われている国際研究の成果と日本の研究との接続における言語的な壁も、国際比較研究を難しくしている要素である。社会的養護の研究について、Goodman（＝2006）は、英語の視点で日本研究を行っている希少な例である。まず、用語の語感について、日本の「養護施設」は、英語に翻訳し難く、「yougoshisetsu」としている。英語でも、アメリカ英語とイギリス英語では異なり、アメリカでは親がいる児童の施設でも「orphanages」を用いることがある。一方、イギリスでは、「children's home」が一般的である。しかし実際には、teenagersの割合が一定程度いることから、誤解を生みやすい。1998（平成10）年の日本の児童福祉法改正による名称変更は、「child protection institution」という英語に翻訳できる機能の位置づけを持った

が、イギリスで「institution」は、はるかに規模の大きな施設をイメージさせるので合わない。日本の児童養護施設は、Aarre, K.（1998, 2000）の紹介するポルトガルのチルドレンズ・ホームが代表するような南欧諸国の施設に、施設規模、運営管理、組織構造など多くの共通点があるが、施設と国家との関係は、全く異なる。また、日本の社会福祉制度について英語で書かれているものがほとんど存在してこなかったとしている。こうした比較の難しさを前提に、Goodman（＝2006：35-52）は、日英の児童養護の比較する論点を整理している（**表2-14**）。

　この分析は、1990年代の日本の状況を比較対象としており、前段の節で触れてきたようなその後の日本の状況を考慮すると、実態がかなり異なっている。例えば、児童相談所のソーシャルワーク資格の専門性は高まっており、施設小規模化や職員配置基準の変更や専門職の追加配置の動向は、施設における専門化したサービスを多様なものとして展開してきている。さらに、国の責任と地方自治体の責任については、日本ではもう少し丁寧な議論が必要であるようにも思われる。他方で、日英の比較で興味深いのは、親族の文化や慣習の影響が歴史的に強い日本が、家族に対する公的介入のあり方についてイギリスとかなり異なる状況にあるという、（ⅰ）国家ケア 対 家族ケア、（ⅱ）強制委託 対 任意委託の指摘である。同じ観点で、（ⅳ）入所施設ケア 対 擬似家族ケア、（ⅷ）家庭復帰 対 施設内定着の論点は、もう一つの側面で日本の特徴を表している。また、施設を「生活型」の支援として見ていく際には、普段の児童の生活に「資格」を持って関わる日本と、生活に関わる職員と「専門サービス」として関わる専門職を職業上分化させているイギリスとの違いが示唆されている点で、（ⅵ）均質的施設 対 多様な施設、（ⅸ）スペシャリスト施設職員 対 ジェネラリスト施設職員、（ⅻ）（養護児ケアと非行児ケアの）統合 対 分離といった論点は、日本の特徴を明らかにしている。

表2-13 社会的養護についての日本と各国比較

	日本	イギリス	ドイツ	デンマーク	スウェーデン	ルーマニア	アメリカ・ワシントン州
社会的養護費用（費用／GDP）	0.02%	社会的養護予算のうち92%が里親と施設	0.23%	0.75%		0.09%	2.60%
施設類型	乳児院、母子生活支援施設、児童養護施設、情緒障害児短期治療施設、児童自立支援施設、自立援助ホーム	チルドレンズセンター、児童養護施設、自立援助施設（犯罪少年10-17歳）、寄宿制学校	小規模ホーム、治療的施設、母子入所施設、ベビークラッペ（赤ちゃんポスト）設置含む	児童養護施設、小規模ホーム、寄宿制学校（入所施設は心理治療を基本とする）		小規模（児童数30-80人）施設、家庭的ホーム（10人まで）、母子居住型センター、緊急保護センター、青少年保護センター	
里親委託率	14.80%	里親委託約74%施設委託約10%	48.10%	62.30%		31.70%	US全体48%ワシントン州50%
職員配置	乳児院：0-1歳1.6：1、2歳2：1、3歳以上4：1 母子生活支援施設：母子支援員10世帯未満1人、10世帯以上2人、20世帯以上3人、少年指導員20世帯未満1人、20世帯以上2人 児童養護施設：幼児4：1、小学生以上5.5：1 情緒障害児短期治療施設：4.5：1、心理療法担当職員10：1 児童自立支援施設：4.5：1	職員1.4：児童1～職員4.3：児童1	小規模ホームの例：教育・SWスタッフ4人：児童9人	児童養護施設の例：ケア職員38人：児童25人 小規模ホームの例：ケア職員7人：児童6人		3歳以下：1：1 4-6歳：1：3 7-12歳：1：4 13歳以上：1：6	

カナダ・ON州	カナダ・BC州	イスラエル	フィリピン	タイ	香港	韓国
参考2.6%	児童保護関連49万C\$ 里親関連2.6万C\$	政府予算の1.50%			0.02%	0.02%
居住型保護施設、グループホーム（治療的施設のみ）		教育施設、リハビリ施設、治療施設、精神科入院後施設	公的施設・民間施設の2類型、年齢0-11歳・12歳以上で大別、支援カテゴリーで種別がさらに細分化する	一時保護所、乳幼児施設ケア（0-6歳）、少年のための施設（7-18歳）、少女のための施設（7-18歳）、安全・保護センター（被虐待対象）、特別支援が必要な児童の施設（心身治療、リハビリ施設）、多重特別支援が必要な児童の施設、寄宿学校	児童養護施設（2歳まで）、同（3-6歳）、児童収容施設（17歳以下）、チルドレンズホーム（6-21歳）、ボーイズ／ガールズホーム（7-21歳で行動・情緒疎遠）、ボーイズ／ガールズホステル（7-21歳）	児童養育施設、児童一時保護施設、児童保護治療施設、共同生活家庭、児童自立支援施設、母子生活支援施設
里親56%		里親委託24.7% 施設入所75.3%		里親（親族含）0.74：施設1	86%	約49%（祖父母による代理養育が家庭委託率の約67%）
			SW1人：児童25人、特に保護が必要な児童の場合1：20、触法少年等の場合1：15、事務と養育を監督する職：1歳以下1：5、2-6歳1：10、7-12歳1：15、13-17歳1：25	施設規模と行政予算によるSW1名、心理士1名、発達専門職1名、看護師1名		保育士：0-2歳：児童2名：1名、3-6歳：5名：1名、7歳以上：7名：1名、生活福祉士：児童30名：1名、看護師：児童30名：1名、自立支援専担要員：児童10名：1名など

	日本	イギリス	ドイツ	デンマーク	スウェーデン	ルーマニア	アメリカ・ワシントン州
職員の資格要件	保育士：国家資格、母子支援員・児童指導員・児童自立支援専門員・児童生活支援員：社会福祉士・精神保健福祉士・社会福祉主事任用資格、心理療法担当職員：学部心理学卒で療法技術有する、ＦＳＷ：社会福祉士等で5年以上従事など	SWのProfessional Qualification、教育・看護師の有資格職員はなし		ケア専門職「ペタゴー」（ソシアルペタゴー）：保育士資格（社会教育士）	養成教育プログラムはない。SWは大学3年半	施設職員資格要件あり	

出典：日本社会事業大学社会事業研究所（2016）より筆者作成

カナダ・ON州	カナダ・BC州	イスラエル	フィリピン	タイ	香港	韓国
		SW：修士＋5年経験、レジデンシャルSW：オリエンテーション1回／週を1年間、ケアワーカー：12年一般教育	SW：180時間養成研修＋360時間実習＋1年間職場研修、養育職：高卒以上＋研修	SW：年1回研修義務	職員配置の基準はないが、SW：公認SW	保育士：社会福祉士3級以上・保育士・教師資格、生活福祉士・相談指導員：社会福祉士2級以上・教師資格・保育士1級、職業訓練教師・職業能力訓練教師・塾講師、臨床心理相談員：大学心理学部卒、自立支援担当要員：職業能力開発訓練教師・社会福祉士2級以上・教師資格・児童福祉学科卒等で1年以上業務従事

表2-14 Goodman（＝2006）の日英社会的養護比較の論点

No.	論点	要約
（ⅰ）	国家ケア 対 家族ケア	日本はイギリスよりも、はるかに多くの児童を実親のもとにとどめている。
（ⅱ）	強制委託 対 任意委託	イギリスでは、社会的養護を受ける児童の一定程度が裁判所の命令によるが、日本では裁判所が関与することは少ない。
（ⅲ）	専門職ソーシャルワーカー 対 地方自治体官僚（地方役人）	イギリスでは、社会的養護への委託やモニターは、専門的有資格ソーシャルワーカーの仕事だが、日本は地方官僚（社会的地位は高い）と地域（国選）ボランティア（民生委員・児童委員）の協働体制に依存している。
（ⅳ）	入所施設ケア 対 擬似家族ケア	日本では、社会的養護を受ける場合、擬似家族（里親や養子縁組）よりも入所施設に委託される割合がはるかに高い。
（ⅴ）	公立施設 対 民間施設	日本では、90％以上の児童福祉施設は民間施設であり日本の社会的養護をリードしてきている。公金が施設に活用されている状況は同じであるが、イギリスでは、Barnardo'sのように民間児童施設の重要な役割もあったものの、救貧法以来、国の責任が中心となっている。
（ⅵ）	均質的施設 対 多様な施設	イギリスでは、分類が難しいほど各施設が特殊専門化し独自の顕著なプログラムを提供してきている。日本は、児童養護施設の児童を均一に扱うことを規範としてきている。
（ⅶ）	大規模施設 対 小規模施設	イギリスのチルドレンズ・ホームは、規模や家財道具において普通の民家とは区別できない規模であるが、日本は依然として大規模な建物が多い。
（ⅷ）	家庭復帰 対 施設内定着	イギリスでは施設委託も里親委託も半年に一回定期審査が義務となっており、施設委託は短期間となっている。日本は、委託期間が長期化している。
（ⅸ）	スペシャリスト施設職員 対 ジェネラリスト施設職員	日本では常勤入所施設職員は、全て何らかの児童福祉資格を持つことが求められ、80％以上が少なくとも２年間以上の後続・高等教育を修了している。イギリスでは「アッティング報告」後も資格要件は施設長にとどまっている。
（ⅹ）	ボランティア必須 対 ボランティア不要	イギリスでは、児童一人に職員一人が中心でありボランティアを活用する必要はないが、日本では、ボランティアが重要な人的資源となっている。
（ⅺ）	チャリティ（慈善）対 市民としての権利	イギリスでは、ホームが無料切符（観劇の招待など）などチャリティが児童の自尊心や尊厳を損なうという二律背反の議論（Berridge,D. & Brodie, I.1998）があるが、日本では、チャリティによる金品を受け取らない施設はほとんどなく、寄付を集める仕組みを工夫している。
（ⅻ）	（養護児ケアと非行児ケアの）統合 対 分離	日本では、非行児や非行の恐れのある児童は、別の施設（児童自立支援施設）に措置されるが、イギリスでは、1969年児童青少年法以降、非行児も（地域内での中間処遇が適用できない場合）チルドレンズ・ホームに委託される実情がある。
（ⅷ）	地域内統合 対 烙印忌避	欧米の国々では施設内虐待や運営経費の問題など、児童に烙印を押し、施設癖（施設生活で自立性を喪失する傾向）を植え付けるという議論がある。日本は肯定的なイメージの提供に成功している。

出典：Goodman（＝2006）より筆者作成

Ⅱ-3　考察

Ⅱ-3-（1）社会的養護の専門性の視点

　ここでは、文献研究の結果から、児童の「生活」支援の専門性や専門職制を見ていく視点の構成要素について考察することとする。

　「社会的養護」とは、歴史的な施設養護を中心とした、里親委託等までを含む幅広い概念であると考えることができる。その際、「養護」は、国や地方公共団体により提供される「要保護」児童対策を含み、児童相談所による保護から児童の生活の場の確保を行政主導で行う「施設養護」や「家庭的養護」（施設の小規模化等による家庭に近い養育に近づける対応）のことであると考えることができる。したがって、ここで活動する専門職は、国全体に関わる制度に基づき、児童を保護し、家庭養育に近い育ちの環境あるいは家庭養育の代替を確保する仕事を行う者である。

　国際的な位置づけとしては、国連の「指針」により、社会的養護に求められる考え方や施設養護の位置づけ、職員の役割と職場の要件について、具体的に規定されている。国際的な動向としては、2003年の「児童と入所型養護に関するストックホルム宣言」以降、家庭における養育が基本原則となっている。1989年の「条約」では、児童が一時的・恒久的にその家庭環境を奪われた場合に、「国が与える特別の保護及び援助」を受ける権利により「代替的な監護（外務省訳：alternative care）」が提供されるとし、その一つとして「施設養護（施設への収容）」を認めている。その後、2009年の「指針」では、児童を家族から離脱させることは、一時的、短期的であるべきで、離脱の原因解消により常にその決定が見直されるべきとし、それまでの児童の教育・文化・社会生活の断絶を最小限とすることが要請されている。このことから、児童の家庭生活をベースとし、代替的に提供される養護、特に施設サービスは、最小限にとどめられ、常にその措置が見直される。さらに、施

設サービスが選択される場合は、脱施設化・小規模化が求められている。

「条約」の観点で、批准する各国の実施義務は位置づけられているものの、各国の社会的養護サービスの提供についての実情は、国ごとの文化経済的な背景、制度的背景などの多様性があり、どこまでを養護の制度や財源として捉えるか、対象をどのサービスまで含むかについて、統一的な指標による横断的な把握を難しくしている。国際比較研究からは、家族への公的介入のあり方、家庭復帰の考え方、公的サービス委託、専門職制の分化など、わが国の特徴が指摘され、児童保護から育ちの環境確保までの一連の対策は、他の児童福祉対策との関係も含めて、その国の文化・社会・経済史的背景や専門職体系に沿って、その専門性や課題を整理していくことが求められる。ここから、日本の社会的養護における人材育成の課題は、児童相談所から施設養護につながる一連の対策として、その専門性と人材育成の課題を見ていく視点が必要となることがわかる。その際、里親委託等の家庭的養護は、当然のことながらこの範囲に含まれるが、わが国の専門職体系の特性を鑑みて、この研究では、児童相談所と社会的養護施設に焦点化して取り組むこととする。

「指針」では、代替養護と施設養護の位置づけだけでなく、養護サービスで求められる機能、専門職の資格等の位置づけ、職場環境の設定や研修等の考え方など、かなり具体的に規定されている。そこから、人材育成の課題は、専門性の位置づけや専門職としての成長とともに、職場環境の設定や研究のあり方として見ていくことが求められることが示唆された。

わが国の社会的養護の制度的背景から、児童福祉対策ニーズの捉え方は、特別な対象設定による保護対策が一般家庭の児童対策へ拡大されて、変化してきた。その際、社会的養護施設の機能再編が求められ、居住型施設サービスについては、「施設におけるケアの個別化とケア単位の小規模化」が提案された。その結果、社会的養護の基本的方向として、（1）家庭的養護の推進、（2）専門的ケアの充実、（3）自立支援の充実、（4）家族支援、地域支援の充実が要請され、その考え方のもとに、施設機能や専門職の役割は、資格要件および研修実施、組織力の向上としてのキャリアアップ仕組みづくり等の観点から、再定義されてきている。こうした背景から、本研究では、

社会的養護施設の専門職の人材育成の課題を、その専門職の組織の位置づけ、すなわち施設の形態、職種、保有資格等で見ていくことが求められる。

「社会的養護」全体の枠組みでは、目指す方向性は共通するものの、機関や施設の種別の取り組みの位置づけは異なっている。児童相談所は、より多様な機能を実現するための専門職の多様な業務が求められてきており、社会的養護施設は、個別ケアに焦点化し、家庭で提供できない専門的支援や専門的支援に沿った生活支援に特化することが求められている。一時保護所は、相談機関の一部という立場では、養育資源としての相対化（他の社会資源との関係で自己の機関としての役割が決まってくるという意味で）が進められる一方で、施設養育という側面では、より機能の焦点化や限定化（特定の機能に絞って短期間支援に取り組むという意味で）が求められており、分析は、機関や施設種別に分けて行っていく必要性がある。

Ⅱ－3－（2）人材育成の視点

次に、文献研究から示唆される人材育成の課題を見る視点について考察する。

人材育成については、社会的養護施設の3協議会がそれぞれ研修体系を立ててきており、その中で、人材育成のレベルのイメージ像の共通点と違いが見えてくる。この人材育成のレベルのイメージ像は、経験年数におけるレベルの積み上げとともに、専門性積み上げの側面もある。この「積み上げ」の内容は、専門性の広がりと連動する部分でもあり、全体像では見えづらい種別ごとの相違があり、種別で見ていく必要性が理解される。

また、専門性の広がりとして、人材育成の「領域」の構成が見られる。人材育成の「領域」は、三つの種別でおおむね共通した構成となっており、前半の区分を基盤として共通部分を中心に構成し、後半の区分を種別ごとの特徴で構成している。後半部分の種別ごとの違いは、全養協、全乳協、全母協では、強調点や重点を置く具体的職務が異なっている。

人材育成の視点は、保有資格の団体でも提供されている。社会的養護の施設で広く任用されている保育士では、キャリアパスモデルやキャリアアップ研修の体系が示されている。また、同じく社会的養護施設で任用されている

看護師についても、クリニカルラダーとして、人材育成のイメージが育成の
レベルと実践能力の広がりで構成されている。こうした資格に基づく人材育
成のモデルは、社会的養護施設の協議会が提供する人材育成のモデルにおけ
る専門性の積み上げと広がりの部分では、似ているところはあるものの、構
成されている習熟イメージが異なる。

　以上のことから、本研究では、社会的養護施設の人材育成の課題を、専門
性の積み上げと広がりという視点を組み合わせて見ていくことと、職種や保
有資格等の多面的な視点により分析していくことが必要となっている。

Ⅱ－3－（3）職員体制や職場の課題の視点

　次に、文献研究の結果から、社会的養護の専門職が活動する職場の課題を
見ていく視点について考察する。これは、職員体制や職場環境が、既述の機
関や施設の種別により、児童相談所、児童相談所一時保護所、社会的養護施
設、とりわけ乳児院、児童養護施設、母子生活支援施設で異なることによ
る。

　「児童福祉施設の設備及び運営に関する基準」（昭和23年厚生省令第63号）
から、児童相談所の専門職は、自治体ごとの人的体制整備状況に人材育成が
左右されることがわかる。さらに、援助のプロセスをとおして、他機関との
連携や家族・親族の参画を含めた業務の特性、適切なタイミングを見極めた
介入といった専門性の特徴があり、人材育成の課題としては、自治体ごとの
仕組みに影響を受けながらも自治体の状況に合わせた人材育成を行うこと
と、同じ職場に存在する複数の専門性を持つ職種が共通して持つ研修ニーズ
のあり方を考えていく必要性が示唆された。また、児童相談所一時保護所
は、児童の生活に関わる業務を行う児童指導員や保育士を中心に、専門職が
配置され、業務の重点と人材育成の環境が児童福祉司とは異なっている。

　施設研究の分野では、社会的養護施設専門職の業務や専門性を明らかにし
ようという先行研究の取り組みがなされてきている。社会的養護専門職は、
児童の「生活」の支援を行う特性として、時に「ルーティーンワーク」（岡
本2017：95-97）などとも現場で呼ばれている、いわゆる「習慣化された」
業務が日常業務のベースとなりながら、施設の場としての構造的側面（ケア

の規模や設備など）だけでなく、個人の価値観や子ども観といった個人的側面にも影響を受ける仕事となっている。職員の仕事は、直接的に利用児童の行動面や、利用者と職員間の関係における評価や認識の調整が常に求められる点で、多元的な葛藤への直面も指摘されている。以上のことから、本研究では、児童相談所と児童相談所一時保護所については、自治体の公務員という特性を踏まえて、同一の自治体を対象としながら、職員の専門性や課題は分けて分析していく必要がある。さらに、社会的養護施設の専門職は、公務員として配置される児童相談所の職員とは分けて、かつ、対象児童や母親という利用者の特性に分けて、乳児院、児童養護施設、母子生活支援施設の種別ごとに分析を行う必要がある。

　その際、社会的養護施設専門職の特徴として、職員間のコミュニケーションが専門性の実感に作用していることや、経験年数や役職の有無により、自己の専門性の重点が変わってくる可能性があることを示唆する先行研究の知見があった。専門職の仕事を構成する養育観については、その認知の状況が重要であること、実践の対象である児童の理解との関係性において見ていくことの重要性が示唆されている。こうした視点は、専門職が、利用者も含めた周囲の環境や人間環境との相互作用のプロセスをとおして、バーンアウトを防いだり、仕事を継続させやすくしたり、成長を促したりするという点で重要であると理解できる。先行研究から、専門職を成長のプロセスという視点で見て、さらに職場の環境や人間関係において成長を支えていくという前提に立って、人材育成のあり方を見ていく必要性があることがわかる。

Ⅱ-4　結論

　本章では、社会的養護の人材育成の課題について、文献研究から、この
テーマを見ていく視点の構成要素を整理した。社会的養護の専門職は、国や
地方公共団体の行政により主導される対策をとおして、児童相談所による保
護から施設における生活の場の確保までを行うところに職務の特徴がある。
国際的な動向やわが国のこれまでの歴史的・制度的背景から、児童の家庭の
確保を目指して代替的養護を活用する前提に立ち、その中でも施設養護は、
脱施設化・小規模化されたサービスとして、国際的な指針や国内の法令によ
り、サービスの内容や専門職制が整備されてきている。

　専門職の人材育成は、施設協議会や資格体系で人材育成のイメージが構成
され、専門性の積み上げと広がりという視点に沿って、研修や職場環境を見
ていく必要が示唆された。併せて、機関や施設の種別、職種や資格等の専門
職の属性により、専門性の特徴と課題は異なることが想定される。分析は、
社会的養護の専門職としての共通する視点は持ちつつも、専門職の職場環境
の特性に分けて進めていく必要がある。

　2022（令和4）年の児童福祉法改正の中で、子ども家庭福祉の実務者の専
門性の向上が目指されることになり、その具体化として実務経験者向けの認
定資格が導入されることとなり「こども家庭ソーシャルワーカー」の検討が
進められている。その検討では、都道府県（児童相談所）、市区町村、民間
の児童福祉施設など、幅広い活躍の場が想定されている（社会保障審議会
2021）。専門職の検討は、歴史的に積み上げてきた施設種別等の違いに目を
向けながら、種別を超えた専門性についても視点を持ちながら進めていく点
に意義がある。

引用参考文献

・相澤仁（2021）「児童福祉司を中心とした子ども家庭福祉に携わる者の資質向上について——国家資格化に向けた養成課程や養成システムのあり方を視点にして」『保健医療科学』70（4），377-384.

・浅井春夫・黒田邦夫編著（2018）『〈施設養護か里親制度か〉の対立軸を超えて——「新しい社会的養育ビジョン」とこれからの社会的養護を展望する』明石書店.

・網野武博（2002）『児童福祉学——〈子ども主体〉への学際的アプローチ』中央法規出版.

・在原理恵・新保幸男（2016）「母子生活支援施設専門職の成長——社会的養護施設専門職の成長を記述するための一考察」『子ども家庭福祉学』（16），68-78.

・趙正祐（2014）「児童養護施設の援助者支援における共感満足・疲労に関する研究——CSF の高低による子どもとの関わり方の特徴から」『社会福祉学』55（1），76-88.

・Courtney, Mark E. & Iwaniec, D.（2009）*Residential Care of Children：Comparative Perspectives*, Oxford University Press.（＝岩崎浩三・三上邦彦監訳（2010）『施設で育つ世界の子どもたち』筒井書房.）

・遠藤久夫・野田正人・藤間公太監，国立社会保障・人口問題研究所編（2020）『児童相談所の役割と課題——ケース記録から読み解く支援・連携・協働』東京大学出版会，30.

・遠藤和佳子（2009）「子どもの養護」大島侑監『養護原理』ミネルヴァ書房，2-17.

・圓入智仁（2005）「児童相談所一時保護所における学習権保障の問題」『日本社会教育学会紀要』41，1-10.

・藤田恭介（2017）『東京都における児童相談所一時保護所の歴史』社会評論社.

・福井充（2021）「パーマネンシー保障に向けた児童相談所の実践結果の検討——援助プロセスと退所統計の変化にみる成果と課題」『ソーシャルワーク学会誌』（43），15-27.

・Goodman, R.（2001）*Children of the Japanese State：The Changing Role of Child Protection Institutions in Contemporary Japan*, Oxford University Press.（＝津崎哲雄訳（2006）『日本の児童養護——児童養護学への招待』明石書店，35-52.）

・長谷川眞人・堀場純矢編著（2005）『児童養護施設と子どもの生活問題』三学出版．

・林浩康（2000）「児童養護施設職員の子ども観」『社会福祉学』40（2），136-151．

・本間博彰（2003）「厚生労働科学研究費補助金 総合的プロジェクト研究分野 子ども家庭総合研究事業 児童虐待に対する治療的介入と児童相談所のあり方に関する研究 総括研究報告書」厚生労働省，352-353．

・堀場純矢（2021）「児童養護施設職員のストレスと健康状態――20施設のアンケート調査から」『医療福祉政策研究』4（1），85-106．

・伊部恭子（2022）「社会的養護経験者の現在の暮らしにおける困難と支援課題――全国調査の自由記述回答からみえてきたこと」『社会福祉学部論集』（18），佛教大学社会福祉学部，107-128．

・石垣文・生田京子（2012）「児童養護施設における生活単位小規模化の実態に関する研究」『日本建築学会計画系論文集』77（671），19-25．

・石垣文・林昴佑・角倉英明（2022）「児童相談所一時保護所の建築計画に関する基礎的研究――地方圏の施設を対象として」『日本建築学会技術報告集』28（69），828-833．

・伊藤嘉余子・石垣文（2013）「児童養護施設の小規模ケア下における施設職員の連携――ユニットの独立性と職員の満足度との関連性に焦点をあてて」『社会福祉学』54（1），3-13．

・伊藤嘉余子・藤井健志・井上翔一（2022）「児童養護施設職員にとっての「子どもの声を聴くこと」の現状と課題――児童養護施設職員アンケート調査からの考察」『社会問題研究』71，1-16．

・加藤俊二（2016）『児童相談所70年の歴史と児童相談――"歴史の希望としての児童"の支援の探究』明石書店．

・加藤孝正編著（2006）『MINERVA福祉専門職セミナー① 新しい養護原理 第5版』ミネルヴァ書房．

・加藤幸雄（2003）『非行臨床と司法福祉――少年の心とどう向きあうのか』ミネルヴァ書房．

・柏女霊峰・中谷茂一・網野武博・林茂男（1996）「1.児童相談所専門職員の執務分析」『日本総合愛育研究所紀要』33，日本総合愛育研究所，173-194．

・川崎千恵・大夛賀政昭・越智真奈美（2020）「児童相談所職員を対象とした研修ニーズに関する実態調査報告」『保健医療科学』69（3），306-316．

- 木村容子（2018）「厚生労働科学研究費補助金 政策科学総合研究事業（政策科学推進研究事業）社会的養護等の子どもに対する社会サービスの発展に関する国際比較研究——循環型発展プロセスの課題と文脈の分析 平成27年度〜29年度総合研究報告書 平成29年度分担研究報告書」厚生労働省.
- 木村秀（2019）「児童養護施設の人材育成——プログラムを活用した方法について」『共立女子大学家政学部紀要』65，123-131.
- 小林理・中原慎二・新保幸男（2020）「社会的養護における専門職の人材育成に関する実態と課題——職場研修のニーズを中心に」『厚生の指標』67（8），厚生労働統計協会，33-39.
- 小林理・新保幸男（2021）「社会的養護における人材育成の課題——A県における児童相談所および社会的養護施設専門職の職場環境を中心に」『社会福祉学評論』22，日本社会福祉学会関東部会，52-65.
- 厚生労働省（2011）「社会的養護の課題と将来像」（https://www.mhlw.go.jp/stf/shingi/2r9852000001j 8 zz-att/2r9852000001j91g.pdf，2023.12.30）
- 厚生労働省（2017a）「保育所保育指針」（平成29年 3 月31日厚生労働省告示第117号）（https://www.mhlw.go.jp/web/t_doc?dataId=00010450&dataType= 0 &pageNo=1，2023.12.30）
- 厚生労働省（2017b）「保育士等キャリアアップ研修ガイドラインの概要」（https://jsite.mhlw.go.jp/miyagi-roudoukyoku/var/rev0/0119/7608/ho4.pdf，2023.12.30）
- 厚生労働省（2017c）「新しい社会的養育ビジョン」（https://www.mhlw.go.jp/file/05-Shingikai-11901000-Koyoukintoujidoukateikyoku-Soumuka/0000173888.pdf，2023.12.30）
- 厚生労働省（2018）「保育所保育指針解説」
- 厚生労働省（2022）「里親制度（資料集）」（https://www.cfa.go.jp/assets/contents/node/basic_page/field_ref_resources/a1964f34-8554-42bf-ba0c-05f25d36c092/3200e29b/20230401_policies_shakaiteki-yougo_satooya-seido_03.pdf，2023.12.30）
- 丸谷充子（2022）「児童相談所と市町村の連携促進の要因分析——児童相談所職員と市町村職員へのインタビュー調査から」『人間関係学研究』27（1），3-13.
- 増沢高（2013）「社会的養護の人材育成と研修をめぐって」『世界の児童と母性』74，資生堂子ども財団，7-10.

- みずほ情報総研（2017）「平成28年度先駆的ケア策定・検証調査事業 児童養護施設等の小規模化における現状・取組の調査・検討報告書」，みずほリサーチ＆テクノロジーズ．
- みずほ情報総研（2021）「令和２年度厚生労働省委託事業 児童養護施設等の高機能化、小規模かつ地域分散化に伴う子どもの状態像に即した人材育成に関する調査研究報告書」，みずほリサーチ＆テクノロジーズ．
- 三菱UFJリサーチ＆コンサルティング（2021）「児童福祉司・要対協調整担当職員・スーパーバイザーの義務研修修了要件の在り方についての調査研究報告書」
- 三輪清子（2012）「2000年以降の里親委託の増加をもたらしたもの──児童虐待の増加の直接的効果と間接的効果をめぐって」『社会福祉学』53（2），45-56.
- 宮﨑正宇（2020）「児童養護施設におけるレジデンシャル・ソーシャルワーク──職業指導員の支援内容と関連して」『生活科学研究』42，文教大学，127-132.
- 望月隆之・恒川丹（2021）「児童養護施設におけるチームアプローチの実践に関する研究」『田園調布学園大学紀要』（16），55-69.
- Myers, John E.B.（2006）*Child protection in America : Past, Present, And Future*, Oxford University Press.（＝庄司順一・澁谷昌史・伊藤嘉余子訳（2011）『アメリカの子ども保護の歴史──虐待防止のための改革と提言』明石書店.）
- 日本保育協会（2015）「保育士のキャリアパスに関する調査研究報告書」，日本保育協会．
- 日本訪問看護財団（2011）「訪問看護師OJTガイドブック」，日本訪問看護財団．
- 日本看護協会（2012）「介護施設における看護職のための系統的な研修プログラム（実務者向け）のご提案」，日本看護協会．
- 日本看護協会（2016a）「訪問看護入門プログラム」，日本看護協会．
- 日本看護協会（2016b）「看護師のクリニカルラダー（日本看護協会版）活用のための手引き」，日本看護協会，1-9.
- 日本社会事業大学社会事業研究所（2016）「平成26年度 厚生労働省児童福祉問題調査研究事業 課題9 社会的養護制度の国際比較に関する研究 調査報告書（第3報）」246-247.
- 岡本晴美（2017）「社会福祉施設における人材育成──職員に求められる『主体性』とその形成・発揮を支援する職場環境」『評論・社会科学』120，同志社大学社会学会，85-102.

- 小村有紀（2022）「地方自治体職員としての児童相談所職員に必要な専門性とその調達方法に対する考察——A都道府県の児童相談所へのインタビュー調査から」『日本地域政策研究』（29），68-75.
- 大岩尚美・吉田まつよ・安藤千恵・友田尋子（2001）「児童養護施設における看護職の役割——入所に際し医療機関が介在したケースを通して」『日本小児看護学会誌』10（1），17-22.
- 音山裕宣（2019）「児童福祉司・里親の養育支援に対する意識とその課題」『社会福祉学』60（3），76-89.
- 野澤正子（1998）「戦後児童福祉行政と家庭支援サービス」『社会問題研究』47（2），47-64.
- 才村純・髙橋重宏・庄司順一・柏女霊峰ほか（2000）「児童相談所職員の現任研修等のあり方に関する研究」『日本子ども家庭総合研究所紀要』37，日本子ども家庭総合研究所，181-198.
- 才村純・伊藤嘉余子・小山修・斉藤進ほか（2001）「児童福祉司に対するスーパービジョン等の実態に関する研究」『日本子ども家庭総合研究所紀要』38，日本子ども家庭総合研究所，217-237.
- 才村純・有村大士・柏女霊峰・山本恒雄ほか（2010）「児童相談所の業務分析に関する研究（1）」『日本子ども家庭総合研究所紀要』47，日本子ども家庭総合研究所，181-191.
- 才村純・有村大士・山本恒雄ほか（2012）「児童相談所の業務分析に関する研究（3）」『日本子ども家庭総合研究所紀要』49，日本子ども家庭総合研究所，105-141.
- 坂本理（2012）「虐待ケースを100件担当するということ」『ソーシャルワーク学会誌』25，51-56.
- 千賀則史（2016）「性的虐待が疑われた中学生女子に対する家族再統合に向けた心理援助——児童相談所の一時保護所での子どもへのアプローチに焦点を当てて」『コミュニティ心理学研究』19（2），176-195.
- 千賀則史・山田麻紗子・渡邊忍・姜民護（2020）「複数回の児童虐待通告があった事例への援助プロセスに関する質的研究——児童相談所のリスクアセスメントに焦点を当てて」『子ども家庭福祉学』20，108-119.
- 新村隆博・葛西真記子（2018）「児童養護施設職員の養育観とストレスに関する調査研究——児童養護施設職員の養育観尺度開発を通して」『鳴門教育大学学校

Ⅱ　社会的養護分野専門職の人材育成についての文献レビュー　103

教育研究紀要』(32), 183-190.

・社会保障審議会 (2021)「第27回社会保障審議会児童部会社会的養育専門委員会 (令和3年4月23日) 資料3-2 子ども家庭福祉に関し専門的な知識・技術を必要とする支援を行う者の資格の在り方その他資質の向上策に関する議論の叩き台」, 厚生労働省.

・庄司順一・奥山眞紀子・柏女霊峰・髙橋重宏 (1999)「厚生科学研究費補助金 (子ども家庭総合研究事業) 平成10年度研究報告書 被虐待児童の処遇及び対応に関する総合的研究総括研究報告書」

・鈴木崇之 (2015)『児童虐待時代の社会的養護』学文社.

・高原稔・高橋英樹 (2021)「児童養護施設のケア効果の検討——「Child Behavior Checklist (CBCL) による入所児童の評価と『新しい社会的養育ビジョン』との比較から」『社会福祉学』62 (1), 27-37.

・髙橋重宏・伊藤嘉余子・中谷茂一ほか (2001)「2. 児童養護施設職員の職場環境に関する研究」『日本子ども家庭総合研究所紀要』38, 日本子ども家庭総合研究所, 49-92.

・髙橋重宏・澁谷昌史・才村純・庄司順一ほか (2002)「児童相談所一時保護所の現状と課題に関する研究」『日本子ども家庭総合研究所紀要』39, 日本子ども家庭総合研究所, 7-46.

・髙橋重宏・澁谷昌史・才村純・庄司順一ほか (2003)「児童相談所一時保護所の現状と課題に関する研究——その2」『日本子ども家庭総合研究所紀要』40, 日本子ども家庭総合研究所, 7-57.

・髙橋重宏・澁谷昌史・才村純ほか (2006)「児童福祉司の職務とストレスに関する研究」『日本子ども家庭総合研究所紀要』43, 日本子ども家庭総合研究所, 3-42.

・髙橋重宏・庄司順一・澁谷昌史・才村純ほか (2007)「一時保護所の職員のストレスに関する研究」『日本子ども家庭総合研究所紀要』44, 日本子ども家庭総合研究所, 3-36.

・髙橋重宏・才村純・山本恒雄・有村大士ほか (2010)「児童相談所児童福祉司の専門性に関する研究」『日本子ども家庭総合研究所紀要』47, 日本子ども家庭総合研究所, 3-61.

・竹中哲夫 (1982)「今日の児童相談所問題——京都市児童福祉センターへのとりくみをふまえて」『社会福祉学』23 (2), 121-178.

- 坪井裕子・三後美紀（2011）「児童福祉施設における子どもへの対応に関する若手職員へのインタビューの分析」『人間と環境』2，45-59.
- 筒井孝子・大夛賀政昭・東野定律・山縣文治（2012）「児童自立支援施設におけるケア提供の実態と課題——タイムスタディデータによる小舎夫婦制・交代制の比較」『社会福祉学』53（1），29-40.
- 津崎哲雄（2013）『英国の社会的養護の歴史——子どもの最善の利益を保障する理念・施策の現代化のために』明石書店.
- UNICEF（2017）Data gaps on children in residential care leave the most vulnerable unaccounted for.
- UNICEF（2021a）Children in alternative care.（https://www.unicef.org/protection/children-in-alternative-care，2023.12.30）
- UNICEF（2021b）The State of the World's Children 2021, 236-239.
- United Nations（1989）Convention on the Rights of the Child.（＝外務省（1989）「児童の権利に関する条約」（https://www.mofa.go.jp/mofaj/gaiko/jido/index.html，2023.12.30））
- United Nations（2009）Guidelines for the Alternative Care of Children.（＝厚生労働省仮訳（2009）「児童の代替的養護に関する指針」（https://www.mhlw.go.jp/stf/shingi/2r98520000018h6g-att/2r98520000018hly.pdf，2023.12.30））
- 和田一郎・山本恒雄・堤ちはるほか（2013）「一時保護所の概要把握と入所児童の実態調査」『日本子ども家庭総合研究所紀要』50，日本子ども家庭総合研究所，59-131.
- 横山登志子（2013）「虐待問題を抱える母子の生活支援における『多次元葛藤』——支援者の経験的側面からみた子ども虐待の状況特性」『社会福祉学』54（3），16-28.
- 吉田幸恵（2018）『社会的養護の歴史的変遷——制度・政策・展望』ミネルヴァ書房.
- 吉澤英子・坂本健（1989）「施設ケアワーカーの職務内容に関する研究（その2）」『日本総合愛育研究所紀要』26，日本総合愛育研究所，45-59.
- 吉澤英子・坂本健・瀧口桂子（1990）「施設ケアワーカーの職務内容に関する研究（その3）」『日本総合愛育研究所紀要』27，日本総合愛育研究所，37-47.
- 吉澤英子編著（2002）『新版 養護原理』光生館.
- 母子生活支援施設職員のための生涯研修体系検討委員会（2017）「母子生活支援

施設の研修体系——ひとり親家庭を支える人材の育成指針 母子生活支援施設職員の生涯研修体系検討委員会報告書」, 全国社会福祉協議会 全国母子生活支援施設協議会, 1 -19.

・全国社会福祉協議会 全国保育士会 (2017)「保育士・保育教諭が誇りとやりがいを持って働き続けられる、新たなキャリアアップの道筋について 保育士等のキャリアアップ検討特別委員会報告書」

・全養協 児童養護施設の人材確保・育成・定着を図るための特別委員会 (2017)「改訂 児童養護施設の研修体系——人材育成のための指針」, 全国社会福祉協議会 全国児童養護施設協議会, 1 -12.

・全国児童養護施設協議会制度検討特別委員会小委員会 (2003)「子どもを未来とするために——児童養護施設の近未来像Ⅱ 報告書」『日本の児童福祉』18, 全国養護問題研究会, 132-168.

・全国情緒障害児短期治療施設協議会 (1996)「児童福祉施設の近未来像 (試案)——子どもの心のケアと自立を目ざして」『月刊福祉』11月号, 全国社会福祉協議会, 44-49.

・全国乳児福祉協議会 乳児院の小規模化の際の人材育成検討委員会 (2015)「改訂 乳児院の研修体系——小規模化にも対応するための人材育成の指針」, 全国社会福祉協議会 全国乳児福祉協議会, 1 -11.

・全養協制度検討特別委員会・全国社会福祉協議会・全国養護施設協議会 (1995)「養護施設の近未来像報告書」

III

自治体を限定した
児童相談所と施設専門職
による専門性や職場環境

Ⅲ-1　研究の概要

Ⅲ-1-（1）研究背景と目的

　前章では、先行研究の整理から、行政主導の対策をとおして、児童相談所による保護から施設における生活の場の確保までを行う社会的養護の専門職の職務の特徴が明らかとなった。実態は、自治体単位で運用されている児童相談所と社会的養護施設への措置委託の仕組みを前提として、施設・機関種別による横断的な把握が求められる背景がある。そこで本研究は、社会的養護分野（児童養護施設等の施設と児童相談所）における常勤専門職（保育士、児童指導員、児童福祉司等）の専門性と職場環境の自己評価を通じて、職場環境の実態を把握し、人材育成の課題を考察することを目的とした。その際、施設と児童相談所の専門職の違いに焦点を当てて分析することとした。

Ⅲ-1-（2）研究方法

Ⅲ-1-（2）-A　研究の対象および方法

　本研究では、A県において社会的養護分野の施設および機関で働く専門職に対する実態調査を実施した。文献研究の結果（本研究「Ⅱ」）から、社会的養護の分野において、児童相談所と施設の専門職では、業務だけでなく、養成される人材像等の人材育成の背景が異なることがわかる。さらに、児童相談所専門職のあり方は、自治体ごとの人的体制整備状況に影響を受けると考えられることから、自治体を限定し、児童相談所、一時保護所、社会的養護施設を対象として、種別横断的に比較することに意義があると考える。

　調査対象は、A県の社会的養護分野の施設および機関として、乳児院、児童養護施設、母子生活支援施設、児童自立支援施設、情緒障害児短期治療施設（児童心理治療施設）[1]、自立援助ホーム、児童相談所（一時保護所含む）に、各施設機関の調査票配付時点で所属する全ての「常勤専門職」とした

（調査票送付総数 2152）[2]。調査時点で施設長等の役職であっても、当該専門職としての経験がある場合は対象とした。

対象となるA県の状況[3]は、総人口増加の経緯については、1960（昭和35）年頃から県内への労働者の転入等により人口が急激に増加してきた。その後、人口増加は徐々に緩やかなものになってきているが、900万人超となっている。1世帯あたりの人員は2.32人、合計特殊出生率は1.39で全国第38位、婚姻率（人口千人あたり）は5.37で全国第6位、離婚率（同）は1.81で全国第12位となっている。年少人口（14歳以下）の割合は13.2％、生産年齢人口（15〜64歳）の割合は66.6％である。生活面では、通勤・通学時間が全国第1位、女性の育児時間（総平均時間、15歳以上）が全国第1位となっている。

児童相談所における児童虐待相談対応件数は7899件（全国21万9170件）である。管内の「市区町村子ども家庭総合支援拠点の設置状況」は、15市区町村（全国合計431）となっている。また、施設種別の状況では、県域に母子生活支援施設を持たない自治体となっている（本調査では、注記2）にあるように、同県政令指定市B市の施設を対象として加えている）。

調査は、無記名自記式構造化調査票を用いて、送付回収は郵送により行った。調査票は、施設・機関長へ送付し、調査対象者へ配付した。回答は、強制力を排除するために、調査対象者により返信封筒へ入れ、直接研究者へ返送されたものを回収した。

調査項目は、回答者の基本属性等のほか、「基礎的専門性」「応用的専門性」「研修環境」「職業倫理」「就労環境」について10項目ずつを設定し、5段階の数字（1.そう思わない〜5.そう思う）で自己評価を点数化した[4]。今回の分析に用いた調査項目は、**表3-1**のとおりである。

調査票の設計については、先行研究の整理からは、当該テーマに取り組む際に妥当性のある尺度や標準化された調査項目を得ることができなかった。そこで、各施設協議会の研修責任者や当該領域の研究者らとの意見交換等を継続的に行い、項目の作成を行った[5]。

表3-1　調査項目（1.そう思わない〜 5.そう思う）

基礎的専門性（10項目）
17. 児童の発達段階の特徴について知っている。
18. 児童の発達段階に応じた支援をすることができる。
19. 児童がかかりやすい病気の特徴について知っている。
20. 児童がかかりやすい病気の特徴を考慮しながら仕事をしている。
21. 児童の最善の利益という言葉の意味について知っている。
22. 児童の最善の利益という視点に立って仕事をしている。
23. 児童を理解しようとしている。
24. 児童を理解できている。
25. 自分（あなた）自身を理解しようとしている。
26. 自分（あなた）自身を理解できている。

応用的専門性（10項目）
27. 児童の日常生活支援に関して、自らの専門職としての能力は高い。
28. 児童の心身の発達を促す支援に関して、自らの専門職としての能力は高い。
29. 児童の自立への支援に関して、自らの専門職としての能力は高い。
30. 児童の保護者への対応に関して、自らの専門職としての能力は高い。
31. 地域資源の活用に関して、自らの専門職としての能力は高い。
32. 他の職種との連携に関して、自らの専門職としての能力は高い。
33. 他の施設・機関との連携に関して、自らの専門職としての能力は高い。
34. 制度理解に関して、自らの専門職としての能力は高い。
35. 1年前よりも、自らの専門職としての能力は向上した。
36. 自らの施設・機関は、他の同種別の施設・機関と比べて、専門性の水準が高い。

研修環境（10項目）
37. 職場内で研修を受ける機会が十分にある。
38. 職場外で研修を受ける機会が十分にある。
39. 職場外の勉強会・研究会に参加する機会がある。
40. 職場外の勉強会・研究会で報告する機会がある。
41. 職場内の会議でケース報告をする機会がある。
42. 職場内の会議でケース報告に対するコメントをする機会がある。
43. 職場内でスーパービジョンを受ける機会がある。
44. 職場外でスーパービジョンを受ける機会がある。
45. スーパーバイザーとしての役割を果たしている。
46. 自らの専門性を高めやすい職場である。

職業倫理（10項目）
47. 専門職団体の倫理綱領の内容について知っている。
48. 専門職団体の倫理綱領の内容を実践している。
49. 施設協議会などの倫理綱領（又は職員行動指針）の内容について知っている。
50. 施設協議会などの倫理綱領（又は職員行動指針）の内容を実践している。
51. 傾聴することの意義について知っている。
52. 傾聴することができる。
53. 自己決定を支えることの意義について知っている。
54. 自己決定を支援することができる。
55. 自らの専門性をより高めたいと思っている。
56. 自らの専門性を高めるための取り組みを自ら積極的に行っている。
就労環境（10項目）
57. 同僚に仕事の相談をすることができる。
58. 自分の年収に満足している。
59. 休暇を取りやすい。
60. 今の職場を誇りに感じている。
61. 社会的養護分野の仕事に誇りを感じている。
62. 今の仕事に満足している。
63. 今の仕事を続けていきたいと感じている。
64. 福祉関係者以外の友人がたくさんいる。
65. 社会の動向に関心を持っている。
66. 幸せである。

各項目の番号は調査票の項目番号を指す

　「基礎的専門性」は、基礎的な知識の認知を問う項目とそれを意識した実践を問う項目で構成した。「応用的専門性」は、自己の能力の高さを問う項目により構成した。職場の評価として「研修環境」は、研修やスーパービジョンの機会の有無等の項目で構成した。「職業倫理」は、職能団体等で策定されている倫理綱領の理解を問う項目とそれを意識した実践を問う項目で構成した。「就労環境」は、年収や休暇等の働きやすさに関係する項目で構成した。

　調査期間は、2017（平成29）年2月10日から3月31日とした[6]。

Ⅲ−1−(2)−B 分析の方法

　分析は、文献研究（本研究「Ⅱ」）で見たような人材育成の課題について、児童相談所とその他の施設系種別の違いに焦点を当てながら、①専門性の自己評価、②スーパービジョン等の研修環境の現状についての回答結果を統計的に解析した。①については、上記の調査項目群のうち自己の専門性を評価する「基礎的専門性」「応用的専門性」、さらに専門職としての規範的な職務行動を問う「職業倫理」の項目から分析を行った。②については、職場の評価を問う「研修環境」「就労環境」の項目から分析を行った。その際、自治体を限定して対象とすることから、自立援助ホーム等の設置施設数の少ない回答は、職種や経験年数といった個人の属性に関係する観点では分析に影響を与えているが、施設種別の観点では、十分な分析対象となっていないことに注意が必要である。調査結果は、正規分布を想定しないことから、中央値を基本的に用いて、補助的に平均値や標準偏差を付記した。相関係数は、スピアマンの順位相関係数を用いた。専門性の形成の状況を見ていくために、専門職の属性として、年齢と経験年数に着目し、グループ化して集計を行った。「20歳代までで経験5年未満」「20歳代までで経験5年以上」「30歳代で経験5年未満」「30歳代で経験5年以上」「40歳代で経験5年未満」「40歳代で経験5年以上」「50歳代以上で経験5年未満」「50歳代以上で経験5年以上」の8群に区分し、項目ごとの点数について、Kruskal-Wallis検定を行った。その際の多重比較においては、Bonferroni調整を行ったものを用いた。有意水準は1％未満とした。集計はSPSS Statistics Ver.25を用いた。

Ⅲ−1−(2)−C 倫理的配慮

　倫理的配慮として、本研究は、「一般社団法人日本社会福祉学会研究倫理指針」等の規程に沿って、調査協力者への強制力等の負担を最大限に軽減することに配慮して実施した。研究倫理審査は、本研究全体の遂行に合わせて主任研究者の所属大学（神奈川県立保健福祉大学）倫理審査委員会で承認を得た（承認番号：保大第10-54）。併せて、当時筆者の所属大学（東海大学）で利益相反に関する審査を受け承認を得た（承認番号：第16-116）。

Ⅲ-2　研究結果

Ⅲ-2-(1) 基本属性等

　回収した調査票は766票（回収率35.5％）、回答が一つの項目にも記入され
ていなかった票を除き、有効回答は765票（有効回答率35.1％）であった。
回答者の所属する施設機関種別は、乳児院131（17.2％、以下カッコ内
は％）、児童養護施設250（32.8）、母子生活支援施設69（9.0）、児童自立支援
施設20（2.6）、情緒障害児短期治療施設（児童心理治療施設）33（4.3）、自
立援助ホーム2（0.3）、児童相談所（一時保護所以外）157（20.6）、児童相
談所（一時保護所）101（13.2）である（**表3-2**）。年齢は、20歳代（29.1）、
30歳代（25.8）、40歳代（23.6）、50歳代（17.6）、60歳代（3.6）、70歳代（0.4）
である（**表3-3**）。勤務経験年数は、平均値7.08年、中央値4.83年であった。
経験年数を区分すると、**表3-4**のようになる。性別は、女（63.9）、男（36.1）
である（**表3-5**）。

　職種は、保育士（28.4）、児童指導員（19.8）、看護職（4.2）、母子支援員
（3.7）、少年指導員（1.8）、心理職（9.6）、栄養職（2.0）、調理職（1.1）、専門
相談員（3.6）、児童自立支援専門員（2.0）、児童生活支援員（1.7）、児童福
祉司（15.3）、その他（6.9）である（**表3-6**）。

　最終学歴は、大学（53.7）、専門学校（17.8）、短期大学（15.1）、大学院
（10.7）、高校（0.8）、その他（2.0）である。

　自身の子育て経験があるかは、「はい」（39.8）、「いいえ」（60.2）となって
いる（**表3-7**）。

表3-2　施設・機関の種別

	度数	有効パーセント
乳児院	131	17.2
児童養護施設	250	32.8
母子生活支援施設	69	9.0
児童自立支援施設	20	2.6
情緒障害児短期治療施設 (児童心理治療施設)	33	4.3
自立援助ホーム	2	0.3
児童相談所（一時保護所以外）	157	20.6
児童相談所（一時保護所）	101	13.2
合計	763	100

表3-3　満年齢（年代）

		乳児院	児童養護施設	母子生活支援施設	児童自立支援施設	情緒障害児短期治療施設（児童心理治療施設）	自立援助ホーム	児童相談所（一時保護所以外）	児童相談所（一時保護所）	合計
満年齢(年代)	20歳代	43	110	20	2	15	0	14	16	220
		33.1%	44.2%	29.4%	10.5%	45.5%	0.0%	9.0%	16.0%	29.1%
	30歳代	27	63	20	5	8	1	46	25	195
		20.8%	25.3%	29.4%	26.3%	24.2%	50.0%	29.5%	25.0%	25.8%
	40歳代	33	40	13	5	7	1	57	23	179
		25.4%	16.1%	19.1%	26.3%	21.2%	50.0%	36.5%	23.0%	23.6%
	50歳代	22	26	10	7	2	0	35	31	133
		16.9%	10.4%	14.7%	36.8%	6.1%	0.0%	22.4%	31.0%	17.6%
	60歳代	4	9	4	0	1	0	4	5	27
		3.1%	3.6%	5.9%	0.0%	3.0%	0.0%	2.6%	5.0%	3.6%
	70歳代	1	1	1	0	0	0	0	0	3
		0.8%	0.4%	1.5%	0.0%	0.0%	0.0%	0.0%	0.0%	0.4%
合計		130	249	68	19	33	2	156	100	757
		100.0%	100.0%	100.0%	100.0%	100.0%	100.0%	100.0%	100.0%	100.0%

表3-4　勤務経験年数

		乳児院	児童養護施設	母子生活支援施設	児童自立支援施設	情緒障害児短期治療施設（児童心理治療施設）	自立援助ホーム	児童相談所（一時保護所以外）	児童相談所（一時保護所）	合計
勤務経験年数カテゴリ（6群）	3年未満	26	52	11	8	22	0	48	38	205
		26.0%	28.7%	20.0%	53.3%	71.0%	0.0%	40.0%	46.3%	35.0%
	3～5年	24	54	21	3	1	1	32	23	159
		24.0%	29.8%	38.2%	20.0%	3.2%	100.0%	26.7%	28.0%	27.2%
	6～9年	19	23	9	3	2	0	17	12	85
		19.0%	12.7%	16.4%	20.0%	6.5%	0.0%	14.2%	14.6%	14.5%
	10～19年	14	37	8	1	2	0	17	6	85
		14.0%	20.4%	14.5%	6.7%	6.5%	0.0%	14.2%	7.3%	14.5%
	20～29年	13	10	5	0	4	0	5	1	38
		13.0%	5.5%	9.1%	0.0%	12.9%	0.0%	4.2%	1.2%	6.5%
	30年以上	4	5	1	0	0	0	1	2	13
		4.0%	2.8%	1.8%	0.0%	0.0%	0.0%	0.8%	2.4%	2.2%
合計		100	181	55	15	31	1	120	82	585
		100.0%	100.0%	100.0%	100.0%	100.0%	100.0%	100.0%	100.0%	100.0%

表3-5　性別

性別		乳児院	児童養護施設	母子生活支援施設	児童自立支援施設	情緒障害児短期治療施設（児童心理治療施設）	自立援助ホーム	児童相談所（一時保護所以外）	児童相談所（一時保護所）	合計
性別	女	120	163	54	3	13	1	81	51	486
		92.3%	65.5%	78.3%	15.0%	39.4%	50.0%	51.6%	50.5%	63.9%
	男	10	86	15	17	20	1	76	50	275
		7.7%	34.5%	21.7%	85.0%	60.6%	50.0%	48.4%	49.5%	36.1%
合計		130	249	69	20	33	2	157	101	761
		100.0%	100.0%	100.0%	100.0%	100.0%	100.0%	100.0%	100.0%	100.0%

表3-6　職種

職種		乳児院	児童養護施設	母子生活支援施設	児童自立支援施設	情緒障害児短期治療施設(児童心理治療施設)	自立援助ホーム	児童相談所(一時保護所以外)	児童相談所(一時保護所)	合計
職種	保育士	79	98	16	0	0	0	1	21	215
		60.3%	39.5%	23.2%	0.0%	0.0%	0.0%	0.6%	21.0%	28.4%
	児童指導員	5	90	3	3	15	0	0	34	150
		3.8%	36.3%	4.3%	15.0%	45.5%	0.0%	0.0%	34.0%	19.8%
	看護職	21	4	0	0	0	0	4	3	32
		16.0%	1.6%	0.0%	0.0%	0.0%	0.0%	2.6%	3.0%	4.2%
	母子支援員	0	0	28	0	0	0	0	0	28
		0.0%	0.0%	40.6%	0.0%	0.0%	0.0%	0.0%	0.0%	3.7%
	少年指導員	0	0	14	0	0	0	0	0	14
		0.0%	0.0%	20.3%	0.0%	0.0%	0.0%	0.0%	0.0%	1.8%
	心理職	6	7	2	1	13	0	32	12	73
		4.6%	2.8%	2.9%	5.0%	39.4%	0.0%	20.6%	12.0%	9.6%
	栄養職	7	6	0	0	1	0	0	1	15
		5.3%	2.4%	0.0%	0.0%	3.0%	0.0%	0.0%	1.0%	2.0%
	調理職	0	8	0	0	0	0	0	0	8
		0.0%	3.2%	0.0%	0.0%	0.0%	0.0%	0.0%	0.0%	1.1%
	専門相談員	7	11	0	0	0	0	7	2	27
		5.3%	4.4%	0.0%	0.0%	0.0%	0.0%	4.5%	2.0%	3.6%
	児童自立支援専門員	0	2	0	13	0	0	0	0	15
		0.0%	0.8%	0.0%	65.0%	0.0%	0.0%	0.0%	0.0%	2.0%
	児童生活支援員	0	8	0	1	1	1	0	2	13
		0.0%	3.2%	0.0%	5.0%	3.0%	50.0%	0.0%	2.0%	1.7%
	児童福祉司	0	0	0	0	0	0	98	18	116
		0.0%	0.0%	0.0%	0.0%	0.0%	0.0%	63.2%	18.0%	15.3%
	その他	6	14	6	2	3	1	13	7	52
		4.6%	5.6%	8.7%	10.0%	9.1%	50.0%	8.4%	7.0%	6.9%
合計		131	248	69	20	33	2	155	100	758
		100.0%	100.0%	100.0%	100.0%	100.0%	100.0%	100.0%	100.0%	100.0%

表3-7　自身の子育て経験

		乳児院	児童養護施設	母子生活支援施設	児童自立支援施設	情緒障害児短期治療施設（児童心理治療施設）	自立援助ホーム	児童相談所（一時保護所以外）	児童相談所（一時保護所）	合計
自身の子育て経験があるか	はい	41	68	31	13	7	1	88	53	302
		31.5%	27.3%	44.9%	65.0%	21.2%	50.0%	56.8%	53.0%	39.8%
	いいえ	89	181	38	7	26	1	67	47	456
		68.5%	72.7%	55.1%	35.0%	78.8%	50.0%	43.2%	47.0%	60.2%
合計		130	249	69	20	33	2	155	100	758
		100.0%	100.0%	100.0%	100.0%	100.0%	100.0%	100.0%	100.0%	100.0%

Ⅲ−2−（2）専門性の自己評価

Ⅲ−2−（2）−A　基礎的専門性と応用的専門性の自己評価

　自己評価できいた上記の項目について集計したところ、全体で、平均得点の高かった項目（5点満点）は、「23. 児童を理解しようとしている」4.58、「21. 児童の最善の利益という言葉の意味について知っている」4.14、「22. 児童の最善の利益という視点に立って仕事をしている」4.12などが高く、低かったのは、「31. 地域資源の活用に関して、自らの専門職としての能力は高い」2.84、「34. 制度理解に関して、自らの専門職としての能力は高い」2.89、「29. 児童の自立への支援に関して、自らの専門職としての能力は高い」3.03などであった。

Ⅲ−2−（2）−B　種別と職種による違い

　項目のグループを施設・機関の種別で見ると、基礎的専門性の合計点（50点満点）で最も高かったのは、乳児院40.00（平均値39.77）であった。応用的専門性の合計点で最も高かったのは、児童自立支援施設36.00（同34.26）であった。一方、基礎的専門性で最も低かったのは、自立援助ホームを除くと情緒障害児短期治療施設（児童心理治療施設）36.00（同36.27）であった。応用的専門性で最も低かったのは、同じく情緒障害児短期治療施設（児童心理治療施設）28.00（同28.54）であった。なお、児童相談所（一時保護所以外）は、応用的専門性は34.00（同33.80）であった（**表3-8**）。

　次に、職種で見ると、合計点で最も高いのは、基礎的専門性では、専門相談員43.00（同41.59）、応用的専門性では、その他を除くと専門相談員34.50（同34.88）であった。合計点が最も低いのは、基礎的専門性で調理職34.00（同34.71）、応用的専門性で栄養職28.00（同27.27）であった。なお、児童福祉司は、基礎的専門性38.00（同37.91）、応用的専門性33.00（同32.91）、研修環境34.00（同33.59）であった（**表3-9**）。基礎的専門性と応用的専門性を合計した専門合計点について、経験年数カテゴリ（3年未満、3〜5年、6〜9年、10〜19年、20〜29年、30年以上）ごとに中央値で見た。全体では、経験年数が上がるにつれて、30年以上を除いて、おおむね点数が上がっていく（**図3-1**）。種別で見ると、児童相談所（一時保護所）だけが、3〜5年と10〜19年で、前のカテゴリよりも点数が下がっていた。

基礎的専門性の合計点における種別間や職種間の差について、Kruskal-Wallis検定を行ったところ、**表3-10**のような職種間で有意差が見られた（Bonferroni調整後　p<0.01）。

　応用的専門性の合計点について同様の検定を行った結果では、**表3-10**の種別と職種間で有意差が見られた。

　また、性別の項目と基礎的専門性、応用的専門性、職業倫理、研修環境、就労環境の各合計点では、大きな違いは見られなかったが、応用的専門性について、「女性」が「男性」よりも低くなっていた（**表3-11**）。性別と当該各項目との間の差について、Mann-Whitney検定を行ったところ、応用的専門性について「29. 児童の自立への支援に関して、自らの専門職としての能力は高い」「30. 児童の保護者への対応に関して、自らの専門職としての能力は高い」「33. 他の施設・機関との連携に関して、自らの専門職としての能力は高い」「34. 制度理解に関して、自らの専門職としての能力は高い」で有意差が見られた（p<0.01）。

Ⅲ−2−（3）職場環境の現状

Ⅲ−2−（3）−A　研修環境の種別や職種による違い

　研修環境の項目グループでは、点数（平均）が最も高かった項目は、「38. 職場外で研修を受ける機会が十分にある」3.56であった。点数が低かったのは「45. スーパーバイザーとしての役割を果たしている」2.39、「44. 職場外でスーパービジョンを受ける機会がある」2.62などであった。

　研修環境の合計点について、種別では、自立援助ホームを除くと、情緒障害児短期治療施設（児童心理治療施設）37.00（同35.69）が、職種では、専門相談員36.50（同35.73）が最も高かった。研修環境で最も低かったのは、種別では、児童自立支援施設28.00（同29.10）、職種では、児童自立支援専門員24.00（同27.00）であった。なお、児童相談所（一時保護所以外）は、34.00（同33.59）であった。

　研修環境について、経験年数カテゴリ（3年未満、3〜5年、6〜9年、10〜19年、20〜29年、30年以上）ごとに中央値で見た。全体では、3〜5年のカテゴリで、その前後に比べて点数が下がっていた（**図3-2**）。また、図表

は省略するが、種別で見ると、児童相談所（一時保護所以外）はこの全体の傾向とは異なり、3〜5年で下がることはなく、経験年数が上がるにつれて研修環境の点数が上がっていた。

次に、研修環境の項目と種別や職種の相関を見た。正の相関が強くあった項目は、種別と「41. 職場内の会議でケース報告をする機会がある」（p=0.001)、「43. 職場内でスーパービジョンを受ける機会がある」（p=0.000)であった。

Ⅲ−2−（3）−B　職場内外のスーパービジョンの状況

職場内外のスーパービジョン（以下、SV）の点数の施設・機関種別間の差についてKruskal-Wallis検定を行ったところ、「職場内でSVを受ける機会がある」で、**表3-10**のような種別間で有意差が見られた。

また職場内外のSVの点数について職種間の差について同じ検定を行ったところ、「職場内でSVを受ける機会がある」で、**表3-10**の職種間で有意差が見られた。

表3-8 施設・機関種別の合計点

施設・機関の種別		基礎的専門性 17-26 合計	応用的専門性 27-36 合計	職業倫理47-56 合計	研修環境37-46 合計	就労環境57-66 合計
乳児院	中央値	40.00	30.00	35.00	32.00	36.00
	度数	131	131	131	128	130
	平均値	39.78	30.29	34.57	31.87	36.08
	標準偏差	5.14152	6.39289	7.06675	7.69944	6.36492
児童養護施設	中央値	39.00	31.00	35.00	33.00	35.00
	度数	247	245	246	245	248
	平均値	38.87	30.47	34.58	32.20	34.76
	標準偏差	5.12996	6.49309	6.94229	8.01413	6.72988
母子生活支援施設	中央値	37.50	32.00	38.00	35.00	37.00
	度数	68	67	68	65	68
	平均値	37.85	31.54	37.41	34.83	37.26
	標準偏差	5.76729	6.97903	6.81796	7.37303	5.68742
児童自立支援施設	中央値	39.00	36.00	36.00	28.00	37.00
	度数	19	19	19	19	19
	平均値	39.74	34.26	36.42	29.11	38.11
	標準偏差	4.05301	4.58066	7.09707	6.51404	4.82925
情緒障害児短期治療施設(児童心理治療施設)	中央値	36.00	28.00	34.00	37.00	37.00
	度数	33	33	32	33	33
	平均値	36.27	28.55	34.69	35.70	37.58
	標準偏差	6.16580	7.97297	8.47553	6.19216	6.43249
自立援助ホーム	中央値	33.00	28.50	39.50	39.50	47.50
	度数	2	2	2	2	2
	平均値	33.00	28.50	39.50	39.50	47.50
	標準偏差	2.82843	6.36396	0.70711	0.70711	0.70711
児童相談所(一時保護所以外)	中央値	39.00	34.00	36.00	35.00	37.00
	度数	154	154	154	155	154
	平均値	38.99	33.81	35.82	34.03	36.62
	標準偏差	4.85070	5.76906	5.65276	6.39089	6.28316
児童相談所(一時保護所)	中央値	39.00	32.00	34.50	33.00	35.00
	度数	101	99	100	100	98
	平均値	38.54	32.10	35.11	32.76	36.29
	標準偏差	5.81984	6.45628	6.46028	6.34547	6.56922
合計	中央値	39.00	32.00	36.00	33.00	36.00
	度数	755	750	752	747	752
	平均値	38.81	31.44	35.22	32.92	36.04
	標準偏差	5.29508	6.55641	6.74635	7.34649	6.48032

各合計点名の数字は調査項目の番号を指す

表3-9　職種別の合計点

職種		基礎的専門性 17-26 合計	応用的専門性 27-36 合計	職業倫理47-56 合計	研修環境37-46 合計	就労環境57-66 合計
保育士	中央値	39.00	30.00	34.00	33.00	36.00
	度数	213	212	213	209	213
	平均値	39.40	30.04	34.02	32.60	35.65
	標準偏差	5.12995	6.29891	6.79551	7.66869	6.42320
児童指導員	中央値	38.00	30.00	35.00	33.00	35.00
	度数	149	148	148	148	148
	平均値	37.29	29.68	34.56	32.74	34.48
	標準偏差	5.60682	6.42279	6.82355	7.96773	7.06093
看護職	中央値	42.00	32.00	34.00	28.00	34.00
	度数	32	32	32	31	32
	平均値	41.91	32.56	33.81	28.77	34.28
	標準偏差	4.40205	6.02113	5.19576	7.34261	6.00126
母子支援員	中央値	37.00	31.50	36.50	35.00	37.00
	度数	28	28	28	27	28
	平均値	36.89	30.79	37.21	34.15	36.68
	標準偏差	5.59325	7.48013	6.66309	6.38932	5.99416
少年指導員	中央値	36.00	30.00	38.00	32.00	36.00
	度数	14	14	14	13	14
	平均値	36.43	28.93	36.86	31.46	37.00
	標準偏差	3.36759	4.30499	4.89674	8.22208	6.34883
心理職	中央値	41.00	34.00	39.00	36.00	39.00
	度数	73	72	73	73	73
	平均値	40.40	33.76	39.05	35.62	38.64
	標準偏差	4.69852	6.22012	5.34086	5.70241	6.38002
栄養職	中央値	35.00	28.00	30.00	29.00	35.00
	度数	15	15	15	15	15
	平均値	33.80	27.27	28.47	29.40	35.00
	標準偏差	5.42744	5.78751	7.24930	6.99796	4.95696
調理職	中央値	34.00	28.00	30.00	32.00	39.00
	度数	7	7	7	7	7
	平均値	34.71	27.57	27.00	30.00	35.00
	標準偏差	3.25137	5.82687	6.78233	7.32575	7.93725
専門相談員	中央値	43.00	34.50	39.00	36.50	37.00
	度数	27	26	26	26	27
	平均値	41.59	34.88	36.92	35.73	37.15
	標準偏差	4.22683	5.10942	5.32108	6.13552	5.88808

児童自立支援専門員	中央値	38.00	34.00	36.00	24.00	38.00
	度数	15	15	15	15	15
	平均値	38.60	33.53	36.13	27.00	38.67
	標準偏差	3.81351	4.88243	7.07982	7.88307	5.06623
児童生活支援員	中央値	38.50	29.00	37.00	30.50	41.00
	度数	12	12	12	12	12
	平均値	38.42	29.42	35.25	32.08	39.42
	標準偏差	4.16606	5.29937	7.44831	6.93421	7.35414
児童福祉司	中央値	38.00	33.00	36.00	34.00	37.00
	度数	114	114	114	115	113
	平均値	37.91	32.91	35.19	33.59	35.91
	標準偏差	4.79225	6.33093	5.86255	6.22938	5.96501
その他	中央値	42.00	37.00	39.00	35.00	38.00
	度数	52	51	51	52	51
	平均値	40.88	36.08	38.06	33.98	37.67
	標準偏差	5.65219	6.01612	7.40922	6.92959	5.92509
合計	中央値	39.00	32.00	36.00	33.00	36.00
	度数	751	746	748	743	748
	平均値	38.80	31.45	35.22	32.95	36.05
	標準偏差	5.30235	6.54384	6.74742	7.33021	6.48139

各合計点名の数字は調査項目の番号を指す

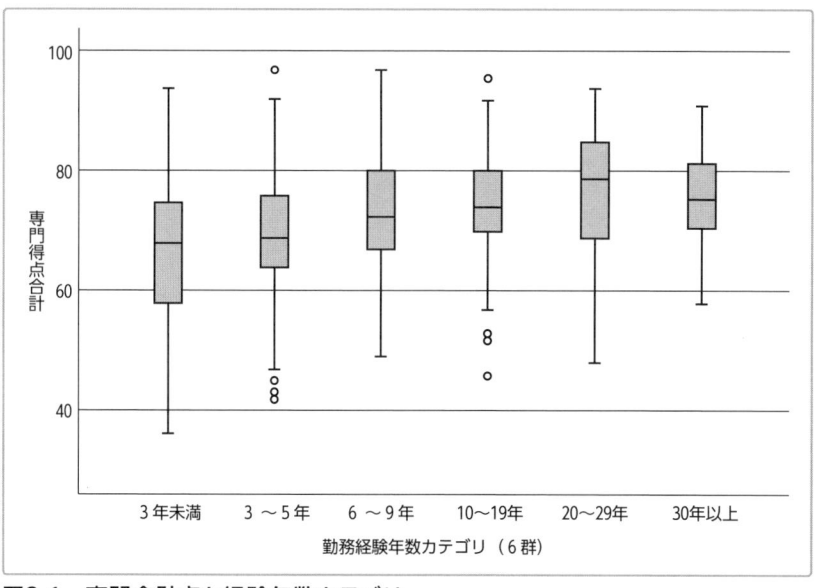

図3-1　専門合計点と経験年数カテゴリ

表3-10　項目間の関連（p<0.01のみ掲載、カッコ内は平均得点）

基礎的専門性合計点
情短施設（児童心理治療施設）（36.27）－児童養護施設（38.87）
情短施設（児童心理治療施設）（36.27）－児童相談所（一時保護所以外）（38.99）
情短施設（児童心理治療施設）（36.27）－乳児院（39.78）
母子生活支援施設（37.85）－乳児院（39.78）
児童指導員（37.29）－保育士（39.40）
児童指導員（37.29）－心理職（40.40）
児童指導員（37.29）－その他（40.88）
児童指導員（37.29）－専門相談員（41.59）
児童指導員（37.29）－看護職（41.91）
児童福祉司（37.96）－心理職（40.40）
児童福祉司（37.96）－その他（40.88）
児童福祉司（37.96）－専門相談員（41.59）
児童福祉司（37.96）－看護職（41.91）
保育士（39.40）－看護職（41.91）
栄養職（33.80）－児童福祉司（37.91）
栄養職（33.80）－児童自立支援専門員（38.60）
栄養職（33.80）－保育士（39.40）
栄養職（33.80）－心理職（40.40）
栄養職（33.80）－その他（40.88）
栄養職（33.80）－専門相談員（41.59）
栄養職（33.80）－看護職（41.91）
調理職（34.71）－保育士（39.40）
調理職（34.71）－心理職（40.40）
調理職（34.71）－その他（40.88）
母子支援員（36.81）－心理職（40.40）
母子支援員（36.81）－その他（40.88）
母子支援員（36.81）－専門相談員（41.59）
母子支援員（36.81）－看護職（41.91）
少年指導員（36.46）－心理職（40.40）
少年指導員（36.46）－その他（40.88）
少年指導員（36.46）－専門相談員（41.59）
少年指導員（36.46）－看護職（41.91）

応用的専門性合計点
児童養護施設 (30.47) －児童相談所 (一時保護所以外) (33.81)
情短施設 (児童心理治療施設) (28.55) －児童相談所 (一時保護所) (32.10)
情短施設 (児童心理治療施設) (28.55) －児童相談所 (一時保護所以外) (33.81)
情短施設 (児童心理治療施設) (28.55) －児童自立支援施設 (34.26)
乳児院 (30.29) －児童相談所 (一時保護所) (32.10)
乳児院 (30.29) －児童相談所 (一時保護所以外) (33.81)
乳児院 (30.29) －児童自立支援施設 (34.26)
母子生活支援施設 (31.54) －児童相談所 (一時保護所以外) (33.81)
児童相談所 (一時保護所) (32.10) －児童相談所 (一時保護所以外) (33.81)
児童指導員 (29.68) －児童福祉司 (32.91)
児童指導員 (29.68) －心理職 (33.76)
児童指導員 (29.68) －専門相談員 (34.88)
児童指導員 (29.68) －その他 (36.08)
保育士 (30.04) －児童福祉司 (32.91)
保育士 (30.04) －心理職 (33.76)
保育士 (30.04) －専門相談員 (34.88)
保育士 (30.04) －その他 (36.08)
栄養職 (27.27) －児童福祉司 (32.91)
栄養職 (27.27) －児童自立支援専門員 (33.53)
栄養職 (27.27) －心理職 (33.76)
栄養職 (27.27) －専門相談員 (34.88)
栄養職 (27.27) －その他 (36.08)
調理職 (27.57) －専門相談員 (34.88)
調理職 (27.57) －その他 (36.08)
母子支援員 (30.79) －その他 (36.08)
少年指導員 (28.93) －児童福祉司 (32.91)
少年指導員 (28.93) －心理職 (33.76)
少年指導員 (28.93) －専門相談員 (34.88)
少年指導員 (28.93) －その他 (36.08)
看護職 (32.56) －その他 (36.08)
児童生活支援員 (29.42) －専門相談員 (34.88)
児童生活支援員 (29.42) －その他 (36.08)

職場内でSVを受ける機会がある
児童自立支援施設（2.58）－児童相談所（一時保護所以外）（3.86）
児童自立支援施設（2.58）－情短施設（児童心理治療施設）（3.39）
児童養護施設（3.03）－児童相談所（一時保護所以外）（3.86）
児童相談所（一時保護所以外）（3.86）－児童相談所（一時保護所）（3.24）
乳児院（3.12）－児童相談所（一時保護所以外）（3.86）
母子生活支援施設（3.18）－児童相談所（一時保護所以外）（3.86）
児童相談所（一時保護所）（3.24）－児童相談所（一時保護所以外）（3.86）
児童指導員（3.29）－児童福祉司（3.94）
保育士（3.17）－児童福祉司（3.94）
児童自立支援専門員（2.27）－児童指導員（3.29）
児童自立支援専門員（2.27）－専門相談員（3.54）
児童自立支援専門員（2.27）－心理職（3.51）
児童自立支援専門員（2.27）－児童福祉司（3.94）
栄養職（2.33）－児童福祉司（3.94）
栄養職（2.33）－児童指導員（3.29）
栄養職（2.33）－専門相談員（3.54）
栄養職（2.33）－心理職（3.51）
調理職（2.43）－児童福祉司（3.94）
母子支援員（3.00）－児童福祉司（3.94）
少年指導員（2.71）－児童福祉司（3.94）
看護職（2.81）－心理職（3.51）
看護職（2.81）－児童福祉司（3.94）
その他（2.83）－心理職（3.51）
その他（2.83）－児童福祉司（3.94）

Kruskal-Wallis検定、Bonferroni調整後

表3-11　各項目合計と性別

性別		基礎的専門性 17-26 合計	応用的専門性 27-36 合計	職業倫理47-56 合計	研修環境37-46 合計	就労環境57-66 合計
女	中央値	39.00	31.00	35.00	33.00	36.00
	平均値	39.07	30.89	35.12	32.41	36.00
	度数	483	481	480	476	481
	標準偏差	5.22151	6.51683	6.75101	7.64154	6.59214
男	中央値	39.00	33.00	36.00	34.00	36.00
	平均値	38.33	32.48	35.43	33.87	36.16
	度数	270	267	270	269	269
	標準偏差	5.38689	6.43203	6.69406	6.70130	6.28117
合計	中央値	39.00	32.00	36.00	33.00	36.00
	平均値	38.81	31.46	35.23	32.93	36.06
	度数	753	748	750	745	750
	標準偏差	5.28980	6.52723	6.72769	7.34505	6.47853

各合計点名の数字は調査項目の番号を指す

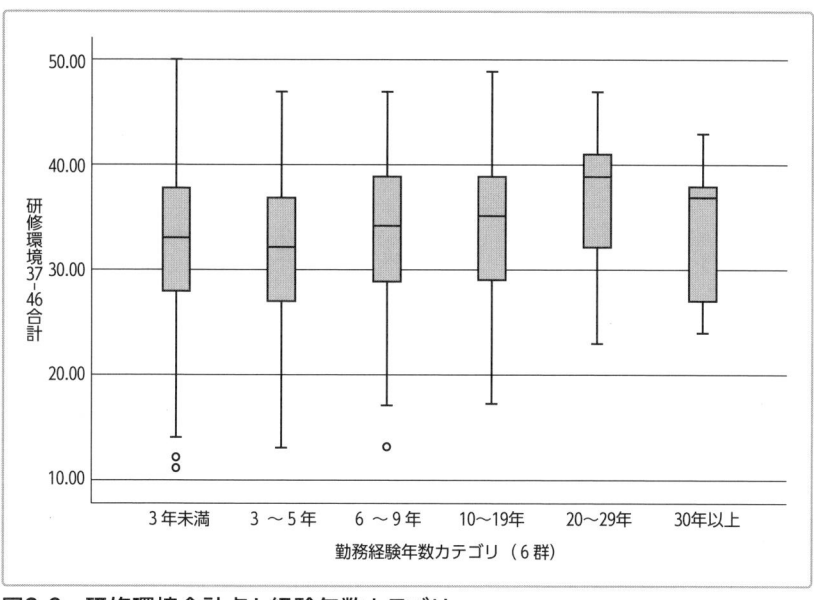

図3-2　研修環境合計点と経験年数カテゴリ

Ⅲ−2−（4）経験と年齢による状況

専門性の形成の状況や研修環境の課題を見ていくために、専門職の属性として、年齢と経験年数に着目し、グループ化して集計（中央値）を行った。研修環境の自己評価で経験年数3〜5年の群と5年以上の群に違いが出ていることに着目し、ここでは、5年前後の違いを見るために、5年で経験年数カテゴリを分けて分析を行った。「20歳代までで経験5年未満」「20歳代までで経験5年以上」「30歳代で経験5年未満」「30歳代で経験5年以上」「40歳代で経験5年未満」「40歳代で経験5年以上」「50歳代以上で経験5年未満」「50歳代以上で経験5年以上」の8群に区分した。

基礎的専門性の合計点（**図3-3**）では、全体としては、年齢と経験により点数が上がっていく傾向があるが、「40歳代で経験5年未満」「40歳代で経験5年以上」で、前後の群と比べて点数の上がり具合が鈍くなっていた。応用的専門性の合計点（**図3-4**）では、全体としては年齢と経験により点数が上がっていく傾向であるが、「40歳代で経験5年未満」に、前後の群に比べて点数の低めの者がいた。

研修環境の合計点（**図3-5**）では、30歳以上の群で経験にかかわらず点数が上がらない傾向が見えるが、特に「30歳代で経験5年未満」は他の群と比べて、点数が低めとなっていた。

職業倫理の合計点は、専門職の倫理綱領やその実践に関わる項目群である。おおむね経験と年齢の積み上げにより点数が上がっていく傾向となっている（**図3-6**）。経験の比較では、「5年未満」で「30歳代」「40歳代」の群が低めとなっている。

就労環境項目の合計点は、多様な項目が入っているが、自己の職場や仕事についての認識や態度についての項目群となっている。「経験5年未満」では40歳代以上の群、「経験5年以上」では「40歳代」に伸びが見られない傾向となっている（**図3-7**）。

Ⅲ−2−（5）種別（児童相談所・一時保護所・施設）の比較

Ⅲ−2−（5）−A　専門性の特徴の違い

児童相談所（一時保護所以外）と児童相談所（一時保護所）について、各

項目の合計点で比較を行うと、基礎的専門性は変わらなかったが、応用的専門性、研修環境、職業倫理、就労環境で、「児童相談所（一時保護所）」の方が2ポイント低かった（**表3-8**）。いずれも公務員として機関で勤務する点は、それ以外の「施設」群（ほとんどが民間）とは異なるが、児童相談所でも、職場の業務により異なっていることを理解する必要がある。

　そこで、機関と施設の特徴の違いを具体的に見ていくために、児童相談所2種別と、それ以外の施設をまとめて、三つのグループに種別を分けた（**表3-12**）。基礎的専門性の項目群の中では、「23. 児童を理解しようとしている」は全てのグループで評価が最も高い。他方で、児童相談所（一時保護所以外）では、「19. 児童がかかりやすい病気の特徴について知っている」「20. 児童がかかりやすい病気の特徴を考慮しながら仕事をしている」では、他よりも低くなった。さらに、児童相談所（一時保護所）と社会的養護施設では、「24. 児童を理解できている」では、児童相談所（一時保護所以外）よりも低くなった。

　応用的専門性の項目群では、児童相談所（一時保護所以外）は、「30. 児童の保護者への対応に関して、自らの専門職としての能力は高い」「32. 他の職種との連携に関して、自らの専門職としての能力は高い」の項目で、他のグループよりも高い。他方で、「36. 自らの施設・機関は、他の同種別の施設・機関と比べて、専門性の水準が高い」は、社会的養護施設が、他の2グループよりも低くなった。

　職業倫理の項目群は、おおむね三つのグループは違いが少ないが、児童相談所（一時保護所）は、「55. 自らの専門性をより高めたいと思っている」で他の2グループに比べて低くなった。

Ⅲ−2−(5)−B　職場の特徴の違い

　研修環境の項目群では、「40. 職場外の勉強会・研究会で報告する機会がある」「44. 職場外でスーパービジョンを受ける機会がある」「45. スーパーバイザーとしての役割を果たしている」が他の項目に比べて、それぞれの種別で低くなっている。児童相談所（一時保護所以外）では、「43. 職場内でスーパービジョンを受ける機会がある」で他の2種別よりも1ポイント高い。

就労環境項目群では、「59. 休暇を取りやすい」は、全ての種別で他の項目よりも低い。児童相談所（一時保護所以外）が他の2種別よりも高い項目は、「58. 自分の年収に満足している」「62. 今の仕事に満足している」である。また、「64. 福祉関係者以外の友人がたくさんいる」は、逆に、他の2種別より低くなっている。

Ⅲ－2－(5)－C　年齢と経験による積み上げの違い

年齢と経験による積み上げの視点で見るために、先の年齢20歳代以下・30歳代・40歳代・50歳代以上と、経験年数5年未満・5年以上で8つのグループに区分して、「児童相談所（一時保護所以外）」「児童相談所（一時保護所）」「施設」で見た。

基礎的専門性では、「児童相談所（一時保護所以外）」「施設」において、「40歳代で経験5年未満」の群で得点が下がる（**図3-8**）。

応用的専門性における比較で特徴的なのは、「児童相談所（一時保護所以外）」の「20歳代未満で経験5年以上」「30歳代で経験5年以上」と、「児童相談所（一時保護所）」の「40歳代で経験5年以上」「50歳代以上で経験5年以上」の群の自己評価が低いことである。特に、前者（児童相談所（一時保護所以外））の群は、「児童相談所（一時保護所）」や「施設」と比べても低い点数となっている。また後者（一時保護所）は、「経験5年以上」で年齢が上がるほど得点が下がる傾向が見られている（**図3-9**）。

職業倫理における比較で特徴的なのは、「児童相談所（一時保護所）」で経験5年以上における30歳代以上が、他の2種別グループよりも下がっているところである（**図3-10**）。職業倫理の個別の事項では、倫理綱領に関する項目や、施設協議会で策定する職員行動指針などの理解や実践についての項目が全体的に低かった。

研修環境の比較で特徴的なのは、「施設」の「経験5年未満」で「20歳代以下」の年代で得られていた点数が、「30歳代」や「40歳代」で下がる傾向が見られることである。「児童相談所（一時保護所）」では、経験にかかわらず「50歳代以上」で前の年代よりも下がっている（**図3-11**）。

就労環境も研修環境の認知に関わる事項を多く含むが、この比較で特徴的なのは、年齢や経験とともに、点数が下がる傾向が見られることである。例

えば、「児童相談所（一時保護所以外）」では、経験年数5年未満の群で年齢とともに下がり、「40歳代」以上で最も低い傾向となる。経験年数5年以上の群でも、「30歳代」「50歳代以上」で下がる傾向となっており（**図3-12**）、「児童相談所（一時保護所）」「施設」でも同様に、高い年齢で下がる傾向が見られた。

　基礎的専門性や応用的専門性の多くの事項で、年齢や経験とともに上がっていく傾向が見られる一方、研修環境や就労環境の項目では、経験年数は低いが年齢が高い群（こちらは転職や異動によりその職場に入ってきた者を多く含むと考えられる）、経験年数が一定程度あり年齢が高い群（管理職を多く含むと考えられる）で評価が低くなっている。研修環境では、「40. 職場外の勉強会・研究会で報告する機会がある」や「44. 職場外でスーパービジョンを受ける機会がある」「45. スーパーバイザーとしての役割を果たしている」などで評価が低かった。就労環境事項は、個別の項目で「59. 休暇を取りやすい」や「62. 今の仕事に満足している」で低い傾向が見られており、上記のような群で、自己の専門性に対して職場環境を前向きに捉えられていない傾向がある。

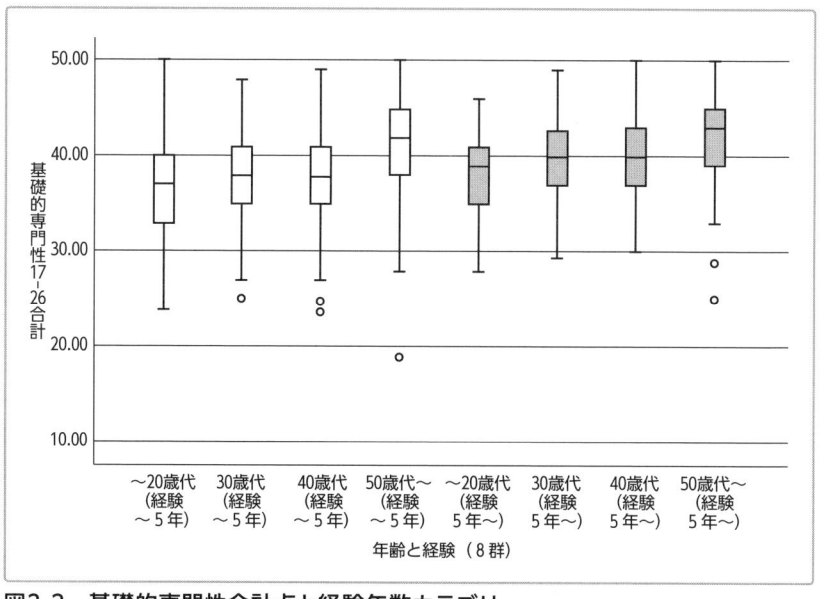

図3-3　基礎的専門性合計点と経験年数カテゴリ

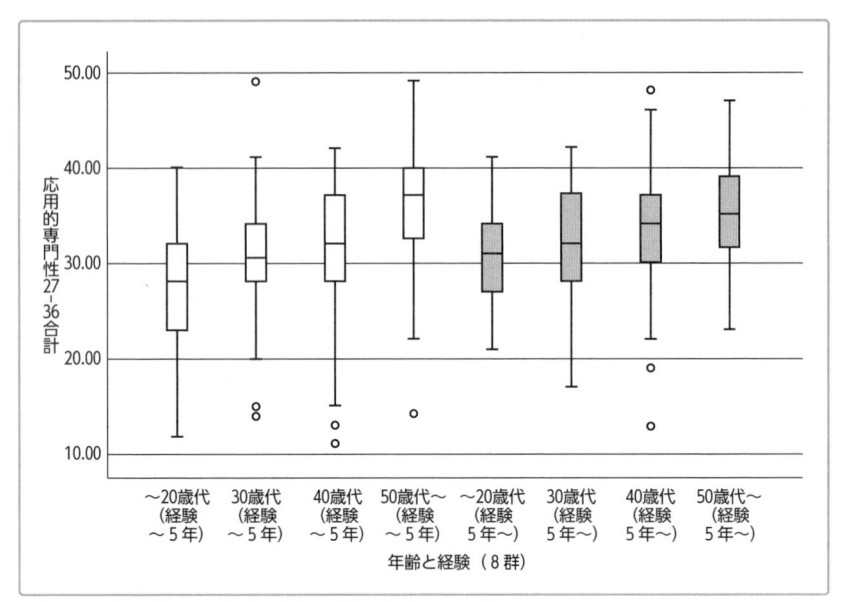

図3-4　応用的専門性合計点と経験年数カテゴリ

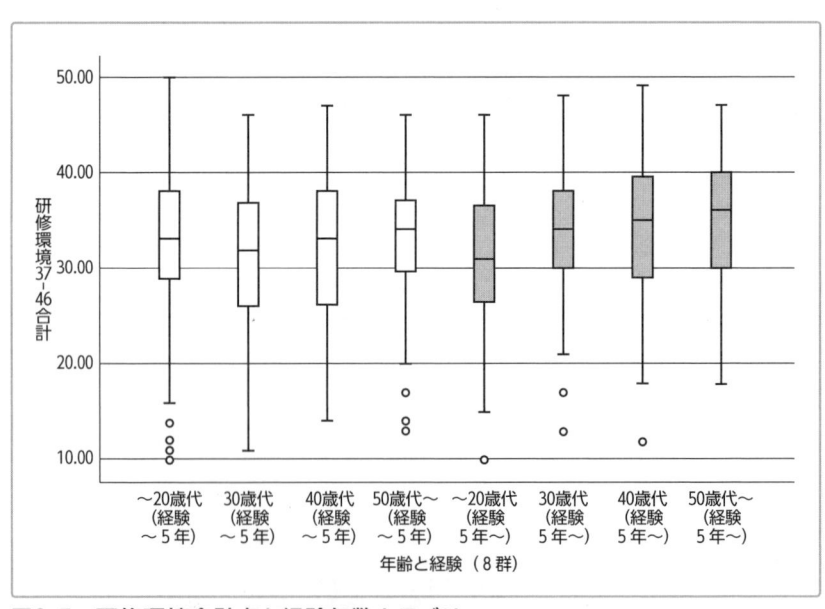

図3-5　研修環境合計点と経験年数カテゴリ

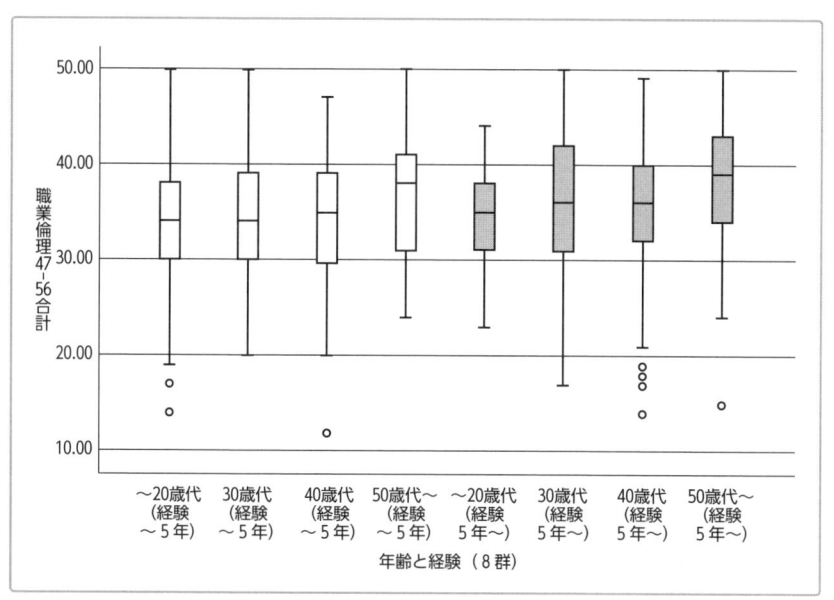

図3-6 職業倫理合計点と経験年数カテゴリ

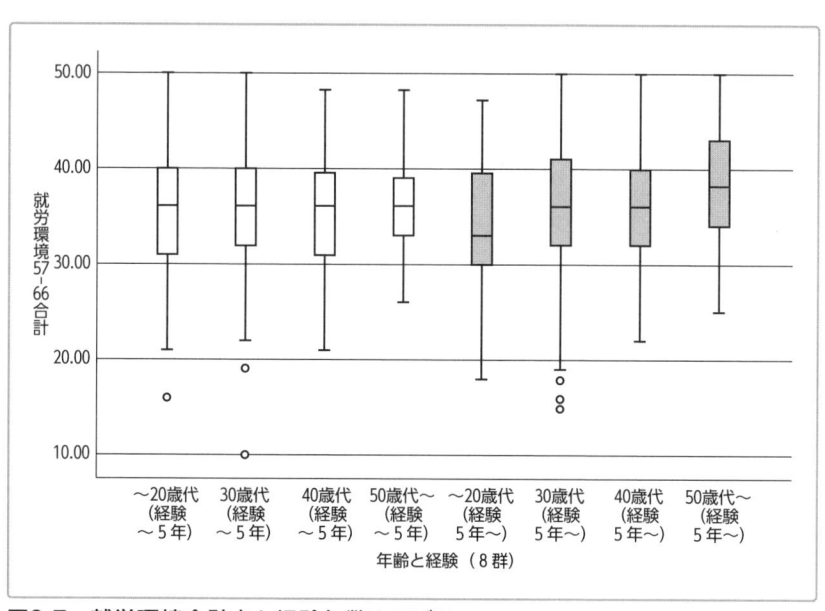

図3-7 就労環境合計点と経験年数カテゴリ

表3-12 施設・機関別による専門性

基礎/応用	施設・機関	児童相談所(一時保護所以外) 中央値	度数	児童相談所(一時保護所) 中央値	度数	社会的養護施設 中央値	度数	全体 中央値	度数
基礎的専門性	17. 児童の発達段階の特徴について知っている。	4.00	156	4.00	101	4.00	503	4.00	760
	18. 児童の発達段階に応じた支援をすることができる。	4.00	156	4.00	101	4.00	503	4.00	760
	19. 児童がかかりやすい病気の特徴について知っている。	3.00	156	4.00	101	4.00	503	4.00	760
	20. 児童がかかりやすい病気の特徴を考慮しながら仕事をしている。	3.00	156	4.00	101	4.00	503	4.00	760
	21. 児童の最善の利益という言葉の意味について知っている。	4.00	155	4.00	101	4.00	503	4.00	759
	22. 児童の最善の利益という視点に立って仕事をしている。	4.00	155	4.00	101	4.00	503	4.00	759
	23. 児童を理解しようとしている。	5.00	155	5.00	101	5.00	503	5.00	759
	24. 児童を理解できている。	4.00	155	3.00	101	3.00	503	4.00	759
	25. 自分(あなた)自身を理解しようとしている。	4.00	155	4.00	101	4.00	504	4.00	760
	26. 自分(あなた)自身を理解できている。	4.00	154	4.00	101	4.00	503	4.00	758
応用的専門性	27. 児童の日常生活支援に関して、自らの専門職としての能力は高い。	3.00	154	3.00	101	3.00	503	3.00	758
	28. 児童の心身の発達を促す支援に関して、自らの専門職としての能力は高い。	3.00	154	3.00	101	3.00	503	3.00	758
	29. 児童の自立への支援に関して、自らの専門職としての能力は高い。	3.00	155	3.00	100	3.00	503	3.00	758
	30. 児童の保護者への対応に関して、自らの専門職としての能力は高い。	4.00	155	3.00	100	3.00	502	3.00	757
	31. 地域資源の活用に関して、自らの専門職としての能力は高い。	3.00	155	3.00	101	3.00	503	3.00	759
	32. 他の職種との連携に関して、自らの専門職としての能力は高い。	4.00	155	3.00	101	3.00	503	3.00	759
	33. 他の施設・機関との連携に関して、自らの専門職としての能力は高い。	3.00	155	3.00	101	3.00	503	3.00	759
	34. 制度理解に関して、自らの専門職としての能力は高い。	3.00	155	3.00	101	3.00	503	3.00	759
	35. 1年前よりも、自らの専門職としての能力は向上した。	4.00	155	4.00	100	4.00	501	4.00	756
	36. 自らの施設・機関は、他の同種別の施設・機関と比べて、専門性の水準が高い。	4.00	154	4.00	101	3.00	502	3.00	757
	37. 職場内で研修を受ける機会が十分にある。	4.00	155	4.00	101	4.00	503	4.00	759
	38. 職場外で研修を受ける機会が十分にある。	4.00	155	4.00	101	4.00	504	4.00	760
	39. 職場外の勉強会・研究会に参加する機会がある。	4.00	155	4.00	101	4.00	502	4.00	758

区分	項目								
研修環境	40. 職場外の勉強会・研究会で報告する機会がある。	3.00	155	3.00	101	3.00	502	3.00	758
	41. 職場内の会議でケース報告をする機会がある。	5.00	155	4.00	101	4.00	503	4.00	759
	42. 職場内の会議でケース報告に対するコメントをする機会がある。	4.00	155	4.00	101	4.00	503	4.00	759
	43. 職場内でスーパービジョンを受ける機会がある。	4.00	155	3.00	101	3.00	499	3.00	755
	44. 職場外でスーパービジョンを受ける機会がある。	3.00	155	3.00	101	3.00	501	3.00	757
	45. スーパーバイザーとしての役割を果たしている。	2.00	155	3.00	100	2.00	495	2.00	750
	46. 自らの専門性を高めやすい職場である。	4.00	155	4.00	101	3.00	503	4.00	759
職業倫理	47. 専門職団体の倫理綱領の内容について知っている。	3.00	155	3.00	100	3.00	502	3.00	757
	48. 専門職団体の倫理綱領の内容を実践している。	3.00	155	3.00	100	3.00	502	3.00	757
	49. 施設協議会などの倫理綱領（又は職員行動指針）の内容について知っている。	2.00	154	3.00	100	3.00	503	3.00	757
	50. 施設協議会などの倫理綱領（又は職員行動指針）の内容を実践している。	2.00	154	3.00	100	3.00	502	3.00	756
	51. 傾聴することの意義について知っている。	4.00	155	4.00	101	4.00	503	4.00	759
	52. 傾聴することができる。	4.00	155	4.00	101	4.00	503	4.00	759
	53. 自己決定を支えることの意義について知っている。	4.00	155	4.00	101	4.00	503	4.00	759
	54. 自己決定を支援することができる。	4.00	155	4.00	101	4.00	503	4.00	759
	55. 自らの専門性をより高めたいと思っている。	5.00	155	4.00	101	5.00	504	5.00	760
	56. 自らの専門性を高めるための取り組みを自ら積極的に行っている。	4.00	155	4.00	101	4.00	502	4.00	758
就労環境	57. 同僚に仕事の相談をすることができる。	4.00	155	4.00	101	4.00	503	4.00	759
	58. 自分の年収に満足している。	4.00	155	3.00	101	3.00	503	3.00	759
	59. 休暇を取りやすい。	3.00	155	3.00	101	3.00	503	3.00	759
	60. 今の職場を誇りに感じている。	4.00	155	4.00	101	4.00	503	4.00	759
	61. 社会的養護分野の仕事に誇りを感じている。	4.00	155	4.00	99	4.00	503	4.00	757
	62. 今の仕事に満足している。	4.00	155	3.00	101	3.00	503	4.00	759
	63. 今の仕事を続けていきたいと感じている。	4.00	155	4.00	101	4.00	502	4.00	758
	64. 福祉関係者以外の友人がたくさんいる。	3.50	154	4.00	101	4.00	503	4.00	758
	65. 社会の動向に関心を持っている。	4.00	155	4.00	101	4.00	503	4.00	759
	66. 幸せである。	4.00	155	4.00	100	4.00	503	4.00	758

図3-8　基礎的専門性合計点と年齢と経験

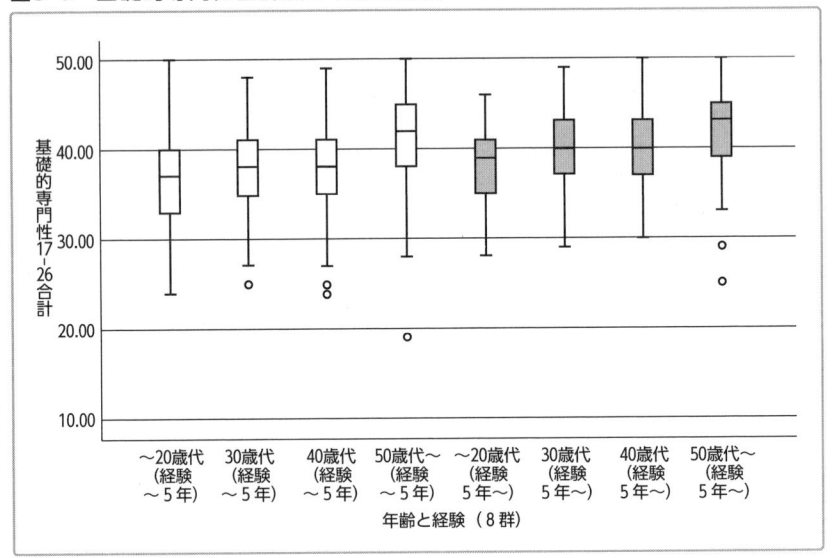

図3-8-1　全体

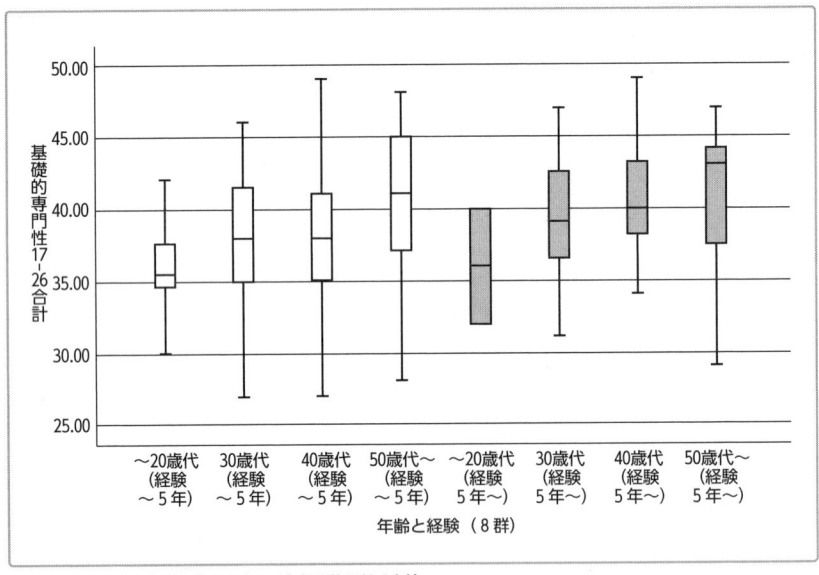

図3-8-2　児童相談所（一時保護所以外）

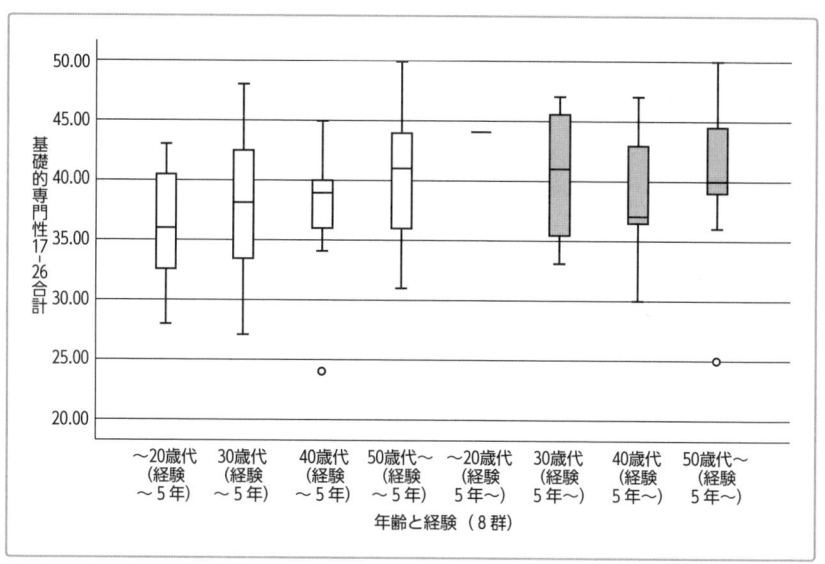

図3-8-3　児童相談所（一時保護所）

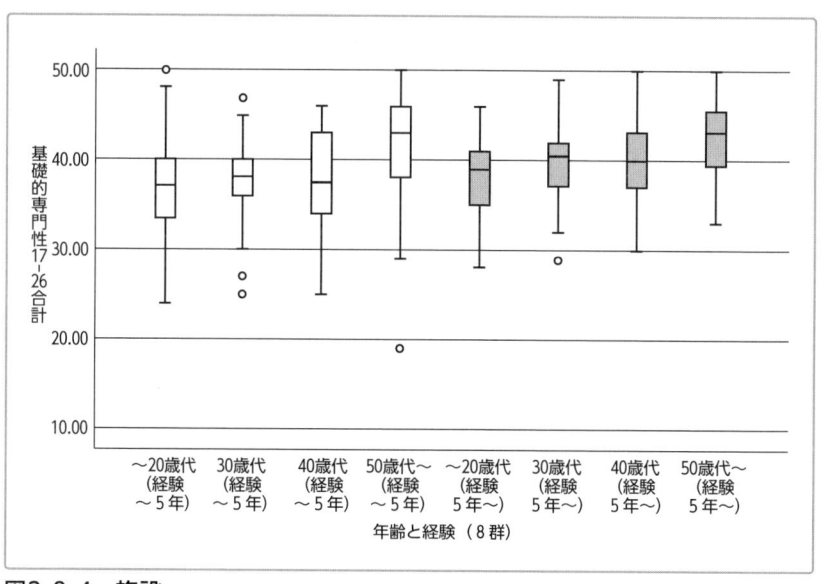

図3-8-4　施設

図3-9　応用的専門性合計点と年齢と経験

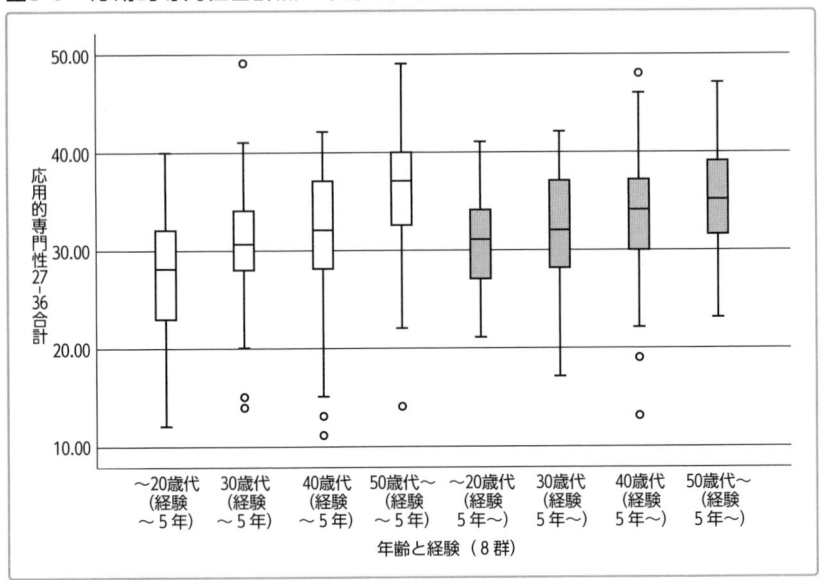

図3-9-1　全体

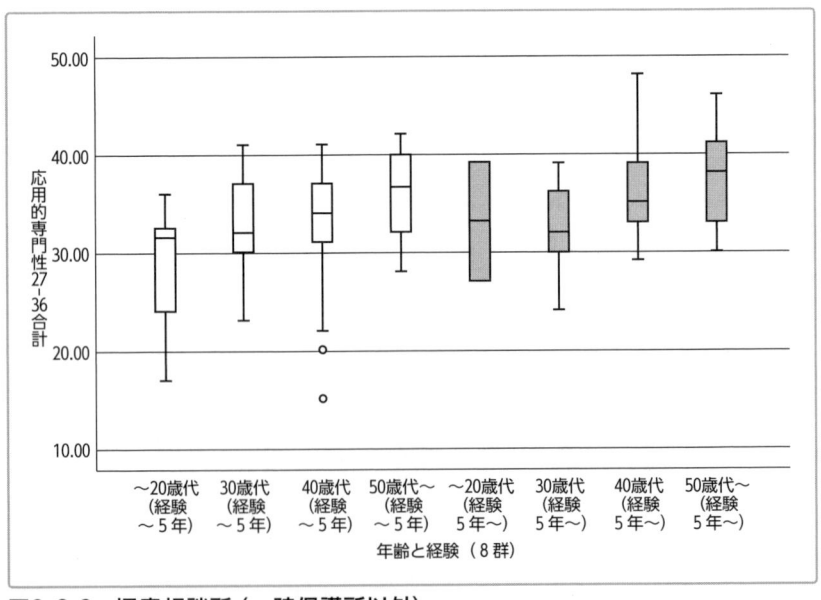

図3-9-2　児童相談所（一時保護所以外）

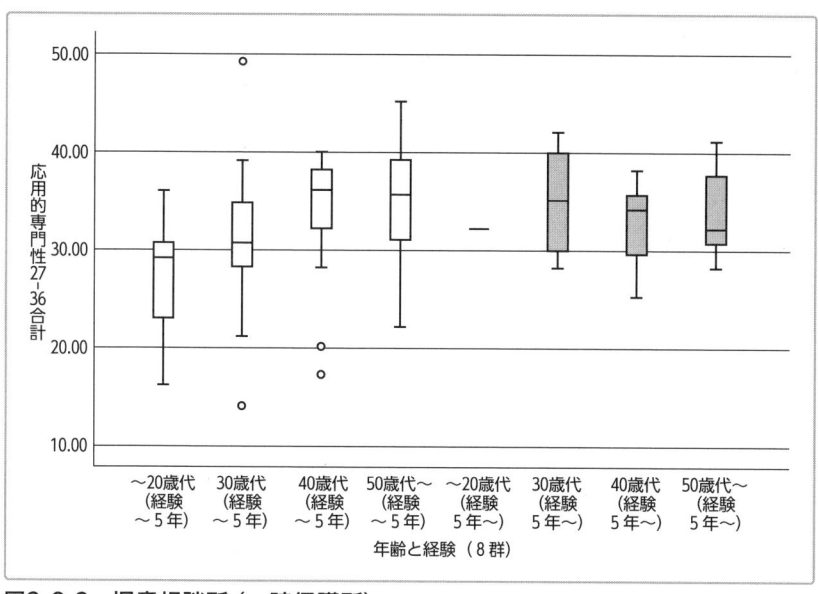

図3-9-3 児童相談所（一時保護所）

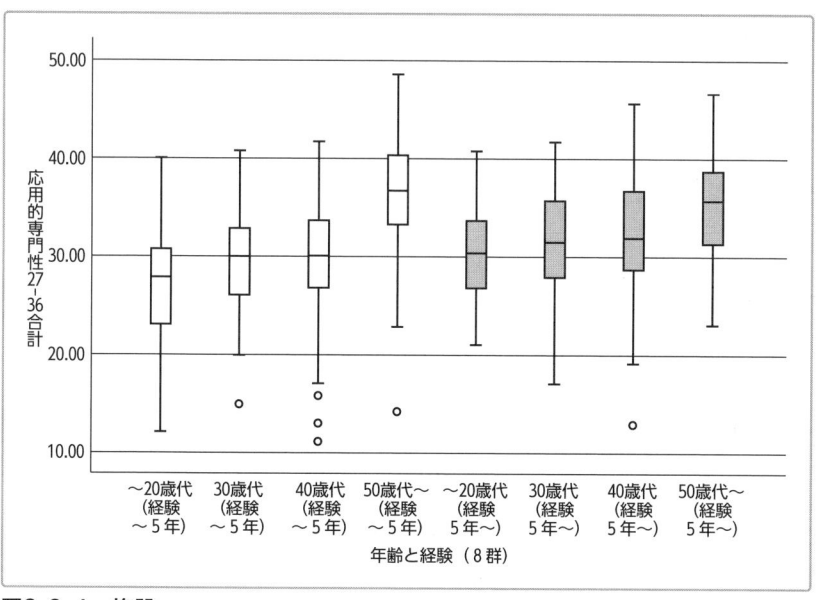

図3-9-4 施設

図3-10　職業倫理合計点と年齢と経験

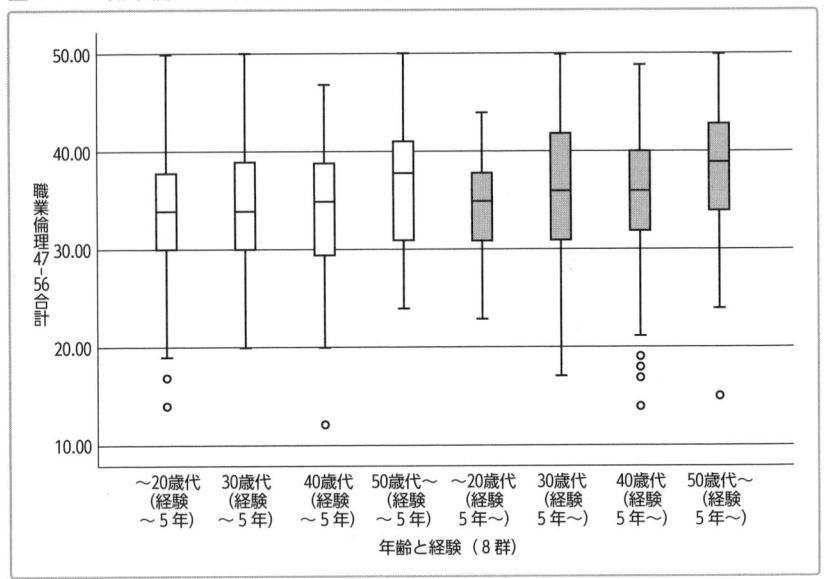

図3-10-1　全体

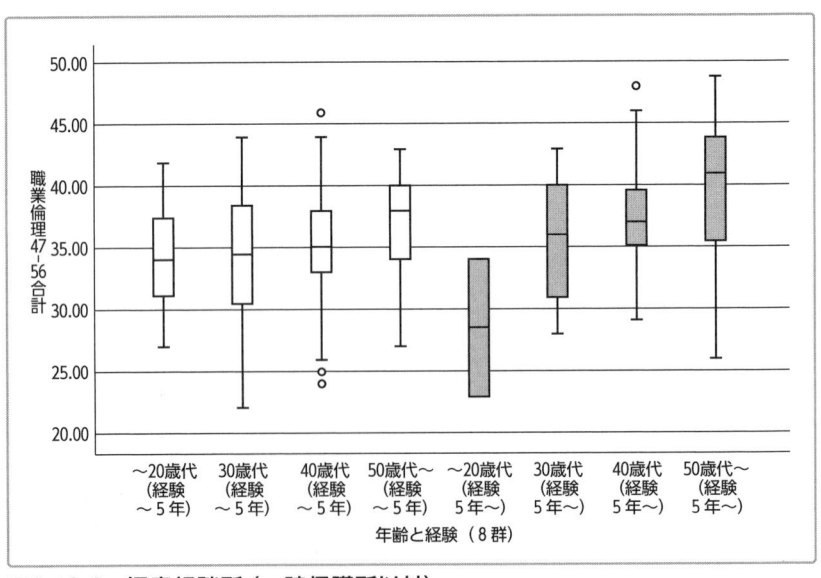

図3-10-2　児童相談所（一時保護所以外）

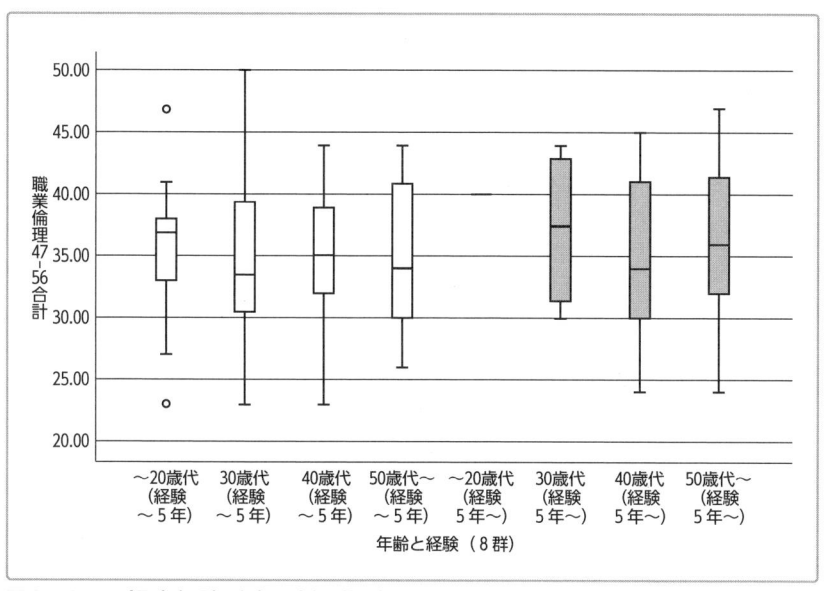

図3-10-3　児童相談所（一時保護所）

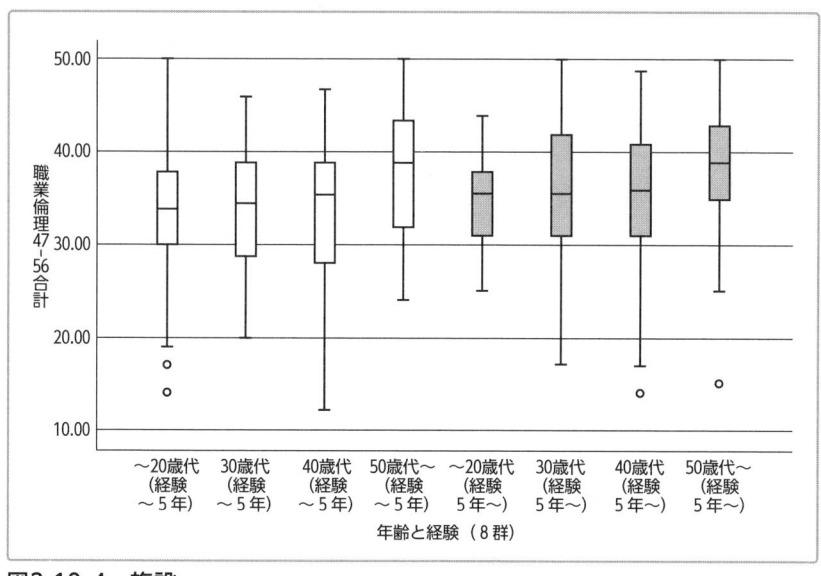

図3-10-4　施設

図3-11　研修環境合計点と年齢と経験

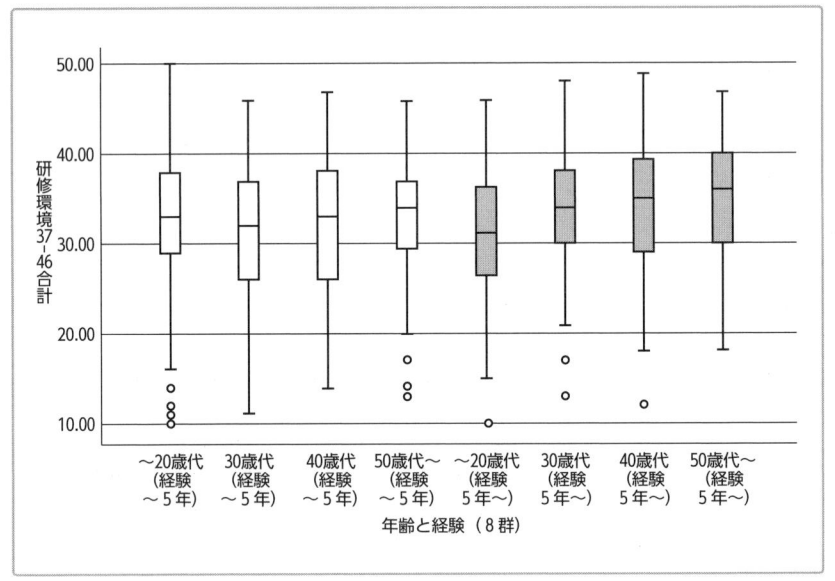

図3-11-1　全体

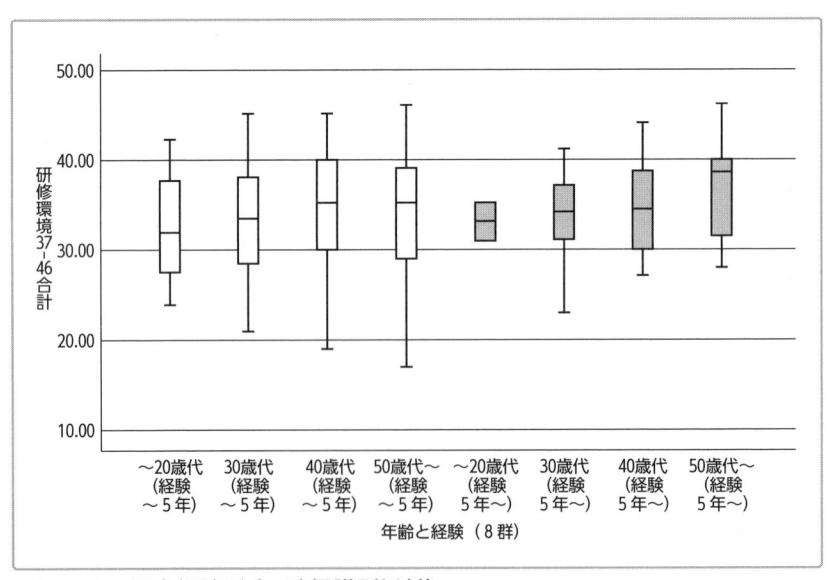

図3-11-2　児童相談所（一時保護所以外）

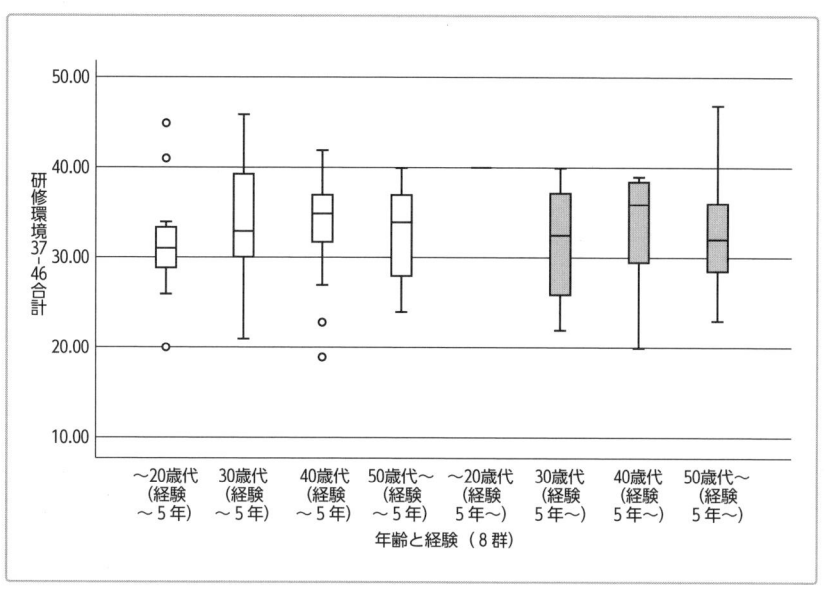

図3-11-3　児童相談所（一時保護所）

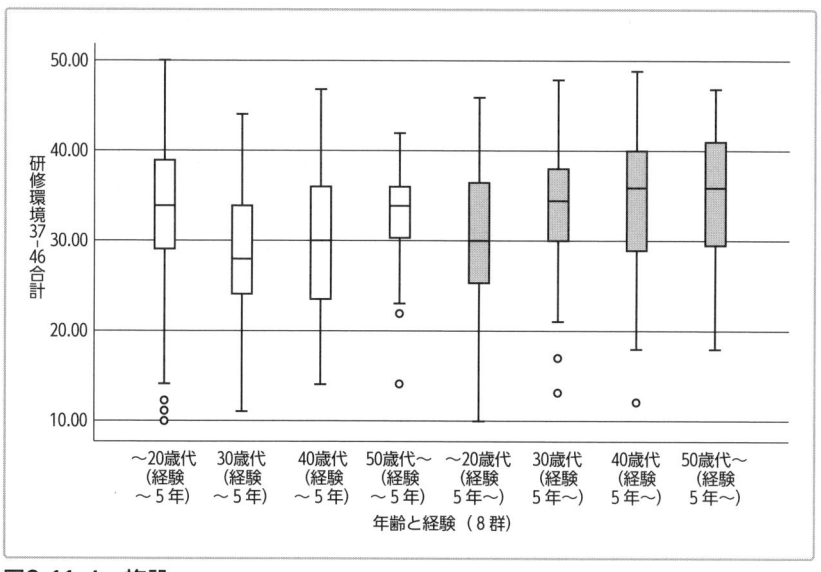

図3-11-4　施設

図3-12　就労環境合計点と年齢と経験

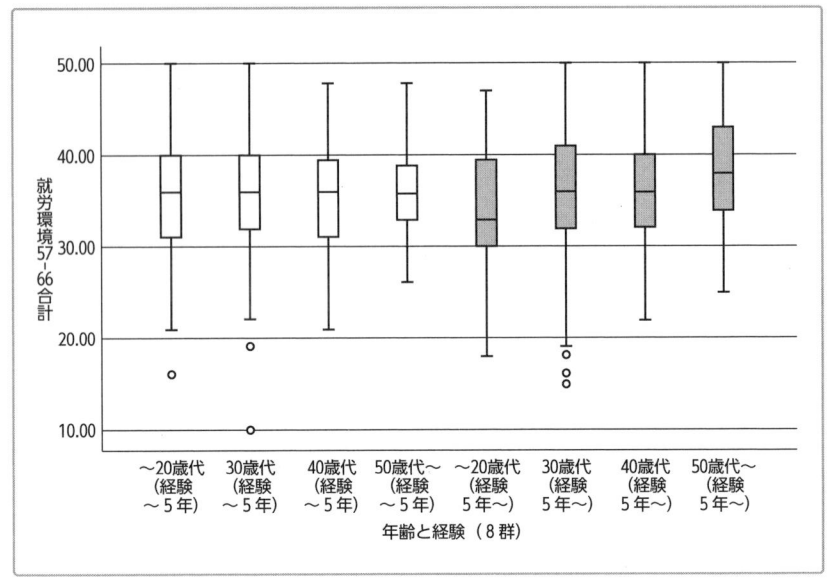

図3-12-1　全体

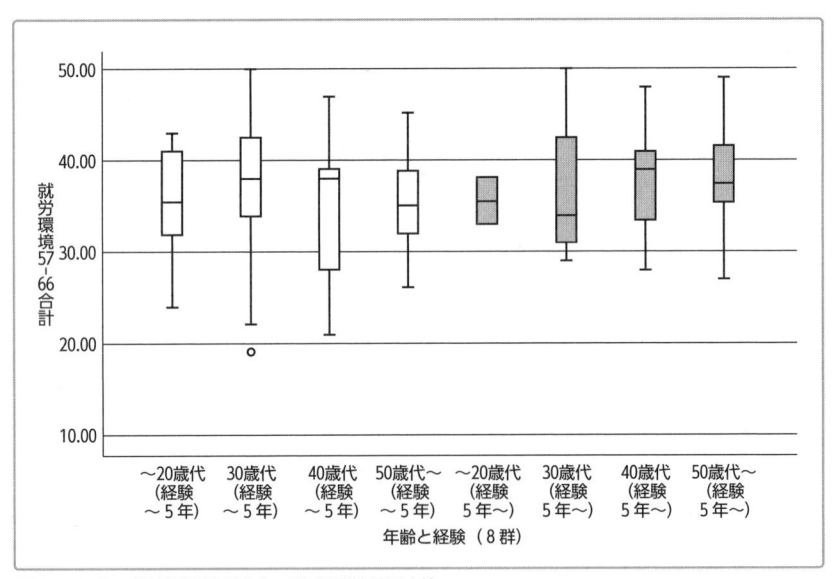

図3-12-2　児童相談所（一時保護所以外）

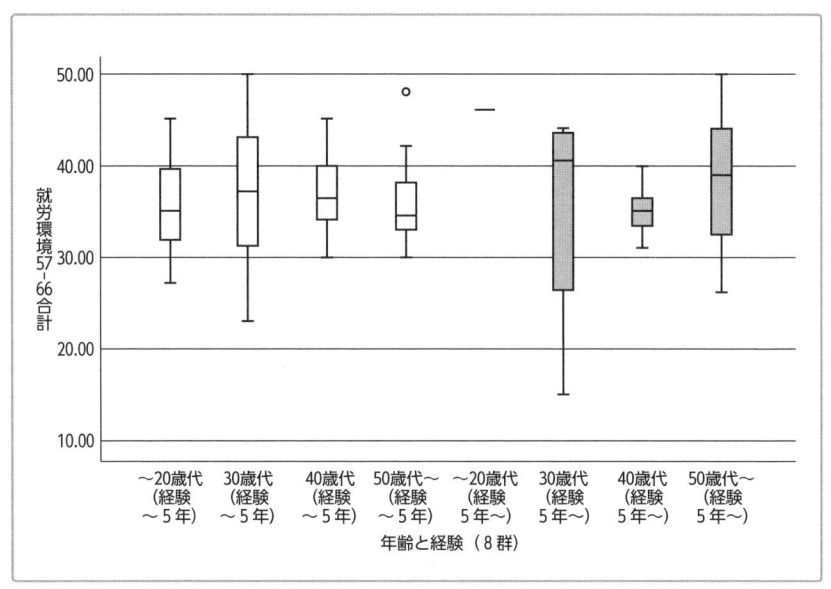

図3-12-3　児童相談所（一時保護所）

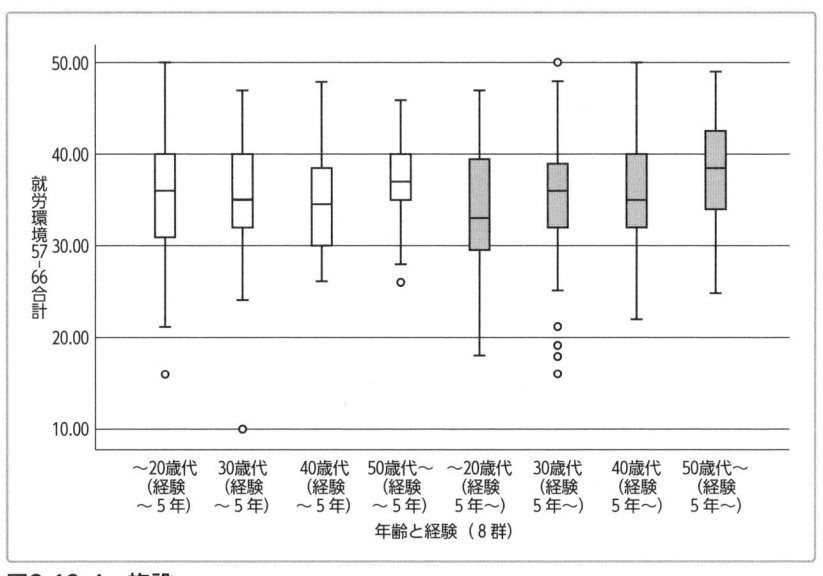

図3-12-4　施設

Ⅲ-3 考察

Ⅲ-3-（1）専門性はどのように形成されるのか

　本研究では、専門性を、基礎的専門性と応用的専門性で分けて自己評価により検討した。全体（児童相談所・一時保護所・施設）で見ると、個別項目では、基礎的専門性の「23. 児童を理解しようとしている」や「21. 児童の最善の利益という言葉の意味について知っている」など複数項目、応用的専門性の「35. 1年前よりも、自らの専門職としての能力は向上した」は、自己評価が高い一方、「31. 地域資源の活用に関して、自らの専門職としての能力は高い」「34. 制度理解に関して、自らの専門職としての能力は高い」などの複数項目で、必ずしも十分に専門性を実感できているとはいえないことがうかがわれる。

　機関や種別の違いでは、児童相談所（一時保護所以外）は、他の施設系の種別と比べて、基礎的専門性で「19. 児童がかかりやすい病気の特徴について知っている」「20. 児童がかかりやすい病気の特徴を考慮しながら仕事をしている」で低く、他の種別に比べてこうした児童の状態像への直接的な関わりが少ない業務特性がある。応用的専門性で、「児童相談所（一時保護所以外）」「児童相談所（一時保護所）」は、「36. 自らの施設・機関は、他の同種別の施設・機関と比べて、専門性の水準が高い」で「施設」より高く、専門性の実感に差がある。さらに「児童相談所（一時保護所以外）」では、「児童相談所（一時保護所）」や「施設」よりも「30. 児童の保護者への対応に関して、自らの専門職としての能力は高い」「32. 他の職種との連携に関して、自らの専門職としての能力は高い」で高く、支援業務の幅が広い特性の中で専門性を実感できていることが示唆される。他方で、「24. 児童を理解できている」は「児童相談所（一時保護所）」「施設」の方が低い。一見、こうした種別は児童の生活に近いようにも感じるが、日頃業務で直接的な関わりを持て

ている専門職の方が、「児童の理解」に戸惑いや困難の具体性が高いと考えることもできる。このことは、「児童相談所（一時保護所以外）」と比べて、生活に関わる職場で児童に直接関わる機会の多い専門職に生じる、自己の専門性を実感する難しさを表しているといえるだろう。

　種別間や職種間の差についての検定（**表**3-10）から、基礎的専門性では、職種間の差として、「児童指導員」が「看護職」「心理職」等に比べて有意に低い。「児童福祉司」は「看護職」に比べて有意に低い。また、「栄養職」が「看護職」「心理職」等に比べて有意に低かった。応用的専門性では、種別の差として、「児童相談所（一時保護所以外）」は、「乳児院」「児童養護施設」「情短（児童心理治療施設）」に比べて、有意に高かった。職種間の差では、「児童福祉司」は、「児童指導員」や「保育士」と比べて、有意に高かった。「児童指導員」や「保育士」は、「心理職」との間でも点数の低さに有意差が見られている。「乳児院」「児童養護施設」等の施設や「児童指導員」「保育士」は、「児童相談所」や「児童福祉司」「心理職」に比べて、より児童の生活に近い職場で職務に当たることが多い状況がある。児童の生活に添いながら、専門職としての実践知識や考え方について、実際に仕事に応用していくことに難しさを感じていると考えることができる。

　職業倫理では、全体では見えなかったが、種別に分けると「児童相談所（一時保護所）」の経験年数の高い群で、「児童相談所（一時保護所以外）」や「施設」の専門職に比べて点数が低い。この項目は、倫理綱領等の意識を持ちながら職務に当たるという自己の職務や専門性を、一歩引いた視点で客観的に捉える視点や行動を取り上げている。「児童相談所（一時保護所）」の日常業務をとおして、現場の中で、こうした視点を持ち職務を行っているという実感が持ちにくいという課題を示唆している。職業倫理の個別の事項では、倫理綱領に関する項目や、施設協議会で策定する職員行動指針などの理解や実践についての項目が全体的に低かった。全養協等では、本研究「Ⅱ」で触れたような施設の今後のあり方や、施設専門職に求められる対応等についての報告書や指針が出されている。一時保護所は、児童相談所の付置施設であるし、児童の生活は一時的なものと位置づけられている。さらに、公的機関に配置されている公務員の専門職として立場も異なる。他方で、児童相

談所（一時保護所）の専門職の職員としての行動のあり方は、施設専門職とは別に理解・認識されていることが、こうした評価の違いに表れていると考えられる。

Ⅲ−3−（2）職場環境における課題とは

　次に、研修環境の状況では、全体として、「45.スーパーバイザーとしての役割を果たしている」については、自己評価が低いことがわかった。「37.職場内で研修を受ける機会が十分にある」「38.職場外で研修を受ける機会が十分にある」は、どの種別でも一定程度高いが、「44.職場外でスーパービジョンを受ける機会がある」はいずれの種別でも低く、研修で職場を離れて取り組む機会は一定程度確保されていると考えられるものの、スーパービジョン（SV）を職場とは異なる場や人材により受ける機会の少なさは課題として認識されることがわかった。

　研修環境を種別や職種で見ると、「児童相談所（一時保護所以外）」や「児童福祉司」は、他の施設系専門職と比べて、高いとも低いともいえないが、種別では「児童自立支援施設」、職種では「児童自立支援専門員」は、研修環境についての評価が他に比べて最も低かった。研修環境の項目は、職場内外の「研修」「勉強会・研修会」「SV」の機会等の項目できいていることから、当該職場で機会の確保をしていくことが課題となっていることが示唆される。先行研究では、児童養護施設の若手職員において、特に他の施設の状況を知ることは、自分の施設を客観的に見つめ直す経験になるとともに、研修のニーズとなっていることが指摘されている（坪井・三後2011：54）。

　研修環境は、本来は経験年数が低い者に手厚く整備されるべきであると考えることもできるが、経験年数で見ていくと、全体的には「3〜5年」で低くなり、この群で研修環境に不十分さが感じられていることが示唆される。なお、種別でさらに見ていくと、「児童相談所（一時保護所以外）」では、3〜5年での点数の低下は見られなかったことから、他の種別と比べて環境が異なることが示唆された。経験にかかわらず、「児童相談所（一時保護所）」「施設」の「20歳代以下」で一定程度であった点数が、「30歳代」や「40歳以上」で下がる。特に「施設」の「30歳代で経験5年未満」「40歳代で経験5

年未満」と、「児童相談所（一時保護所）」の「30歳代で経験5年以上」の群が他に比べて下がる。就労環境の項目は、研修環境の認知に関わるが、こちらでも年齢や経験とともに、点数が下がる傾向が見られ、「児童相談所（一時保護所以外）」では、経験年数5年未満の群で年齢とともに下がり、「40歳代」以上で最も低い傾向となる。こうした傾向は、経験の低い群の傾向とは異なって、年齢の高い群が職場に求めるニーズの特徴をうかがうことができる。

　種別や職種との相関を見ると、研修環境の項目では、「41.職場内の会議でケース報告をする機会がある」「43.職場内でスーパービジョンを受ける機会がある」の2項目で種別と正の相関があり（p<0.01）、こうした機会が研修環境の差に関わっていることが示唆された。研修ニーズについての先行研究では、児童相談所の調査によれば、「ケース検討」は、児童福祉司、児童心理司、保健師のいずれにも、研修内容における「演習」としての研修ニーズがあった（川崎・大夛賀・越智2020：312）。

　研修環境において、SVの状況は重要な要素であることが示唆されてきた。そこで、さらに職場内外SVについて種別や職種間の差を見ていくと、「43.職場内でスーパービジョンを受ける機会がある」について、「児童相談所（一時保護所以外）」は、「児童養護施設」「児童自立支援施設」「児童相談所（一時保護所）」に比べて有意に点数が高かった。また「児童福祉司」は、「保育士」「児童自立支援専門員」や「栄養職」に比べて有意に高いことから、「児童相談所（一時保護所以外）」「児童福祉司」は、他の種別と比較してSVの機会を確保しやすい状況があることがわかる。一方、「44.職場外でスーパービジョンを受ける機会がある」については、種別や職種間の差は見られなかったことから、今回の対象とした全ての種別で職場の課題となっていると考えることができる。

Ⅲ−3−（3）経験と年齢から見えてくる課題

　専門性は、経験が上がり、年齢が上がるにつれて、より高度に形成されていくと想定される。全体としては、基礎的専門性も応用的専門性も、経験や年齢が上がるにつれて、点数が上がっていく傾向を示している。ところが、種別の比較では、基礎的専門性で「児童相談所（一時保護所以外）」「施設」

の「40歳代で経験5年未満」の群で、他の群に比べて、点数が低くなる傾向が見られた。この群は、年齢は一定程度高いが、この職場での経験年数が低い。転職により中途採用でこの現場に入ってきている者や、公的機関であることから、異動により管理職として職務についている者がいると考えることができる。「児童相談所（一時保護所以外)」のみで「役割」を見ると、経験年数「5年未満」では「技術指導を行うことが多い役割」も一定程度含むが、特に「技術指導を受けることが多い役割」が多く、転職や異動により管理職ではない職務である者を多く含むと考えられる（**表3-13**)。専門性の形成において、経験年数の低い者の中でも、これらの群の特性に注意して、研修環境や人材育成の対応をしていく必要性が示唆される。応用的専門性では、「児童相談所（一時保護所以外)」「児童相談所（一時保護所)」の経験年数が多い群で評価が低く、経験値の一定程度あるこうした群には、かえって、仕事の難しさにも気づいている状況があるとも考えられる。

　また、先述のとおり、研修環境は全体として経験や年齢が低いほど評価が高くなるわけではなく、また、経験や年齢が上がるにつれて評価が高くなるわけでもない。このことは、経験や年齢が低い群にとって、とりわけ経験年数「3〜5年」を前後する時期に、充実した研修環境として認識されるような環境整備が重要であることが示唆される。さらに、経験年数5年以上の者で「30歳代」「40歳代」の群では、不十分さを感じていることが示唆された。

表3-13　児童相談所（一時保護所以外）における主たる役割と経験年数カテゴリ（5年）

主たる役割	経験年数カテゴリ		合計
	5年未満	5年以上	
運営管理を主として行う役割	10 10.5%	7 13.7%	17 11.6%
技術指導を行うことが多い役割	31 32.6%	29 56.9%	60 41.1%
技術指導を受けることが多い役割	54 56.8%	15 29.4%	69 47.3%
合計	95 100.0%	51 100.0%	146 100.0%

専門性の形成という視点において「児童相談所（一時保護所以外）」の「40歳代で経験5年未満」の群は、年齢としては若手ではないが、経験が積み上がっているわけでもない。経験が5年未満であることから、学卒で職場に入ったわけではなく、転職等の中途採用や公務員としての異動等で当該職場に入ってきている者が多く含まれていることが想定される。いわば、「転職組」「異動組」といえるこの群に対して、いかに専門性を実感できる機会を作っていくかが課題として示唆された。さらに研修環境では、各種別で、年齢と経験が高い群に点数が下がる傾向が見られており、「ベテラン組」に近い者の職場での働き方や待遇の課題が示唆された。

Ⅲ－4　　結論

　本研究では、専門性の形成と研修環境の実態を自己評価から数量的に把握し、人材育成の課題を明らかにしようとした。その際、制度運用や人的体制条件を共有する自治体を限定して設定し、種別を比較することで、「児童相談所（一時保護所以外）」と「児童相談所（一時保護所）」、そして他の社会的養護「施設」種別との違いなど、社会的養護の種別や職種の違いも考慮しつつ、課題を見た。最も重要な示唆として、人材育成の課題は、経験や年齢、種別や職種によりニーズが異なることがわかった。特に、専門性の形成については、全体としては、年齢や経験により上がっていく傾向が見えるものの、職場の種別や専門職の基本属性により変わってくることがわかる。さらに研修環境の評価は、全体として年齢や経験が積み上がることでは、必ずしも上がらない傾向があるといえるが、とりわけ特定の種別や基本属性に、より厳しい状況が見られていることがわかった。
　専門性の形成について種別で見ると、児童相談所（一時保護所以外）と、それ以外の種別では、専門性が異なっている特徴がわかった。さらに、すべ

ての種別で「23. 児童を理解しようとしている」については点数が高いものの、「児童相談所（一時保護所）」や「施設」といった児童の生活に関わる種別で、「24. 児童を理解できている」については低い傾向があり、日常業務の中で児童への専門職としての取り組みに対して、自己の専門性を実感することが難しいという課題が示唆された。この研究では、自己評価で専門性を見ているが、職種では、「児童福祉司」の方が、施設系職種より自己の専門性の実感が高めとなり、「児童指導員」は他の職種に比べて、相対的に自己の専門性の実感が低めであることがわかった。こうした種別や職種には、児童の生活に直接関わる専門職が多く含まれる。日々変化していく児童の生活の中では、支援活動の主導性は、専門職側よりも児童の側にあるといえる。変化する生活の中で、専門職としての社会的養護の専門性を形成し、人材を育てていく職場環境の確保の難しさへの対応が求められている。

　研修環境については、本来は経験年数が低い者に手厚く整備されるべきだが、3〜5年の群には、そのような状況になっていないところに課題がある。「職場外の研修」の機会がどの種別や職種でも全般的によく確保されているのに対して、「職場外のSV」の機会は、比較的機会の確保がなされている「児童相談所（一時保護所以外）」や「児童福祉司」においてもニーズが明確であることがわかった。職場内の研修だけでなく、職場を離れる研修の機会について、人材育成の意義は、広く指摘されることではあるが、今後、職場「外」の「研修」と「SV」の機能や効果の違いを明確にして、人材育成を進めていくことが必要であると考えられる。研修環境の要素として、職場内外の「SV」の重要性は高いが、上記の施設系種別の中でも、「児童養護施設」や「児童自立支援施設」における「職場内SV」のニーズは高く、上述の生活における専門性の形成と同様に、生活型の業務における職場内でのSVの機会の確保は、ニーズが高いことがわかる。

　最後に本研究の限界として、専門性の形成は、自己評価できいていることから、あくまでも主観的な観点にとどまっている。さらに、自己の職業倫理に関係する項目は、「そう思う」という回答により偏りがちとなる傾向も考慮する必要がある。上司や同僚が客観的に専門性を採点する、別の研究枠組みが必要かもしれない。また、自治体を限定して調査を行ったことから、児

童相談所の機関としての特徴と、就労環境の施設系種別の特徴は、当該自治体の制度、人的体制、研修のあり方の特徴等の要因に影響を受けている可能性がある。人材育成の課題を分析する際の要因は、より網羅的な分析の枠組みが必要かもしれない。これらの限界から、社会的養護の人材育成の課題は、他の自治体の実態と比較検討をしながら、本調査対象自治体の固有の課題の部分と分けて、整理していく必要がある。

注記

1） 情緒障害児短期治療施設（情短）は、調査時点で、児童心理治療施設への名称変更について移行期のため、併記した。

2） 調査対象施設・機関は、A県域（政令市・中核市を除く）の社会的養護分野の施設（児童自立支援施設を含む）および、A県（政令市・中核市を含む）の機関（児童相談所）とした。その際、乳児院、母子生活支援施設、情緒障害児短期治療施設については、県域に当該種別の施設が少ないため、同県政令指定市B市の施設も対象とした。調査対象者は、「常勤」専門職としているが、自治体や全国の年1回程度の行政報告はあるものの、実態としては、法人内の「専門職」「正規」「非正規」の定義による違いや、法人内の兼職を含むなど正確な現員を把握する統計がない。そこで、「1日8時間で週5日勤務を常態としている職員」という定義を示した上で、「社会福祉施設等調査」の従事者数に相当する数の調査票を各施設へ配付し、実際の配付対象の判断を施設・機関長へ委任した。各種別の配付票数は、次のとおりである。児童相談所640、乳児院307、母子生活支援施設161、児童養護施設896、自立援助ホーム40、情緒障害児短期治療施設（児童心理治療施設）45、児童自立支援施設63（総数2152）。

3） A県総合統計サイト、および、こども家庭庁「児童虐待防止対策」（https：//www.cfa.go.jp/policies/jidougyakutai/，2023.12.30）。なお、人口動態は調査実施時点に近い2015（平成27）年、社会的養護の状況は直近時点の2022（令和4）年の統計となっている。

4） 児童分野の実践の評価が多面的に行われることの意義について、近年では、山縣（2018）により整理されている。本研究では、専門性や人材育成のニーズを自己評価で見ていく意義として、ワーク・エンゲージメント研究で取り組まれている「仕事への態度・認知」（島津2015）という観点の研究が増えていること（塚田2017）に着目して取り組んでいる。また調査方法として他者評価で行う方法も検討を行ったが、対象の全数調査として回答率を上げていくためにも自己評価の方法を採択することとした。

5） 調査項目の設定については、さらに各施設協議会の代表者や研修責任者、当該領域の研究者らとの意見交換、調査設計の意見交換等を、2016（平成28）年10月から2017（平成29）年1月にかけて行い設計した。

6） 本調査の結果は、小林・新保（2021）に報告している。また、本調査とは別

に、全国の施設を対象とした調査研究（本研究「Ⅳ」）を行った結果は、小林・中原・新保（2020）にまとめている。本調査対象である児童養護施設等の一部施設は、対象が重なるが、調査の時期、対象全体の設定、調査項目等は異なり別の調査となっている。

引用参考文献

・川崎千恵・大朶賀政昭・越智真奈美（2020）「児童相談所職員を対象とした研修ニーズに関する実態調査報告」『保健医療科学』69（3），306-316.

・小林理・中原慎二・新保幸男（2020）「社会的養護における専門職の人材育成に関する実態と課題——職場研修のニーズを中心に」『厚生の指標』67（8），厚生労働統計協会，33-39.

・小林理・新保幸男（2021）「社会的養護における人材育成の課題——A県における児童相談所および社会的養護施設専門職の職場環境を中心に」『社会福祉学評論』22，日本社会福祉学会関東部会，52-65.

・島津明人（2015）「産業保健と経営との協働に向けて——ワーク・エンゲイジメントの視点から」『産業・組織心理学研究』28（2），103-110.

・塚田知香（2017）「ワーク・エンゲイジメントの国内での研究動向および浸透について——国内文献レビューとネット検索結果から」『東京成徳大学経営学部 経営論集』（6），43-53.

・坪井裕子・三後美紀（2011）「児童福祉施設における子どもへの対応に関する若手職員へのインタビューの分析」『人間と環境』2，45-59.

・山縣文治（2018）「福祉的視点からみた教育・保育制度および実践の評価」『保育学研究』56（1），33-43.

IV

全国の社会的養護施設3種別に見る施設専門職による専門性や職場環境

Ⅳ-1　研究の概要

Ⅳ-1-（1）研究背景と目的

　前章では、自治体を対象として児童相談所と社会的養護施設の横断的な把握を行った。その際、児童相談所と社会的養護施設のそれぞれの特徴が明らかとなった。とりわけ施設における「生活」型支援専門職には、特徴的な専門性の理解や職場環境の状況が背景にあり、さらに焦点化して研究に取り組む必要がある。そこで本研究は、社会的養護分野の施設における常勤専門職（保育士・児童指導員など）の「自らの専門性」「仕事への思い」「働く環境」などの自己評価を通じて、職場環境の実態を把握し、人材育成の課題を考察することを目的とした。その際、本研究「Ⅲ」の調査と異なる視点として、本研究「Ⅱ」の考察の視点を活かして、社会的養護施設、とりわけ児童現員が多く、児童の生活支援を行う専門職として共通点の多いと考えられる3施設種別（乳児院・児童養護施設・母子生活支援施設）に焦点を当てて分析することとした。

Ⅳ-1-（2）研究方法

Ⅳ-1-（2）-A　研究の対象および方法

　本研究では、全国の乳児院・児童養護施設・母子生活支援施設の保育士・児童指導員などの常勤専門職の全員を対象として実態調査を実施した。文献研究の結果（本研究「Ⅱ」）から得られた視点として、当該施設種別では、施設の小規模化が進められ、職員の業務のあり方や負担の課題が指摘されてきているが、人材育成の課題の具体性が十分検討されているとはいえないことがあげられる。さらに、社会的養護施設の法人形態は、社会福祉法人が主体となっており、民間団体としての多様性が高い一方で、社会的養護の措置委託制度は、全国共通で実施されている背景がある。このことから、調査対

象を全国に拡げて分析を行うことで、法人ごとの多様性を超えた専門職の特性や人材育成の課題を、種別横断的な視点で比較することに意義があると考える。

　調査対象は、全国の乳児院・児童養護施設・母子生活支援施設に、各施設の調査票配付時点で所属する全ての「常勤専門職」とした（調査票送付総数2万2730）[1]。また、調査時点で施設長等の役職であっても、当該専門職としての経験がある場合は対象とした。

　調査方法は、無記名自記式構造化調査票を用いて、送付回収は郵送により行った。調査票は、施設長へ送付し、調査対象者へ配付した。回答は、強制力を排除するために、調査対象者により返信封筒へ入れ、直接研究者へ返送されたものを回収した。

　調査項目は、回答者の基本属性等の他、「基礎的専門性」「応用的専門性」「研修環境」「職業倫理」「就労環境」について10項目ずつを設定し、10段階の数字（1. 全くそう思わない〜10. 全くそう思う）で自己評価を点数化した[2]。この分析に用いた調査項目は、**表4-1**のとおりである。

　調査票の設計については、先行研究の整理からは、当該テーマに取り組む際に妥当性のある尺度や標準化された調査項目を得ることができなかった。そこで、各施設協議会の研修責任者や当該領域の研究者らとの意見交換等を継続的に行い、項目の作成を行った[3]。

　「基礎的専門性」は、基礎的な知識の認知を問う項目とそれを意識した実践を問う項目で構成した。「応用的専門性」は、自己の能力の高さを問う項目により構成した。職場の評価として「研修環境」は、研修やスーパービジョンの機会の有無等の項目で構成した。「職業倫理」は、職能団体等で策定されている倫理綱領の理解を問う項目とそれを意識した実践を問う項目で構成した。「就労環境」は、年収や休暇等の働きやすさに関係する項目で構成した。

　調査期間は、2018（平成30）年2月1日から3月31日とした[4]。

表4-1　調査項目（1. 全くそう思わない〜 10. 全くそう思う）

基礎的専門性（10項目）

17. 児童の発達段階の特徴について知っている。
18. 児童の発達段階に応じた支援をすることができる。
19. 児童がかかりやすい病気の特徴について知っている。
20. 児童がかかりやすい病気の特徴を考慮しながら仕事をしている。
21. 児童の最善の利益という言葉の意味について知っている。
22. 児童の最善の利益という視点に立って仕事をしている。
23. 児童を理解しようとしている。
24. 児童を理解できている。
25. 自分（あなた）自身を理解しようとしている。
26. 自分（あなた）自身を理解できている。

応用的専門性（10項目）

27. 児童の日常生活支援に関して、自らの専門職としての能力は高い。
28. 児童の心身の発達を促す支援に関して、自らの専門職としての能力は高い。
29. 児童の自立への支援に関して、自らの専門職としての能力は高い。
30. 児童の保護者への対応に関して、自らの専門職としての能力は高い。
31. 地域資源の活用に関して、自らの専門職としての能力は高い。
32. 他の職種との連携に関して、自らの専門職としての能力は高い。
33. 他の施設・機関との連携に関して、自らの専門職としての能力は高い。
34. 制度理解に関して、自らの専門職としての能力は高い。
35. １年前よりも、自らの専門職としての能力は大きく向上した。
36. 自らの施設・機関は、他の同種別の施設・機関と比べて、専門性の水準が高い。

研修環境（10項目）

37. 職場内で研修を受ける機会が十分にある。
38. 職場外で研修を受ける機会が十分にある。
39. 職場外の勉強会・研究会に参加する機会が十分にある。
40. 職場外の勉強会・研究会で報告する機会が十分にある。
41. 職場内の会議でケース報告をする機会が十分にある。
42. 職場内の会議でケース報告に対するコメントをする機会が十分にある。
43. 職場内でスーパービジョンを受ける機会が十分にある。
44. 職場外でスーパービジョンを受ける機会が十分にある。
45. スーパービジョンを積極的に受けたいと思っている。
46. スーパーバイザーとしての技量を高めるための研修を積極的に受けたいと思っている。

職業倫理（10項目）
47. 専門職団体の倫理綱領の内容について詳しく知っている。 48. 専門職団体の倫理綱領の内容を日々の実践の中で実行出来ている。 49. 施設協議会などの倫理綱領（又は職員行動指針）の内容について詳しく知っている。 50. 施設協議会などの倫理綱領（又は職員行動指針）の内容を日々の実践の中で実行出来ている。 51. 傾聴することの意義について詳しく知っている。 52. 傾聴することができる。 53. 自己決定を支えることの意義について詳しく知っている。 54. 自己決定を支援することができる。 55. 自らの専門性をより高めたいと思っている。 56. 自らの専門性を高めるための取り組みを自ら積極的に行っている。
就労環境（10項目）
57. 同僚に仕事の相談をすることができる。 58. 上司や経験者に仕事の相談をすることができる。 59. 自分の年収に満足している。 60. 休暇を取りやすいと感じている。 61. 今の職場を誇りに感じている。 62. 社会的養護分野の仕事に誇りを感じている。 63. 今の仕事に満足している。 64. 今の仕事を続けていきたいと感じている。 65. 自らの専門性を高めやすい職場である。 66. 幸せである。

各項目の番号は調査票の項目番号を指す

Ⅳ-1-(2)-B　分析の方法

　分析は、文献研究（本研究「Ⅱ」）で見たような人材育成の課題について、社会的養護施設の3種別の違いに焦点を当てながら、①専門性・職業倫理の自己評価、②スーパービジョン等の研修・就労環境の現状についての回答結果を統計的に解析した。①については、上記の調査項目群のうち、自己の専門性を評価する「基礎的専門性」「応用的専門性」、さらに専門職としての規範的な職務行動を問う「職業倫理」の項目から分析を行った。②については、職場の評価を問う「研修環境」「就労環境」の項目から分析を行った。調査結果は、正規分布を想定しないことから中央値を基本的に用いて、補助的に平均値や標準偏差を付記した。相関係数は、スピアマンの順位相関係数を用いた。専門性の形成の状況を見ていくために、専門職の属性として、年齢と経験年数に着目し、グループ化して集計を行った。「20歳代までで経験5年未満」「20歳代までで経験5年以上」「30歳代で経験5年未満」「30歳代で経験5年以上」「40歳代で経験5年未満」「40歳代で経験5年以上」「50歳代以上で経験5年未満」「50歳代以上で経験5年以上」の8群に区分し、項目ごとの点数について、Kruskal-Wallis検定を行った。その際の多重比較においては、Bonferroni調整を行ったものを用いた。有意水準は1％未満とした。集計は、SPSS Statistics Ver.25を用いた。

Ⅳ-1-(2)-C　倫理的配慮

　倫理的配慮として、本研究は、「一般社団法人日本社会福祉学会研究倫理指針」等の規程に沿って、調査協力者への強制力等の負担を最大限に軽減することに配慮して実施した。研究倫理審査は、本研究全体の遂行に合わせて主任研究者の所属大学（神奈川県立保健福祉大学）倫理審査委員会で承認を得た（承認番号：保大第29-57）。併せて、当時筆者の所属大学（東海大学）で利益相反に関する審査を受け承認を得た（承認番号：第16-116）。

Ⅳ-2 研究結果

Ⅳ-2-(1) 基本属性等

　回収した調査票は7170票（回収率31.5%）、うち既述の調査項目50項目に全く記入のないものを無効票とし、有効回答は6989票（有効回答率30.7%）であった。回答者の所属する施設種別は、乳児院1592（22.8%、以下カッコ内は%）、児童養護施設4545（65.1）、母子生活支援施設847（12.1）である（**表4-2**）。職場の状況は、大舎（分園型を除く母子生活支援施設を含む）2754（40.0）、ユニット型2236（32.5）、小舎（本園敷地内）1134（16.5）、小舎（地域にあるもの、分園型母子生活支援施設を含む）652（9.5）、相談部門109（1.6）であった（**表4-3**）。職種は、保育士3116（44.7）、児童指導員2119（30.4）、看護職336（4.8）、母子支援員386（5.5）、少年指導員239（3.4）、心理職251（3.6）、専門相談員313（4.5）、その他210（3.0）であった（**表4-4**）。また、その他には、栄養職（「管理栄養士」「栄養士」等）26、調理職（「調理師」「調理」等）37の記入があった（兼任含む）。職場の役割については、「施設全体の管理運営」590（8.5）、「小舎・ユニットのリーダー」1455（21.0）、「上記の役割は持っていない」4889（70.5）であった（**表4-5**）。

　最終学歴は、専門学校1247（17.9）、短期大学2212（31.8）、大学2957（42.5）、大学院282（4.1）、その他257（3.7）である。またその他には、高校（「高卒」「高等学校」等）186の記入があった（**表4-6**）。最終学歴の専攻は、保育学3121（45.4）、社会福祉学1496（21.7）、看護学333（4.8）、教育学606（8.8）、心理学537（7.8）、その他788（11.5）であった（**表4-7**）。また、その他の専攻には739の記述があった。多いところでは、経済経営関係（「経済学」「経営」等）14、法律関係（「法律学」「法学」等）10、英語関係（「英語科」「英文学」等）7、社会学関係6、商業関係6などがあるが、「工学」「音楽」「美術」なども見られ、幅広い。

性別は、女5070（72.6）、男1899（27.2）、その他10（0.1）である（**表4-8**）。年齢は、平均値36.9歳、中央値34歳であった。区分すると20歳代以下2541（36.5）、30歳代1795（25.8）、40歳代1283（18.4）、50歳代1037（14.9）、60歳代301（4.3）、70歳代以上13（0.2）である（**表4-9**）。勤務経験年数は、平均値8.2年、中央値5年であった。経験年数を区分すると、**表4-10**のようになる。資格の保有状況（複数回答）は、保育士3980（57.1）、社会福祉士781（11.3）、看護師346（5.0）、臨床心理士182（2.6）となっている（**表4-11**）。併せて子育て経験の有無を聞いたところ、ありは2495（35.8）であった（**表4-12**）。

「基礎的専門性」（調査項目番号17〜26）、「応用的専門性」（同27〜36）、「研修環境」（同37〜46）、「職業倫理」（同47〜56）、「就労環境」（同57〜66）の得点の各種別による状況は**表4-13**のとおりとなっている。基礎的専門性、応用的専門性の項目の中で得点が最も高かった項目は、「23. 児童を理解しようとしている」で、種別では乳児院9.00（8.62）（以下、中央値、カッコ内は平均値）が高かった。逆に最も低かった項目は、「31. 地域資源の活用に関して、自らの専門職としての能力は高い」で、種別では乳児院5.00（4.53）が低かった。研修環境、就労環境の項目で最も高かったのは、「62. 社会的養護分野の仕事に誇りを感じている」で、乳児院8.00（7.71）が高かった。逆に最も低かったのは、「44. 職場外でスーパービジョンを受ける機会が十分にある」で、種別では乳児院5.00（4.32）が低かった。

各項目の合計点を種別で見ると、基礎的専門性は乳児院71.00（69.76）、応用的専門性は母子生活支援施設56.00（54.81）、職業倫理も母子生活支援施設65.00（63.54）が高い。研修環境と就労環境も、母子生活支援施設が64.00（63.63）、69.00（67.09）と高かった（**表4-14**）。

職種別の各合計点（**表4-15**）では、基礎的専門性では専門相談員75.00（73.36）や看護職74.00（72.98）が高い。応用的専門性では、専門相談員63.00（61.44）や母子支援員60.00（57.45）が高い。職業倫理では心理職71.00（70.58）、専門相談員68.00（67.97）が高かった。研修環境は、専門相談員67.00（65.52）や母子支援員66.00（64.74）が高い。就労環境は、専門相談員72.00（70.06）が高かった。

学歴別で見ると、基礎的専門性は専門学校70.00（68.73）、応用的専門性と職業倫理は、大学院が59.00（57.21）、72.00（70.78）と高い。研修環境では、短期大学63.00（61.57）、就労環境はその他68.00（66.05）が高い（**表4-16**）。最終学歴の専攻別では、基礎的専門性は保育学68.00（67.52）、応用的専門性は看護学59.00（56.85）、職業倫理は心理学66.00（65.16）が高い。研修環境と就労環境は、その他がそれぞれ64.00（61.88）、67.00（65.92）と高かった（**表4-17**）。

表4-2　施設の種別

	度数	有効パーセント
乳児院	1,592	22.8
児童養護施設	4,545	65.1
母子生活支援施設	847	12.1
合計	6,984	100.0

表4-3　職場の状況

		乳児院	児童養護施設	母子生活支援施設	合計
職場	大舎（分園型を除く母子生活支援施設を含む）	605	1,445	704	2,754
		38.8%	32.2%	84.4%	40.0%
	ユニット型	613	1,618	5	2,236
		39.3%	36.0%	0.6%	32.5%
	小舎（本園敷地内）	269	834	31	1,134
		17.3%	18.6%	3.7%	16.5%
	小舎（地域にあるもの、分園型母子生活支援施設を含む）	40	525	87	652
		2.6%	11.7%	10.4%	9.5%
	相談部門	31	71	7	109
		2.0%	1.6%	0.8%	1.6%
合計		1,558	4,493	834	6,885
		100.0%	100.0%	100.0%	100.0%

表4-4　職種の状況

		乳児院	児童養護施設	母子生活支援施設	合計
職種	保育士	1,065	1,950	101	3,116
		67.1%	43.0%	12.0%	44.7%
	児童指導員	67	2,012	40	2,119
		4.2%	44.3%	4.7%	30.4%
	看護職	285	51	0	336
		17.9%	1.1%	0.0%	4.8%
	母子支援員	0	2	384	386
		0.0%	0.0%	45.5%	5.5%
	少年指導員	0	2	237	239
		0.0%	0.0%	28.1%	3.4%
	心理職	43	177	31	251
		2.7%	3.9%	3.7%	3.6%
	専門相談員	94	214	5	313
		5.9%	4.7%	0.6%	4.5%
	その他	34	130	46	210
		2.1%	2.9%	5.5%	3.0%
合計		1,588	4,538	844	6,970
		100.0%	100.0%	100.0%	100.0%

表4-5　役割の状況

		乳児院	児童養護施設	母子生活支援施設	合計
役割	施設全体の管理運営	91	385	114	590
		5.8%	8.5%	13.6%	8.5%
	小舎・ユニットのリーダー	258	1,090	107	1,455
		16.4%	24.1%	12.8%	21.0%
	上記の役割は持っていない	1,228	3,044	617	4,889
		77.9%	67.4%	73.6%	70.5%
合計		1,577	4,519	838	6,934
		100.0%	100.0%	100.0%	100.0%

表4-6　最終学歴の状況

		乳児院	児童養護施設	母子生活支援施設	合計
最終学歴	専門学校	461	677	109	1,247
		29.1%	14.9%	12.9%	17.9%
	短期大学	670	1,301	241	2,212
		42.4%	28.7%	28.6%	31.8%
	大学	368	2,198	391	2,957
		23.3%	48.5%	46.3%	42.5%
	大学院	44	203	35	282
		2.8%	4.5%	4.1%	4.1%
	その他	39	150	68	257
		2.5%	3.3%	8.1%	3.7%
合計		1,582	4,529	844	6,955
		100.0%	100.0%	100.0%	100.0%

表4-7　最終学歴の専攻

		乳児院	児童養護施設	母子生活支援施設	合計
専攻	保育学	928	1,913	280	3,121
		59.1%	42.7%	33.9%	45.4%
	社会福祉学	164	1,094	238	1,496
		10.5%	24.4%	28.8%	21.7%
	看護学	273	55	5	333
		17.4%	1.2%	0.6%	4.8%
	教育学	54	484	68	606
		3.4%	10.8%	8.2%	8.8%
	心理学	71	392	74	537
		4.5%	8.7%	8.9%	7.8%
	その他	79	547	162	788
		5.0%	12.2%	19.6%	11.5%
合計		1,569	4,485	827	6,881
		100.0%	100.0%	100.0%	100.0%

表4-8　性別の状況

		乳児院	児童養護施設	母子生活支援施設	合計
性別	女	1,494	2,926	650	5,070
		93.9%	64.4%	76.7%	72.6%
	男	95	1,608	196	1,899
		6.0%	35.4%	23.1%	27.2%
	その他	2	7	1	10
		0.1%	0.2%	0.1%	0.1%
合計		1,591	4,541	847	6,979
		100.0%	100.0%	100.0%	100.0%

表4-9　満年齢（年代）

		20歳代以下	30歳代	40歳代	50歳代	60歳代	70歳以上	合計
種別	乳児院	495	354	378	306	52	3	1,588
		31.2%	22.3%	23.8%	19.3%	3.3%	0.2%	100.0%
	児童養護施設	1,859	1,218	732	552	168	7	4,536
		41.0%	26.9%	16.1%	12.2%	3.7%	0.2%	100.0%
	母子生活支援施設	187	223	173	179	81	3	846
		22.1%	26.4%	20.4%	21.2%	9.6%	0.4%	100.0%
合計		2,541	1,795	1,283	1,037	301	13	6,970
		36.5%	25.8%	18.4%	14.9%	4.3%	0.2%	100.0%

表4-10　勤務経験年数

		3年未満	3～5年	6～9年	10～19年	20～29年	30年以上	合計
種別	乳児院	477	257	204	255	109	59	1,361
		35.0%	18.9%	15.0%	18.7%	8.0%	4.3%	100.0%
	児童養護施設	1,223	773	604	859	259	168	3,886
		31.5%	19.9%	15.5%	22.1%	6.7%	4.3%	100.0%
	母子生活支援施設	288	143	112	155	27	19	744
		38.7%	19.2%	15.1%	20.8%	3.6%	2.6%	100.0%
合計		1,988	1,173	920	1,269	395	246	5,991
		33.2%	19.6%	15.4%	21.2%	6.6%	4.1%	100.0%

表4-11 資格の保有（複数回答）

	乳児院	児童養護施設	母子生活支援施設	合計
保育士	1,187	2,398	395	3,980
	74.7%	52.9%	46.7%	57.1%
社会福祉士	82	516	183	781
	5.2%	11.5%	21.9%	11.3%
看護師	288	55	3	346
	18.3%	1.2%	0.4%	5.0%
臨床心理士	30	134	18	182
	1.9%	3.0%	2.2%	2.6%

表4-12 子育て経験の有無

		乳児院	児童養護施設	母子生活支援施設	合計
自身の子育て経験があるか	はい	585	1,482	428	2,495
		36.8%	32.7%	50.5%	35.8%
	いいえ	1,004	3,055	419	4,478
		63.2%	67.3%	49.5%	64.2%
合計		1,589	4,537	847	6,973
		100.0%	100.0%	100.0%	100.0%

表4-13　施設・機関種別による専門性

施設・機関	乳児院		児童養護施設		母子生活支援施設		合計	
	中央値	平均値	中央値	平均値	中央値	平均値	中央値	平均値
17. 児童の発達段階の特徴について知っている。	7.00	6.96	7.00	6.39	6.00	6.29	7.00	6.51
18. 児童の発達段階に応じた支援をすることができる。	7.00	6.49	6.00	6.11	6.00	6.04	6.00	6.19
19. 児童がかかりやすい病気の特徴について知っている。	7.00	6.76	6.00	5.94	6.00	5.99	6.00	6.13
20. 児童がかかりやすい病気の特徴を考慮しながら仕事をしている。	7.00	6.88	6.00	6.08	6.00	6.04	6.00	6.26
21. 児童の最善の利益という言葉の意味について知っている。	7.00	6.72	7.00	6.76	7.00	6.43	7.00	6.71
22. 児童の最善の利益という視点に立って仕事をしている。	7.00	6.75	7.00	6.76	7.00	6.80	7.00	6.76
23. 児童を理解しようとしている。	9.00	8.62	9.00	8.42	8.00	8.38	9.00	8.46
24. 児童を理解できている。	7.00	6.48	6.00	6.04	6.00	6.13	6.00	6.15
25. 自分（あなた）自身を理解しようとしている。	8.00	7.45	8.00	7.40	8.00	7.51	8.00	7.43
26. 自分（あなた）自身を理解できている。	7.00	6.67	7.00	6.56	7.00	6.67	7.00	6.60
27. 児童の日常生活支援に関して、自らの専門職としての能力は高い。	6.00	5.92	6.00	5.54	6.00	5.50	6.00	5.62
28. 児童の心身の発達を促す支援に関して、自らの専門職としての能力は高い。	6.00	5.76	5.00	5.40	5.00	5.37	5.00	5.48
29. 児童の自立への支援に関して、自らの専門職としての能力は高い。	5.00	5.38	5.00	5.35	6.00	5.40	5.00	5.36
30. 児童の保護者への対応に関して、自らの専門職としての能力は高い。	5.00	5.20	5.00	5.19	6.00	5.61	5.00	5.24
31. 地域資源の活用に関して、自らの専門職としての能力は高い。	5.00	4.53	5.00	4.79	5.00	5.17	5.00	4.78
32. 他の職種との連携に関して、自らの専門職としての能力は高い。	6.00	5.52	5.00	5.32	6.00	5.49	5.00	5.39
33. 他の施設・機関との連携に関して、自らの専門職としての能力は高い。	5.00	4.76	5.00	5.03	5.00	5.29	5.00	5.00
34. 制度理解に関して、自らの専門職としての能力は高い。	5.00	4.79	5.00	4.76	5.00	5.06	5.00	4.80
35. 1年前よりも、自らの専門職としての能力は大きく向上した。	6.00	6.10	6.00	6.04	6.00	6.05	6.00	6.05
36. 自らの施設・機関は、他の同種別の施設・機関と比べて、専門性の水準が高い。	6.00	5.75	6.00	5.65	6.00	5.88	6.00	5.70
37. 職場内で研修を受ける機会が十分にある。	6.00	6.30	7.00	6.46	6.00	6.28	7.00	6.40
38. 職場外で研修を受ける機会が十分にある。	6.00	6.27	7.00	6.57	7.00	6.94	7.00	6.55
39. 職場外の勉強会・研究会に参加する機会が十分にある。	6.00	5.92	6.00	6.23	7.00	6.62	6.00	6.21
40. 職場外の勉強会・研究会で報告する機会が十分にある。	5.00	5.27	5.00	5.54	6.00	5.68	5.00	5.49

基礎的専門性（17〜26）　応用的専門性（27〜36）

領域	No.	項目								
研修環境	41	職場内の会議でケース報告をする機会が十分にある。	6.74	7.00	7.13	8.00	6.70	7.00	6.64	7.00
	42	職場内の会議でケース報告に対するコメントをする機会が十分にある。	6.61	7.00	7.07	7.00	6.59	7.00	6.41	7.00
	43	職場内でスーパービジョンを受ける機会が十分にある。	5.48	5.00	5.61	6.00	5.55	6.00	5.22	6.00
	44	職場外でスーパービジョンを受ける機会が十分にある。	4.66	5.00	4.78	5.00	4.76	5.00	4.32	5.00
	45	スーパービジョンを積極的に受けたいと思っている。	6.94	7.00	7.19	7.00	7.03	7.00	6.57	7.00
	46	スーパーバイザーとしての技量を高めるための研修を積極的に受けたいと思っている。	6.32	6.00	6.30	6.00	6.37	6.00	6.16	6.00
職業倫理	47	専門職団体の倫理綱領の内容について詳しく知っている。	5.30	5.00	5.60	6.00	5.30	5.00	5.13	5.00
	48	専門職団体の倫理綱領の内容を日々の実践の中で実行出来ている。	5.04	5.00	5.26	5.00	5.03	5.00	4.95	5.00
	49	施設協議会などの倫理綱領（又は職員行動指針）の内容について詳しく知っている。	5.28	5.00	5.54	5.00	5.30	5.00	5.06	5.00
	50	施設協議会などの倫理綱領（又は職員行動指針）の内容を日々の実践の中で実行出来ている。	5.11	5.00	5.28	5.00	5.13	5.00	4.94	5.00
	51	傾聴することの意義について詳しく知っている。	6.65	7.00	7.02	7.00	6.66	7.00	6.42	7.00
	52	傾聴することができる。	6.54	7.00	6.96	7.00	6.51	7.00	6.39	7.00
	53	自己決定を支えることの意義について詳しく知っている。	6.19	6.00	6.64	7.00	6.30	6.00	5.64	6.00
	54	自己決定を支援することができる。	6.03	6.00	6.50	7.00	6.16	6.00	5.40	5.00
	55	自らの専門性をより高めたいと思っている。	8.32	9.00	8.30	9.00	8.31	9.00	8.37	9.00
	56	自らの専門性を高めるための取り組みを自ら積極的に行っている。	6.29	6.00	6.47	7.00	6.30	6.00	6.14	6.00
就労環境	57	同僚に仕事の相談をすることができる。	7.48	8.00	7.35	8.00	7.50	8.00	7.48	8.00
	58	上司や経験者に仕事の相談をすることができる。	7.11	8.00	7.20	8.00	7.20	8.00	6.81	8.00
	59	自分の年収に満足している。	4.85	5.00	5.18	5.00	4.79	5.00	4.83	5.00
	60	休暇を取りやすいと感じている。	4.98	5.00	6.32	7.00	4.79	5.00	4.79	5.00
	61	今の職場を誇りに感じている。	6.66	7.00	6.89	7.00	6.66	7.00	6.53	7.00
	62	社会的養護分野の仕事に誇りを感じている。	7.65	8.00	7.57	8.00	7.64	8.00	7.71	8.00
	63	今の仕事に満足している。	6.29	7.00	6.36	7.00	6.28	7.00	6.29	7.00
	64	今の仕事を続けていきたいと感じている。	6.43	7.00	6.49	7.00	6.44	7.00	6.38	7.00
	65	自らの専門性を高めやすい職場である。	6.05	6.00	6.41	7.00	6.07	6.00	5.77	6.00
	66	幸せである。	6.99	7.00	7.33	8.00	6.90	7.00	7.10	8.00

表4-14 施設種別の合計点

種別		基礎的専門性 17-26 合計	応用的専門性 27-36 合計	職業倫理47-56 合計	研修環境37-46 合計	就労環境57-66 合計
乳児院	中央値	71.00	55.00	59.00	60.00	66.00
	平均値	69.76	53.75	58.39	59.05	63.77
児童養護 施設	中央値	67.00	54.00	62.00	62.00	65.00
	平均値	66.46	53.10	61.02	61.83	64.28
母子生活 支援施設	中央値	67.00	56.00	65.00	64.00	69.00
	平均値	66.25	54.81	63.54	63.63	67.09
合計	中央値	68.00	54.00	61.00	62.00	66.00
	平均値	67.19	53.46	60.73	61.42	64.50

各合計点名の数字は調査項目の番号を指す

表4-15 職種別の各合計点

職種		基礎的専門性 17-26 合計	応用的専門性 27-36 合計	職業倫理47-56 合計	研修環境37-46 合計	就労環境57-66 合計
保育士	中央値	68.00	53.00	58.00	61.00	65.00
	平均値	67.29	52.21	57.69	60.73	63.68
児童指導 員	中央値	66.00	53.00	63.00	62.00	65.00
	平均値	65.53	52.59	61.93	62.09	64.31
看護職	中央値	74.00	59.00	62.00	57.00	64.00
	平均値	72.98	56.87	61.25	56.58	62.15
母子支援 員	中央値	69.00	60.00	67.00	66.00	70.00
	平均値	68.08	57.45	65.34	64.74	68.37
少年指導 員	中央値	64.00	52.00	62.00	63.00	65.00
	平均値	62.63	49.78	60.64	61.68	63.91
心理職	中央値	68.00	57.00	71.00	59.00	64.00
	平均値	68.06	55.63	70.58	59.03	63.08
専門相談 員	中央値	75.00	63.00	68.00	67.00	72.00
	平均値	73.36	61.44	67.97	65.52	70.06
その他	中央値	69.00	59.00	65.00	66.00	71.00
	平均値	66.19	56.84	61.68	62.24	68.65
合計	中央値	68.00	54.00	61.00	62.00	66.00
	平均値	67.18	53.44	60.73	61.40	64.48

各合計点名の数字は調査項目の番号を指す

表4-16 最終学歴別合計点

最終学歴		基礎的専門性 17-26 合計	応用的専門性 27-36 合計	職業倫理47-56 合計	研修環境37-46 合計	就労環境57-66 合計
専門学校	中央値	70.00	56.00	61.00	62.00	66.00
	平均値	68.73	54.95	59.86	61.70	65.00
短期大学	中央値	69.00	54.00	59.00	63.00	66.00
	平均値	67.98	53.59	58.67	61.57	64.78
大学	中央値	67.00	53.00	63.00	62.00	65.00
	平均値	65.97	52.51	61.93	61.38	64.11
大学院	中央値	69.00	59.00	72.00	61.00	64.00
	平均値	68.69	57.21	70.78	60.51	62.67
その他	中央値	66.00	53.00	58.00	63.00	68.00
	平均値	65.56	51.55	57.77	60.19	66.05
合計	中央値	68.00	54.00	61.00	62.00	66.00
	平均値	67.20	53.45	60.74	61.42	64.49

各合計点名の数字は調査項目の番号を指す

表4-17 最終学歴の専攻別合計点

専攻		基礎的専門性 17-26 合計	応用的専門性 27-36 合計	職業倫理47-56 合計	研修環境37-46 合計	就労環境57-66 合計
保育学	中央値	68.00	53.00	59.00	62.00	66.00
	平均値	67.52	52.88	58.39	61.88	64.49
社会福祉学	中央値	67.00	54.00	65.00	63.00	66.00
	平均値	67.12	54.08	64.10	62.45	64.67
看護学	中央値	73.00	59.00	62.50	58.00	65.00
	平均値	72.57	56.85	61.21	57.29	62.46
教育学	中央値	67.00	54.00	62.00	61.00	66.00
	平均値	65.97	53.44	61.08	60.75	65.10
心理学	中央値	67.00	55.00	66.00	59.00	64.00
	平均値	66.29	53.06	65.16	59.26	62.63
その他	中央値	67.00	55.00	61.00	64.00	67.00
	平均値	65.58	53.80	60.71	61.88	65.92
合計	中央値	68.00	54.00	61.00	62.00	66.00
	平均値	67.22	53.50	60.81	61.48	64.50

各合計点名の数字は調査項目の番号を指す

Ⅳ-2-(2) 年齢と経験の視点

Ⅳ-2-(2)-A　専門性（基礎的専門性、応用的専門性、職業倫理）の状況

　各項目の合計点について、年齢と経験を組み合わせた8群に分けて見た。基礎的専門性と応用的専門性では、全体的な傾向として、年齢と経験が積み上がるにつれて得点が高くなっていることがわかる（**図4-1**、**図4-2**）。さらに、経験5年未満よりも経験5年以上の群が、また応用的専門性よりも基礎的専門性の方が高めとなっている。全体的に伸びているが、基礎的専門性において、「30歳代で経験5年未満」の群にわずかであるが点数の低い層がいる。職業倫理の項目もおおむね同じような傾向であるが、やはり「30歳代で経験5年未満」に他の群にはない低い層がいる。また「50歳以上経験5年未満」はおおむね他の群よりも高めであるが、一部低い層がいる（**図4-3**）。

Ⅳ-2-(2)-B　職場環境（研修環境、就労環境）の状況

　同じように各項目の合計点について、年齢と経験を組み合わせた8群に分けて分析を行った。こちらは、専門性の項目とは異なる。研修環境では、経験5年以上の群では、年齢とともにわずかながら上がっていくが、経験5年未満の群では大きく変わらない。特に、「30歳代で経験5年未満」の群が他の群より下がっている（**図4-4**）。

　就労環境では、5年以上の群に年齢とともに上がっていく傾向が見られているが、経験5年未満の群には「50歳代以上」でわずかに上がるものの、大きな変化が見られていない。特に、「30歳代で経験5年未満」の群は他よりも低くなっている（**図4-5**）。

Ⅳ-2-(2)-C　項目間の関連

　基礎的専門性、応用的専門性、職業倫理、研修環境、就労環境の合計点における種別の差、職種の差についてKruskal-Wallis検定を行ったところ、**表4-18**のような種別と職種間で有意差が見られた（Bonferroni調整後、p<0.01）。

Ⅳ-2-(3) 学歴と専攻による違い

Ⅳ-2-(3)-A　専門性（基礎的専門性、応用的専門性、職業倫理）の状況

　専門性の各合計点を最終学歴で見ると、基礎的専門性は「専門学校」70.00（68.73）（以下、中央値、カッコ内は平均値）、応用的専門性と職業倫

理は「大学院」が59.00（57.21）と72.00（70.78）と高くなっている（**表4-16**）。基礎的専門性と応用的専門性は、全体として、専門学校よりも短期大学が、短期大学よりも大学がより低い傾向となっている。

　最終学歴の専攻では、基礎的専門性と応用的専門性は「看護学」が73.00（72.57）と59.00（56.85）と高く、職業倫理は「心理学」が66.00（65.16）と高い（**表4-17**）。さらに、「福祉領域」として大きな分類に入る「保育学」と「社会福祉学」であるが、基礎的専門性については「保育学」が、応用的専門性と職業倫理では「社会福祉学」が高めとなっていて特徴の違いがある。

Ⅳ－2－（3）－B　職場環境（研修環境、就労環境）の状況

　研修環境では、最終学歴について、全体的に大きな違いは見られないものの、応用的専門性で高かった「大学院」が最も低い評価となっている。専攻では、先述の基礎的専門性や応用的専門性で最も高かった「看護学」が最も低く、「その他」「社会福祉学」は全体的に高めとなっている。

　就労環境では、最終学歴について、こちらも大学院が低い。専攻では、基礎的専門性や応用的専門性が高めであった「心理学」が最も低くなっている。また「看護学」も研修環境と同様で低めの群となっている。「その他」は高めになっている。

Ⅳ－2－（3）－C　項目間の関連

　基礎的専門性、応用的専門性、職業倫理、研修環境、就労環境の合計点における最終学歴、専攻の差について、Kruskal-Wallis検定を行った（**表4-18**）。最終学歴について、基礎的専門性で、「大学」は「専門学校」や「短期大学」と比べて低く有意差が見られている。応用的専門性について、「大学院」は「短期大学」や「大学」より高く有意差が見られている（**表4-18**）。基礎的専門性や応用的専門性において、「看護学」は、他の専攻との間に有意差が見られた。研修環境では「看護学」が最も低く、「保育学」「社会福祉学」「その他」との間に有意差がある。

　学歴や専攻は、今回の分析で、専門性や職場の評価に特徴的な要因であることが示唆されている。学歴と専攻を合わせて見ると、組み合わせには一定の偏りが見られる（**表4-19**）。「看護学」は、最終学歴「専門学校」が77.2％で最も多い。「保育学」は「短期大学」が59.6％で最も多い。「社会福祉学」

や「教育学」は、「大学」が81.2％と80.7％と最も多い。「大学院」の中では、「心理学」が38.6％と最も多い。専攻「その他」は、「大学」が51.5％で最も多い。併せて最終学歴「その他」は全体の3.3％ではあるが、229名いる。

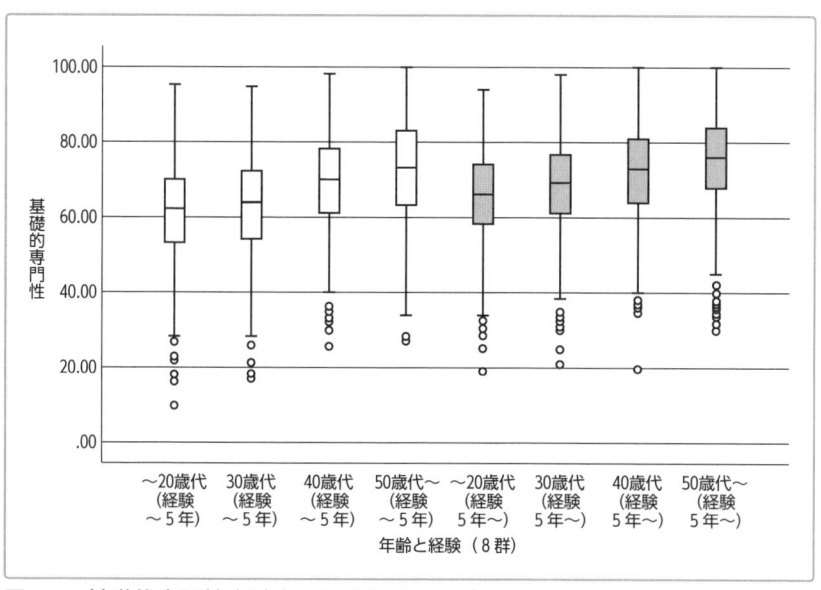

図4-1　基礎的専門性合計点と経験年数カテゴリ

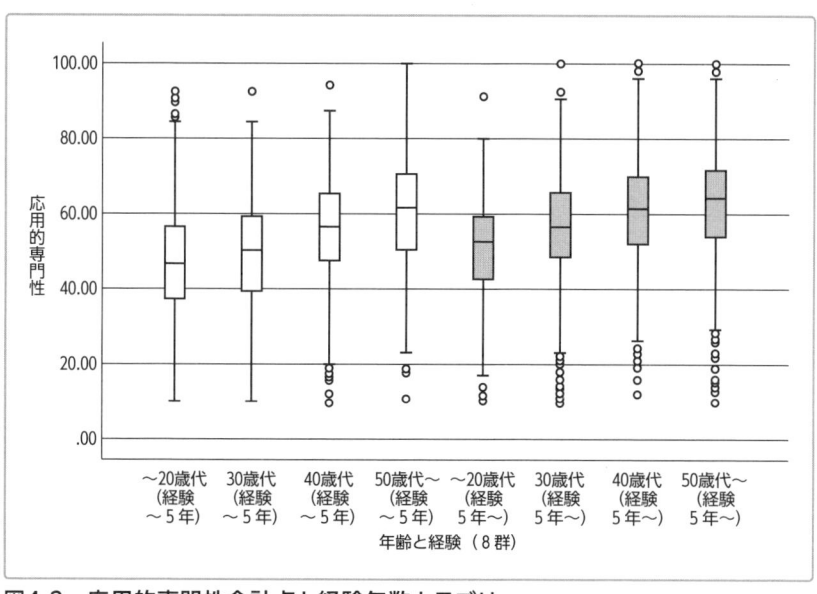

図4-2　応用的専門性合計点と経験年数カテゴリ

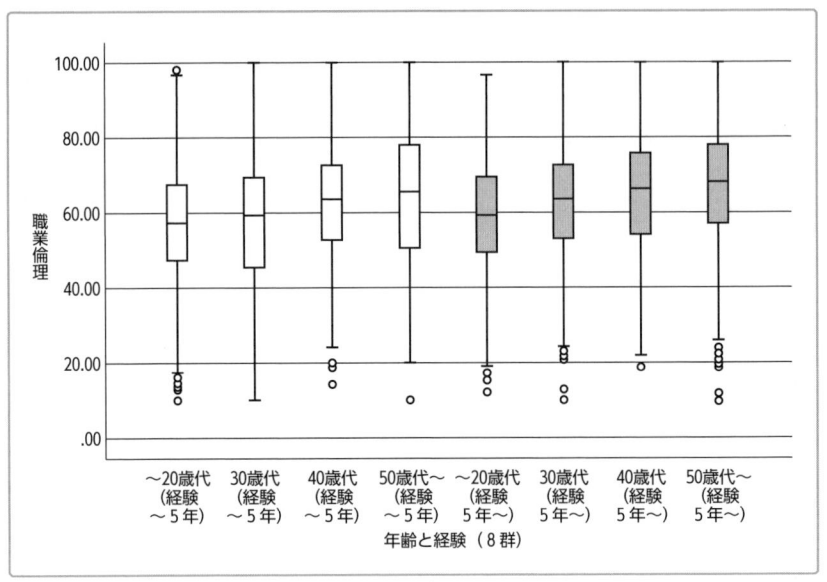

図4-3　職業倫理合計点と経験年数カテゴリ

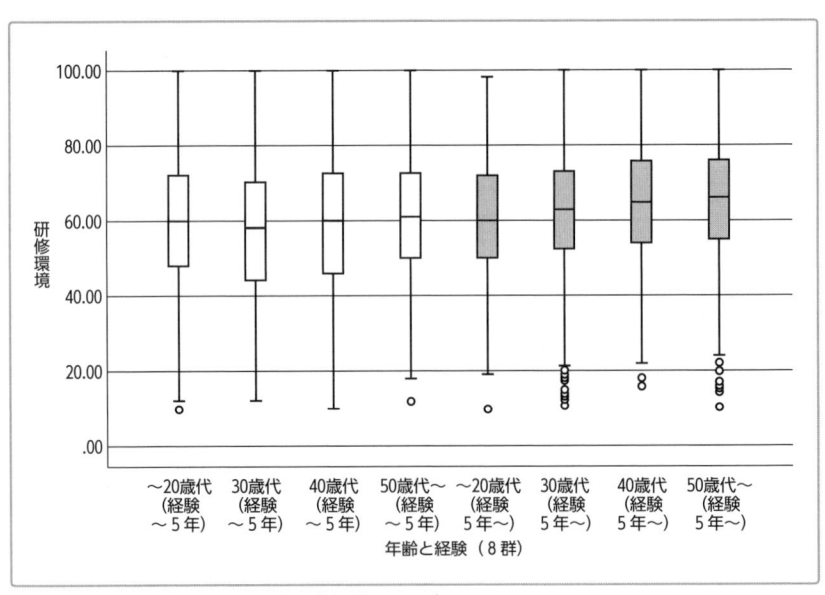

図4-4　研修環境合計点と経験年数カテゴリ

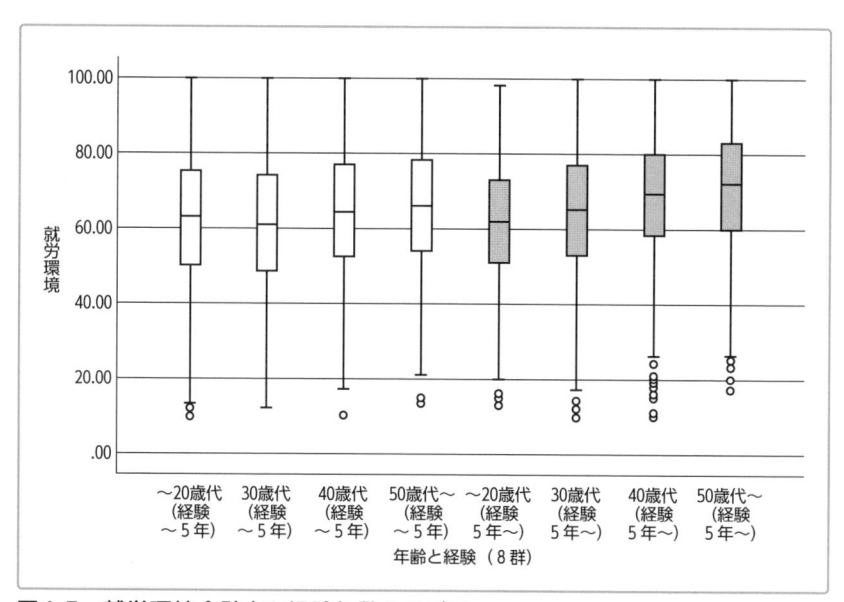

図4-5　就労環境合計点と経験年数カテゴリ

表4-18　項目間の関連（p<0.01のみ掲載、カッコ内は平均得点）

基礎的専門性合計点
母子生活支援施設（66.25）－乳児院（69.76） 児童養護施設（66.46）－乳児院（69.76）
大学（65.97）－短期大学（67.98） 大学（65.97）－専門学校（68.73）
保育学（67.52）－看護学（72.57） 社会福祉学（67.12）－看護学（72.57） 教育学（65.97）－看護学（72.57） 心理学（66.29）－看護学（72.57） その他（65.58）－看護学（72.57）
少年指導員（62.63）－保育士（67.29） 少年指導員（62.63）－心理職（68.06） 少年指導員（62.63）－母子支援員（68.08） 少年指導員（62.63）－看護職（72.98） 少年指導員（62.63）－専門相談員（73.36） 児童指導員（65.53）－保育士（67.29） 児童指導員（65.53）－母子支援員（68.08） 児童指導員（65.53）－看護職（72.98） 児童指導員（65.53）－専門相談員（73.36） その他（66.19）－看護職（72.98） その他（66.19）－専門相談員（73.36） 保育士（67.29）－看護職（72.98） 保育士（67.29）－専門相談員（73.36） 心理職（68.06）－看護職（72.98） 心理職（68.06）－専門相談員（73.36） 母子支援員（68.08）－看護職（72.98） 母子支援員（68.08）－専門相談員（73.36）
応用的専門性合計点
児童養護施設（53.10）－母子生活支援施設（54.81）
大学（52.51）－専門学校（54.95） 大学（52.51）－大学院（57.21） その他（51.55）－大学院（57.21） 短期大学（53.59）－大学院（57.21）
保育学（52.88）－看護学（56.85） 心理学（53.06）－看護学（56.85） 教育学（53.44）－看護学（56.85）
少年指導員（49.78）－心理職（55.63） 少年指導員（49.78）－看護職（56.87） 少年指導員（49.78）－その他（56.84） 少年指導員（49.78）－母子支援員（57.45） 少年指導員（49.78）－専門相談員（61.44） 保育士（52.21）－心理職（55.63）

保育士（52.21）－看護職（56.87）
保育士（52.21）－その他（56.84）
保育士（52.21）－母子支援員（57.45）
保育士（52.21）－専門相談員（61.44）
児童指導員（52.59）－看護職（56.87）
児童指導員（52.59）－その他（56.84）
児童指導員（52.59）－母子支援員（57.45）
児童指導員（52.59）－専門相談員（61.44）
心理職（55.63）－専門相談員（61.44）
看護職（56.87）－専門相談員（61.44）
その他（56.84）－専門相談員（61.44）
母子支援員（57.45）－専門相談員（61.44）

「職業倫理」合計点

乳児院（58.39）－児童養護施設（61.02）
乳児院（58.39）－母子生活支援施設（63.54）
児童養護施設（61.02）－母子生活支援施設（63.54）

保育学（58.39）－看護学（61.21）
その他（60.71）－看護学（61.21）
看護学（61.21）－社会福祉学（64.10）
社会福祉学（64.10）－心理学（65.16）

保育士（57.69）－少年指導員（60.64）
保育士（57.69）－看護職（61.25）
保育士（57.69）－児童指導員（61.93）
保育士（57.69）－その他（61.68）
保育士（57.69）－母子支援員（65.34）
保育士（57.69）－専門相談員（67.97）
保育士（57.69）－心理職（70.58 ）
少年指導員（60.64）－母子支援員（65.34）
少年指導員（60.64）－専門相談員（67.97）
少年指導員（60.64）－心理職（70.58）
看護職（61.25）－専門相談員（67.97 ）
看護職（61.25）－心理職（70.58）
児童指導員（61.93）－母子支援員（65.34）
児童指導員（61.93）－専門相談員（67.97）
児童指導員（61.93）－心理職（70.58）
その他（61.68）－専門相談員（67.97）
その他（61.68）－心理職（70.58）
母子支援員（65.34）－心理職（70.58）

「研修環境」合計点

児童養護施設（61.83）－母子生活支援施設（63.63）

看護学（57.29）－保育学（61.88）
看護学（57.29）－社会福祉学（62.45）
看護学（57.29）－その他（61.88）
心理学（59.26）－社会福祉学（62.45）

看護職 (57.29) −保育士 (60.73)
看護職 (57.29) −その他 (62.24)
看護職 (57.29) −母子支援員 (64.74)
看護職 (57.29) −専門相談員 (65.52)
心理職 (55.63) −母子支援員 (64.74)
心理職 (55.63) −専門相談員 (65.52)
保育士 (60.73) −母子支援員 (64.74)
保育士 (60.73) −専門相談員 (65.52)

「就労環境」合計点
児童養護施設 (64.28) −母子生活支援施設 (67.09)

心理学 (62.63) −その他 (65.92)

看護職 (62.15) −母子支援員 (68.37)
看護職 (62.15) −その他 (68.65)
看護職 (62.15) −専門相談員 (70.06)
心理職 (63.08) −母子支援員 (68.37)
心理職 (63.08) −その他 (68.65)
心理職 (63.08) −専門相談員 (70.06)
保育士 (63.68) −母子支援員 (68.37)
保育士 (63.68) −その他 (68.65)
保育士 (63.68) −専門相談員 (70.06)
少年指導員 (63.91) −専門相談員 (70.06)
児童指導員 (64.31) −母子支援員 (68.37)
児童指導員 (64.31) −その他 (68.65)
児童指導員 (64.31) −専門相談員 (70.06)

Kruskal-Wallis 検定、Bonferroni 調整後

表4-19 最終学歴と専攻

		専攻						
		保育学	社会福祉学	看護学	教育学	心理学	その他	合計
最終学歴	専門学校	767	127	257	3	1	74	1,229
		24.7%	8.5%	77.2%	0.5%	0.2%	9.4%	17.9%
	短期大学	1,851	105	31	93	11	100	2,191
		59.6%	7.0%	9.3%	15.3%	2.1%	12.7%	31.9%
	大学	478	1,215	32	489	315	405	2,934
		15.4%	81.2%	9.6%	80.7%	58.8%	51.5%	42.7%
	大学院	1	36	3	18	207	17	282
		0.0%	2.4%	0.9%	3.0%	38.6%	2.2%	4.1%
	その他	11	13	10	3	2	190	229
		0.4%	0.9%	3.0%	0.5%	0.4%	24.2%	3.3%
合計		3,108	1,496	333	606	536	786	6,865
		100.0%	100.0%	100.0%	100.0%	100.0%	100.0%	100.0%

Ⅳ−2−（4）社会的養護施設の種別による特徴

　次に、専門性の積み上げや職場の評価について、グループ化した視点に沿って、社会的養護施設の種別による比較を行った。グループ化は、先の「Ⅳ−2−（2）年齢と経験の視点」で取り上げた8群により行った。全体と各種別の比較のうち、特に違いや特徴の見られるところを取り上げることとする。

Ⅳ−2−（4）−A　専門性の特徴

Ⅳ−2−（4）−A−（A）　基礎的専門性

　基礎的専門性の合計点では、種別全体で見ると、経験年数にかかわらず、年齢が積み上がるにつれて得点が高くなる傾向が見られる（図4-6-1）。3種別の中でも特に「乳児院」が経験年数「5年未満」「5年以上」とも、「20歳代未満」から「50歳代以上」まで年齢とともに着実に上がっていく（図4-6-2）。これに対して、「児童養護施設」は、「30歳代で経験5年未満」の20歳代に対しての伸びが見られなくなっている（図4-6-3）。「母子生活支援施設」は、「経験5年未満」で「50歳代以上」、「経験5年以上」で「30歳代」が相対的に低くなっている（図4-6-4）。

Ⅳ−2−（4）−A−（B）　応用的専門性

　次に応用的専門性の合計点では、種別全体で見ると、経験年数にかかわらず、やはり年齢が積み上がるにつれて得点が高くなる傾向が見られる（図4-7-1）。3種別の比較では、特に「乳児院」で「50歳代以上」が他の種別や年齢に比べても最も顕著に高くなっている（図4-7-2）。他方で、低いところは、「母子生活支援施設」で「30歳代で経験5年未満」に他の種別や年齢、経験に比べても、最も低い層が含まれていることがわかる（図4-7-4）。「母子生活支援施設」は、応用的専門性について、全体としては他の種別に比べて得点が高かったが、経験や年齢で一部低い評価となっている者がおり、差が広がっていることがわかる。

Ⅳ−2−（4）−A−（C）　職業倫理

　職業倫理の項目は、自己の専門性を客観的に捉える評価の項目となっている。種別全体で見ると、経験年数にかかわらず、やはり年齢が積み上がるにつれて得点が高くなる傾向が見られる（図4-8-1）。基礎的専門性で年齢とと

もに上がっていた「乳児院」は、「30歳代で経験5年未満」、そして「児童養護施設」の「50歳代以上で経験5年未満」、さらに「母子生活支援施設」は経験年数にかかわらず、「30歳代」と「50歳代以上で経験5年以上」の群で得点が低くなっている。「母子生活支援施設」は、職業倫理が、全体としては他の種別に比べて最も高かったが、一部の年齢経験群で他の種別に比べても低くなっていることがわかる（**図4-8-4**）。

Ⅳ-2-(4)-B　職場環境

Ⅳ-2-(4)-B-(A)　研修環境

研修環境は、種別全体で見ると、「経験5年未満」の「30歳代」「40歳代」で他の経験年齢群に比べて評価が低くなっている（**図4-9-1**）。種別の比較では、「児童養護施設」の「30歳代で経験5年未満」、「母子生活支援施設」の「50歳代以上で経験5年未満」は他の群に比べて顕著に評価が低くなっている。

「経験5年以上」で見ると、どの種別でも共通して、おおむね年齢が上がるごとに評価が高くなっている傾向がある。ただ「母子生活支援施設」は、他の種別と異なり「20歳代以下」から「40歳代」は大きな変化はなく、他の種別に比べて全年齢で高めとなっている（**図4-9-4**）。

Ⅳ-2-(4)-B-(B)　就労環境

就労環境は、種別全体では「経験5年以上」では年齢とともに上がっていく傾向がある（**図4-10-1**）。種別で見ると、「母子生活支援施設」のみ「30歳代」「40歳代」に変化がないが、この種別は全体として、他の種別に比べて評価が高い（**図4-10-4**）。

他方で、「経験5年未満」では、種別全体では、「30歳代」で評価が低めとなっている（**図4-10-1**）。種別の比較では、「乳児院」「児童養護施設」で「30歳代」が低めとなっている（**図4-10-2**、**4-10-3**）。「母子生活支援施設」では、他の種別に比べて「30歳代で経験5年未満」の群は低くはなっていないが、「50歳代以上で経験5年未満」が低く、この年齢経験群は、先ほどの研修環境と同じく低い傾向となっている（**図4-10-4**）。

図4-6　基礎的専門性合計点と年齢と経験

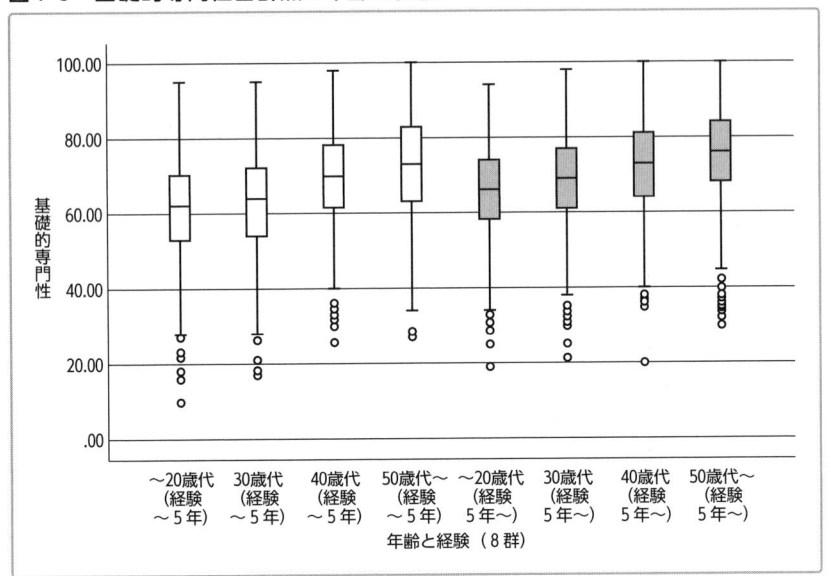

図4-6-1　全体

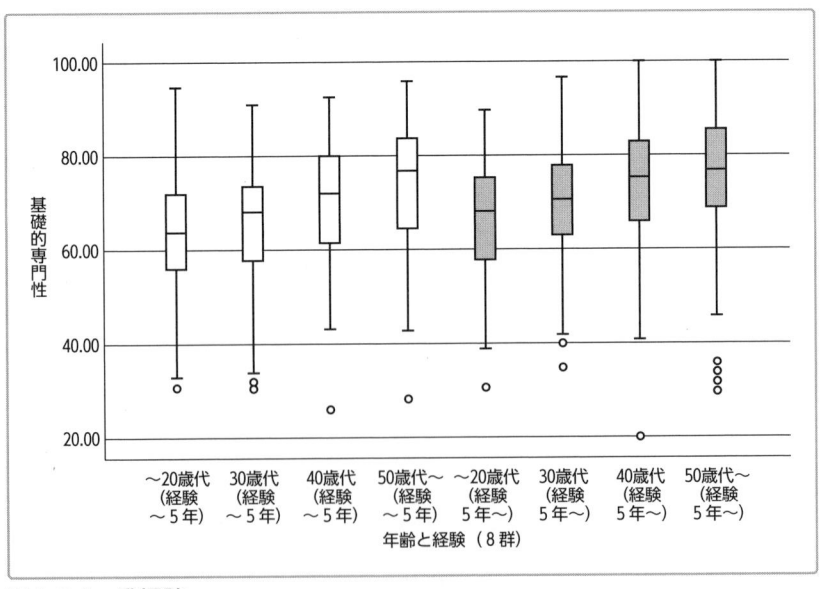

図4-6-2　乳児院

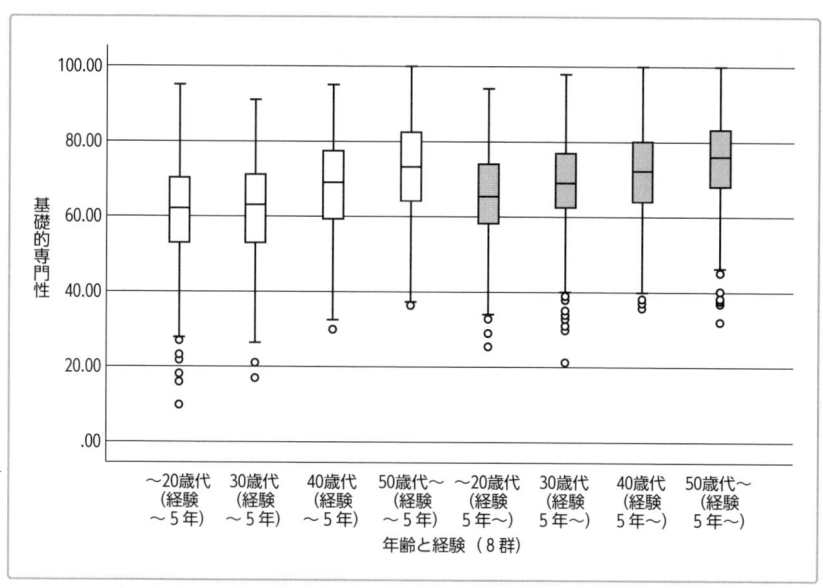

図4-6-3　児童養護施設

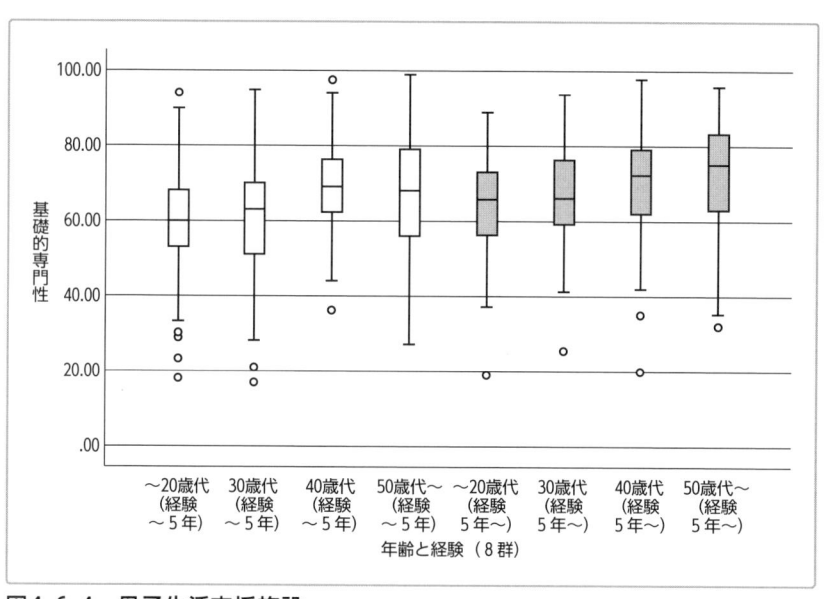

図4-6-4　母子生活支援施設

図4-7 応用的専門性合計点と年齢と経験

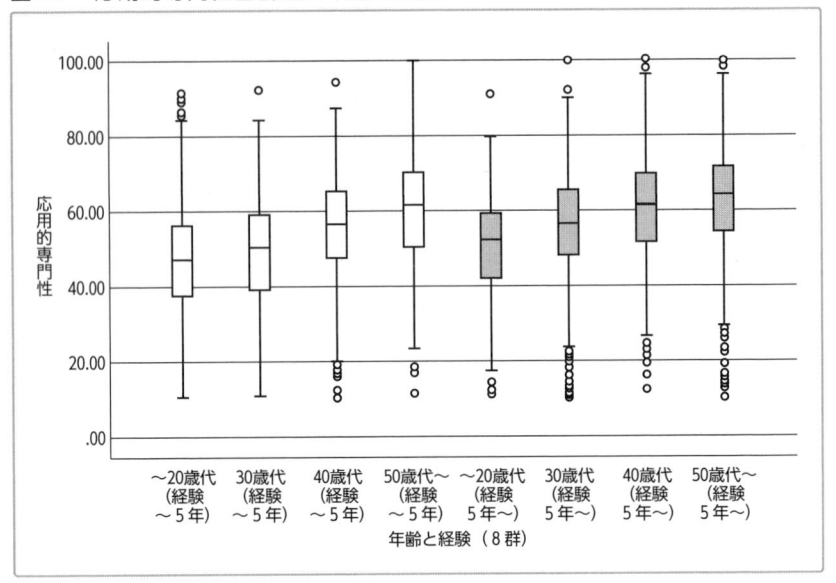

図4-7-1　全体

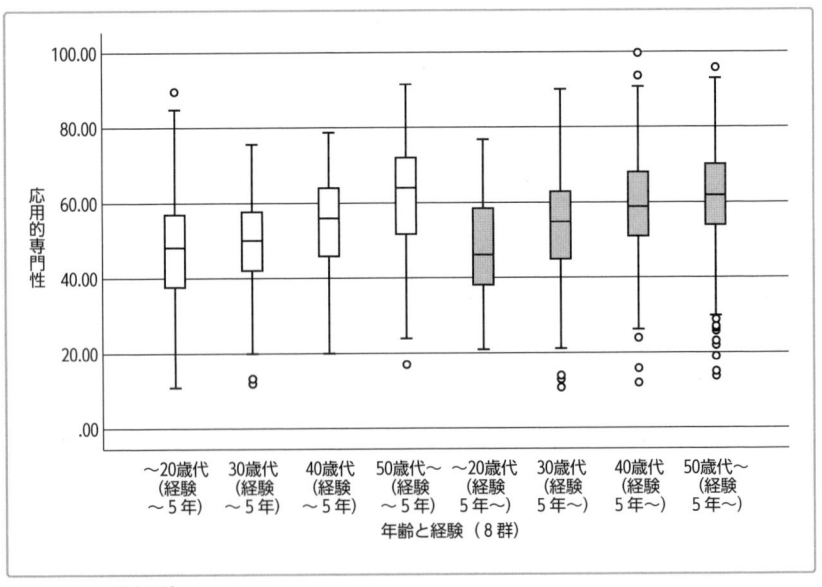

図4-7-2　乳児院

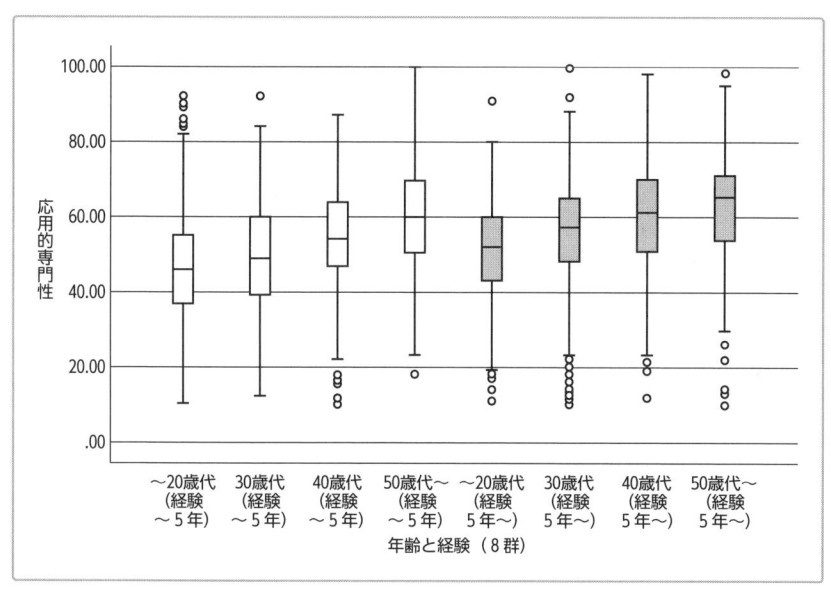

図4-7-3　児童養護施設

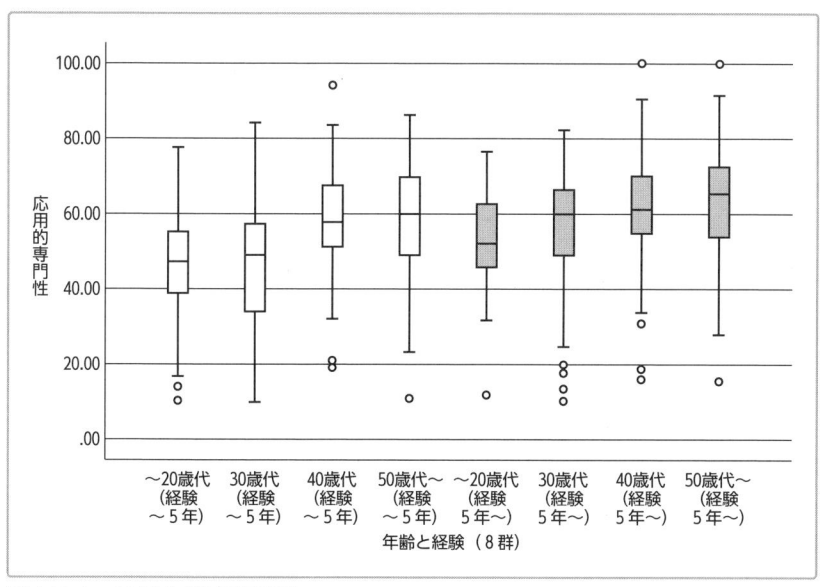

図4-7-4　母子生活支援施設

図4-8　職業倫理合計点と年齢と経験

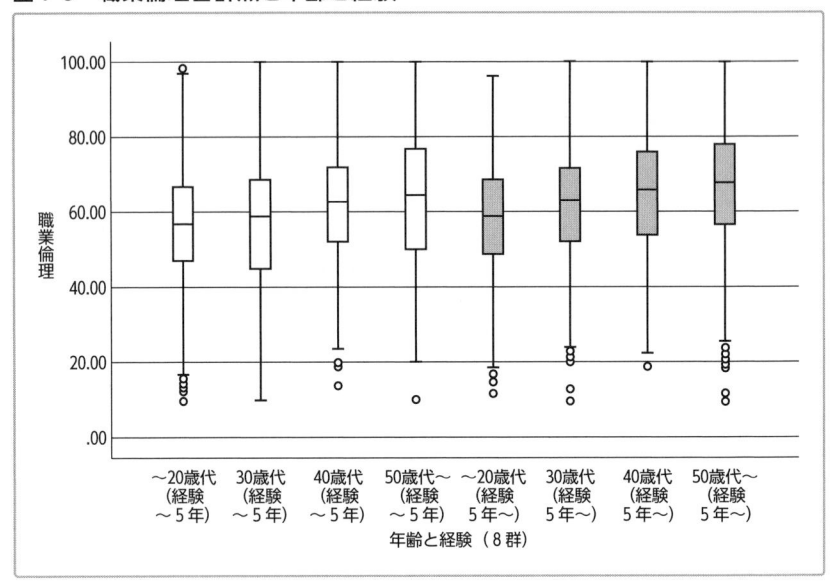

図4-8-1　全体

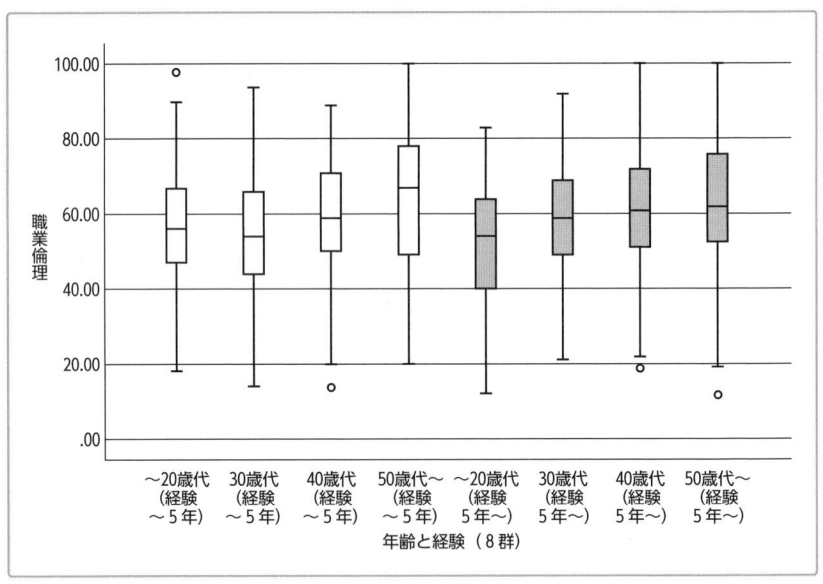

図4-8-2　乳児院

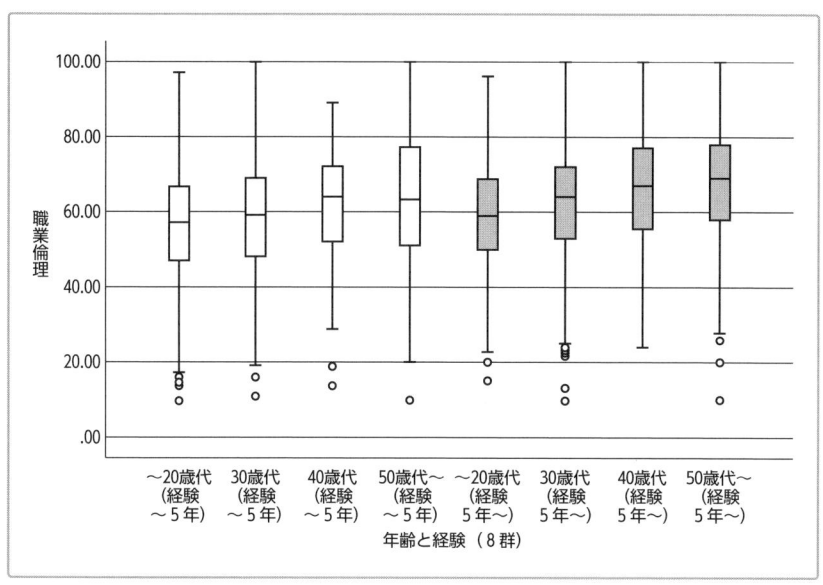

図4-8-3　児童養護施設

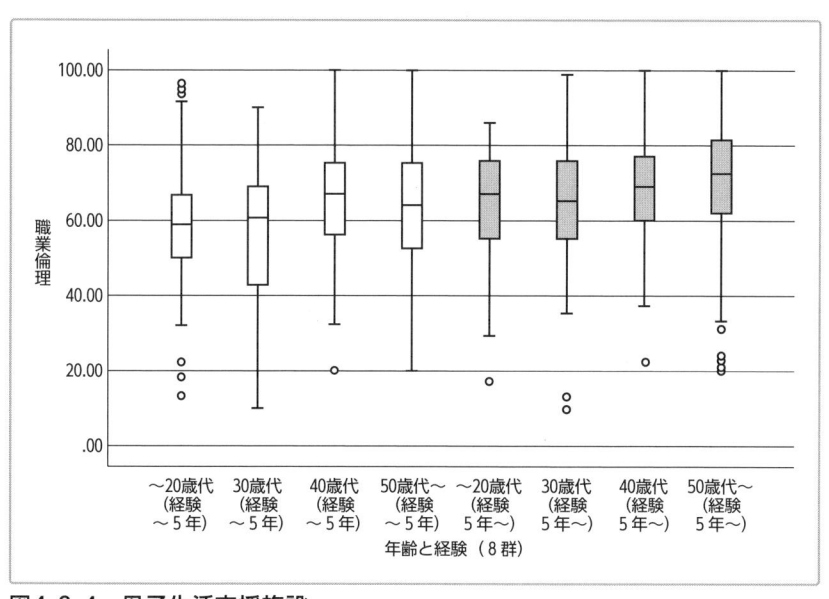

図4-8-4　母子生活支援施設

図4-9 研修環境合計点と年齢と経験

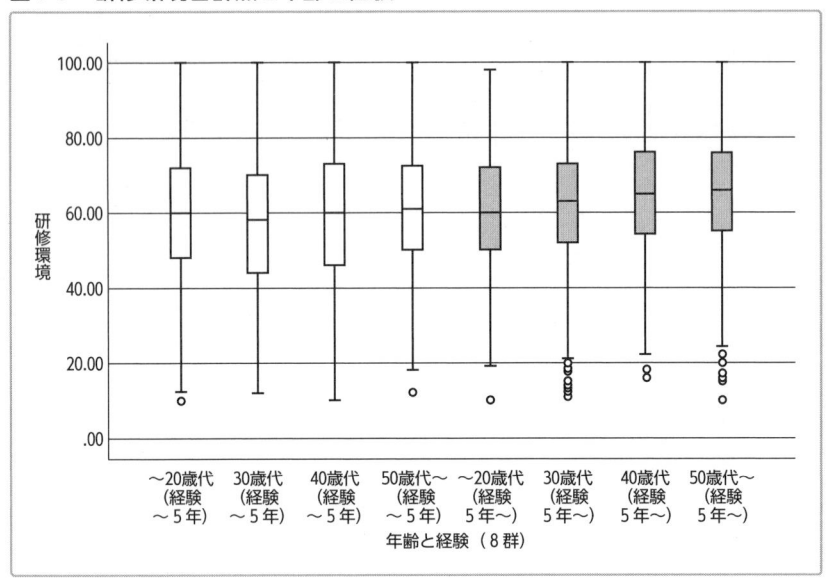

図4-9-1 全体

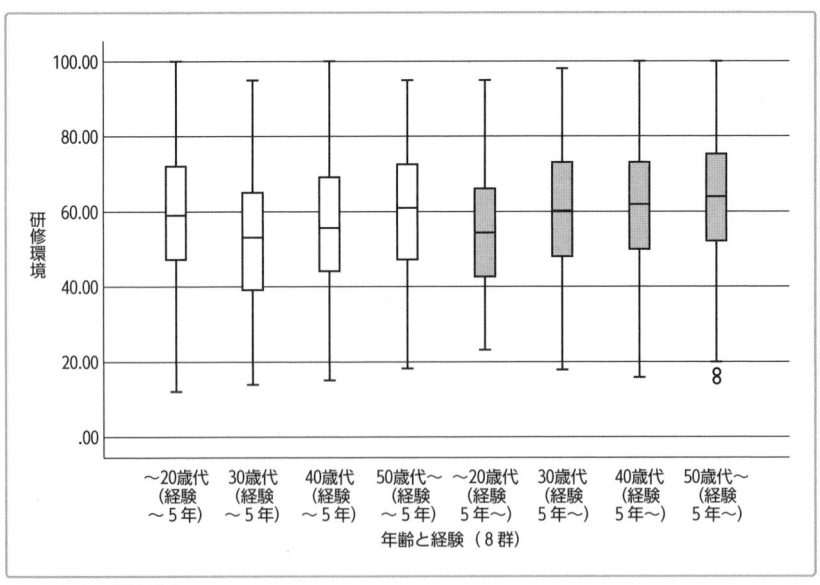

図4-9-2 乳児院

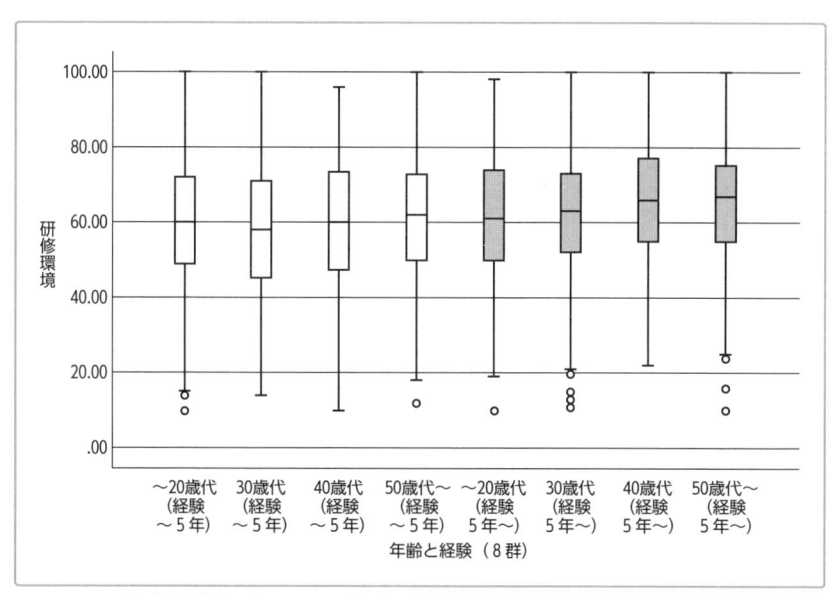

図4-9-3　児童養護施設

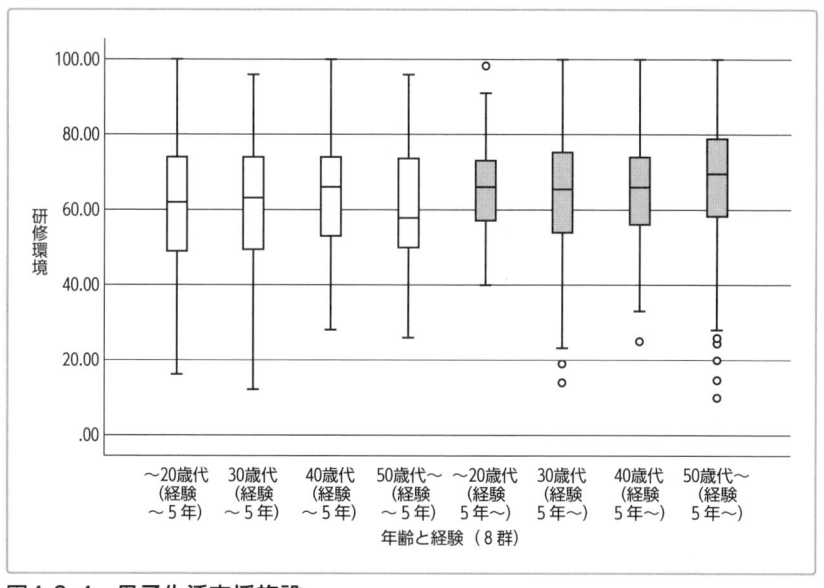

図4-9-4　母子生活支援施設

図4-10　就労環境合計点と年齢と経験

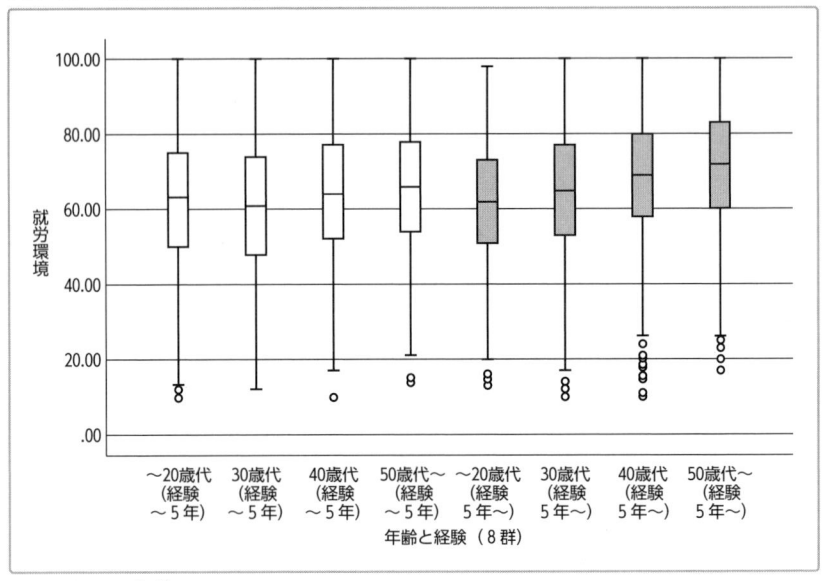

図4-10-1　全体

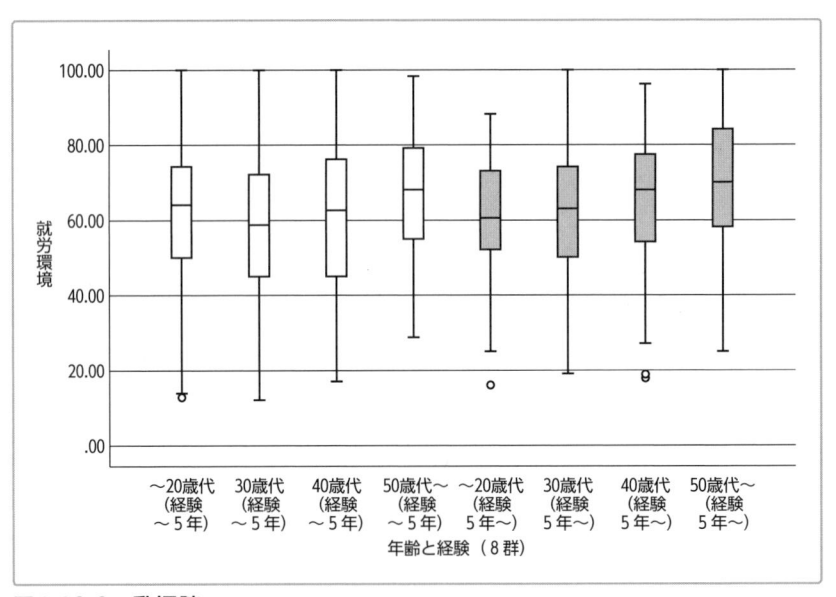

図4-10-2　乳児院

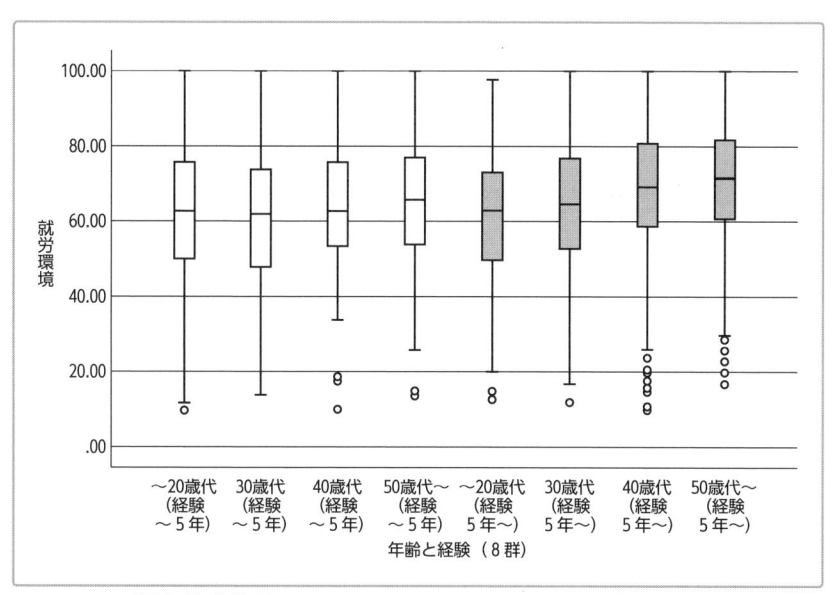

図4-10-3　児童養護施設

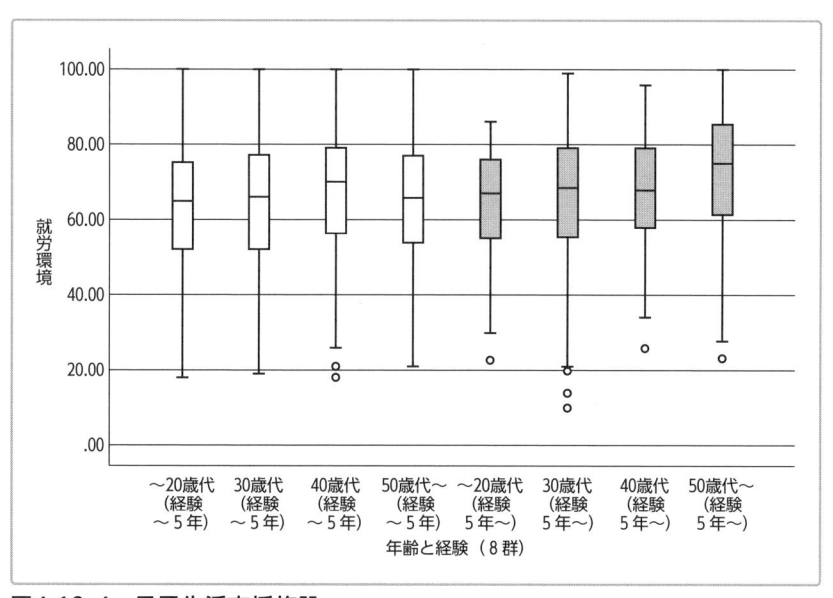

図4-10-4　母子生活支援施設

IV-3 考察

IV-3-(1) 専門性の特徴

IV-3-(1)-A 基礎的専門性

　本研究では、各項目の合計点について、年齢と経験を組み合わせた8群に分けて分析した（IV-1-(2)-B 分析の方法）。基礎的専門性は、児童の理解に直接関わる発達段階や病気等の項目についての専門性であるが、経験にかかわらず、年齢とともにおおむね得点が上がっていく傾向となった。他方で、基本属性に分けて見ていくと、群により違いが見えてくる。検定結果（表4-18）も勘案していくと、種別では「乳児院」、職種では「看護職」、最終学歴では「専門学校」「短期大学」や、最終学歴専攻で「看護学」が他の属性に比べて高くなっている。「看護学」の専攻は「専門学校」が多いことから、これらの背景を持つ専門職は、受けてきた教育が児童の生活の現場に密接に関わりながら職務が展開する中で、自己の専門性を実感できるという特徴があると考えられる。また、「母子支援員」「専門相談員」も基礎的専門性が有意に高くなっている。ここには、職場でこうした専門相談に当たる職種に就くに当たり一定の年齢や経験を積んでいる背景があり、この群は、専門性の実感を職務上持ちやすい背景となっていると考えることができる。

　児童に直接的に関わることで、児童に関わる基礎的専門性は実感しやすいというように見えるものの、さらに細かく見ていくと一括りにできないことがわかる。職種による違いとして、児童指導員や少年指導員は、看護職や保育士に比べて低めとなっている。これらの専門職は、保育士に比べると主に関わる年齢の範囲が広く、学齢期や思春期の児童に範囲が広がっている。こうした専門職に見られる、基礎的な専門性の項目にあるような児童の理解への自己評価の低さは、幅広い年齢の児童と直接関わることで自己の専門性の実感が持ちづらくなるという特徴を示唆しているとも考えることができる。

個別項目では、こうした基本属性に関係なく全体として、「23.児童を理解しようとしている」の得点が高いのに対して、「24.児童を理解できている」の得点は他の項目に比べて顕著に低くなっている（**表4-13**）。このような児童の理解に対する自己評価からは、この専門職の自らの仕事に対する姿勢と、そこから返ってくる自己の仕事の成果が見えづらい専門性や職務の状況が示唆される。とりわけ、「児童養護施設」「母子生活支援施設」では、「経験5年未満」で「30歳代」「50歳代以上」という、年齢は低くないが経験が高くない者について、得点が低くなっている状況は、こうした職場での専門性の実感の課題を示唆している。

Ⅳ－3－（1）－B　応用的専門性

　応用的専門性は、児童の直接的な理解から発展して、自立支援、地域資源の活用、他職種連携といった、自己の能力の実感を見えやすくする仕事の広がりに関わる専門性の自己評価を示している。基礎的専門性よりも全体的に、得点は低かった。そうした中でも同様に「看護職」は、得点が高い傾向がある。他方で、種別では「母子生活支援施設」、職種では「母子支援員」「専門相談員」が高い。さらに、最終学歴では「大学院」が圧倒的に多く、最終学歴専攻「心理学」や職種「心理職」も有意に高い。こうした基本属性の者は、児童の生活からは一定の距離感を持ちながらも、児童の全体的な理解や生活全般を見通しながら支援の仕事をしていく専門職の業務特性がある。こうした専門職にとって、自己の専門性について業務をとおして実感しやすい傾向があることを示唆している。

　基礎的専門性が相対的に低めとなっていた「児童指導員」「少年指導員」は、応用的専門性でも有意に低かった。これらの職種は、児童の生活に直接的に関わりながらも、業務としては、地域資源の活用や他職種連携に関わる機会が「専門相談員」に比べると限定的となっていることが想定される。業務上の役割分担とも考えることができるものの、児童の身の回りに関わりながら、自己の仕事をどれほど児童のより広い環境や人生全体に拡げて位置づけができるかについては課題となっていると考えられる。また、年齢と経験の群では、「30歳代で経験5年未満」とりわけ「母子生活支援施設」に低い者がある。「母子生活支援施設」は、「児童養護施設」に比べて、応用的専門

性の得点は全体として有意に高いものの、一部の年齢経験群により、差が大きいことが専門性の育ちの課題と考えることができる。

Ⅳ−3−(1)−C　職業倫理

職業倫理の項目は、自己の専門性を客観的に捉える評価の項目であるが、「乳児院」「母子生活支援施設」で「30歳代で経験5年未満」の群に得点が低く、経験年数が低い中で仕事をしていく際に、こうした視点を持つことの難しさを示唆している。特に、「倫理綱領」に関する理解や仕事への活用などに関する項目は全体的に得点が低く、職種では「保育士」、そして基礎的専門性や応用的専門性の得点が高い「看護職」が反対に低い傾向となっている。とりわけ、「乳児院」「児童養護施設」で、年齢は低くないが経験も長くない、こうした職種の者は、児童に直接関わる専門性の実感は高いが、自己の仕事を客観的に捉えていく視点についての課題があることを示唆している。

Ⅳ−3−(2)　人材育成に関わる共通の課題

Ⅳ−3−(2)−A　職場環境全体における人材育成の課題

職場環境を構成する研修環境や就労環境の項目合計点は、おおむね経験年数が低い群で低く、年数とともに、得点が上がっていく傾向が見られる。これは、長く働けば環境が良くなると認識されていると読める。しかし、経験年数が低い群にとって、本来職場に入って求められる職場内外の研修の機会、勉強会、スーパービジョン（SV）等の環境が必ずしも十分と感じられていない実態を表しているともいえる。年齢も経験も低い群を「新人組」とすれば、「新人組」職員にとって、経験年数5年以上の群と比べて、仕事を続ける意欲の差が出ていることが示唆される。年齢と経験を組み合わせて研修環境を見ると、種別全体で「30歳代で経験5年未満」、「乳児院」ではさらに「40歳代で経験5年未満」、「母子生活支援施設」では「50歳代以上で経験5年未満」の者に、職場内外の研修や勉強会のニーズがある（**図4-9**）。この群は、年齢は「新人組」のように低くないが経験年数は低く、いわば「転職組」のような職員を多く含んでいることが考えられる。さらに就労環境を見ると、やはり種別全体で「30歳代で経験5年未満」の者、「母子生活支援施設」では「50歳代以上で経験5年未満」の者が他の群より低くなっている

（図4-10）。研修環境や就労環境の各個別項目と年齢と経験群の差につい
て、Kruskal-Wallis検定を行ったところ、全ての項目で有意差が見られた
（Bonferroni調整後、p<0.01）。特に、「40. 職場外の勉強会・研究会で報告す
る機会が十分にある」「43. 職場内でスーパービジョンを受ける機会が十分に
ある」「44. 職場外でスーパービジョンを受ける機会が十分にある」は、いず
れも中央値が低い項目である。これらの項目で、施設種別全体で「30歳代で
経験5年未満」は、他の年齢経験群との間で有意に低い状況がある。さらに
「59. 自分の年収に満足している」では、経験にかかわらず施設種別全体で
「20歳代」が有意に低い状況もあり、人材育成ニーズへの対応が必要である
と考えることができる。

Ⅳ−3−（2）−B　スーパービジョン（SV）の課題

　人材育成の課題でとりわけ鍵と考えられるのが、スーパービジョン（SV）
へのニーズである。職場で専門職として専門性を高めて仕事をしていくため
に、職場内外のSVが重要な要素であることがわかる（表4-13）。職場内の
SVは、研修環境と就労環境の個別調査項目全体に相関があり（p<0.01）、研
修の状況だけでなく、職場に誇りを持って仕事ができたり、専門性を高めや
すいと感じられたりする就労環境の各項目にも関係している。しかし、職場
内SVは、年齢が低く、経験が浅い群でニーズがある（図4-11）。検定で
は、「30歳代で経験5年未満」と「経験5年以上」の群、さらに「50歳代以
上で経験5年以上」と「経験5年未満」の各年代、「50歳代以上で経験5年
未満」との間で有意差が見られた。このことは、本来、職場に配置されて専
門性を確立していく「若手組」職員（年齢が低い群）、「転職組」職員（年齢
は低くないが経験が低い群）において、年齢や経験年数が高い群との間で機
会の差があることを示唆する。職場外SVの機会もまた、項目全体に相関が
あり（p<0.01）、検定では、「30歳代で経験5年未満」と「40歳代で経験5年
以上」「50歳代以上で経験5年以上」との間、「20歳代で経験5年以上」と
「40歳代で経験5年以上」「50歳代以上で経験5年以上」との間、「30歳代で
経験5年以上」と「50歳代以上で経験5年以上」との間で有意差が見られ
た。ここから、年齢の低い群と、年齢や経験年数の高い群との間で、職場外
のSVの機会の差についての課題が示唆された。

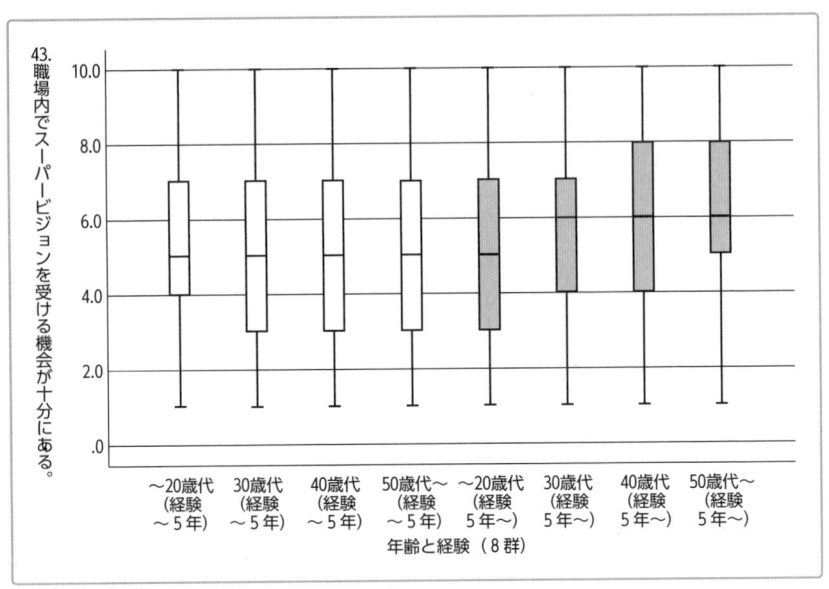

図4-11　職場内SVと経験年数カテゴリ

Ⅳ−3−(2)−C　学歴・専攻

　学歴と専攻の状況から、人材育成の課題は、どのような教育背景を持って
この現場に入って仕事をするかによりニーズが異なってくることであるとわ
かる。最終学歴と専門性の成長の視点では、「専門学校」「短期大学」に比べ
て「大学」は、授業の時間や科目数を多く学んでいると考えられるが、基礎
的専門性、応用的専門性いずれも得点が低い傾向となっている（**表4-16**）。
「専門学校」は、「大学」に比べて社会的養護の実務的な学習内容をより多く
習得すると考えると、そうした実務面の専門性の観点で、現場に入ってから
の自己の専門性の実感が持ちやすいと考えることができる。それに対して、
「大学」は、より多くの科目設定の中で専門を掘り下げて、より抽象的な思
考を学ぶ傾向が強いと考えると、学習内容をそのまま社会的養護の現場に持
ち込んで、自己の専門性を実感しながら仕事をしていくことに若干の難しさ
があるのかもしれない。他方で、職業倫理の項目は、自己の仕事を客観的に
捉える視点の専門性を取り上げていると考えているが、「専門学校」に比べ
て「大学」の方が高くなる。こうした最終学歴による専門性の違いを考える

ことができる。

　最終学歴専攻では、いわゆる「福祉領域」として一括りにされることもある「保育学」「社会福祉学」であるが、専門性の特徴が異なる。基礎的専門性は「保育学」、応用的専門性は「社会福祉学」の者がそれぞれ1ポイント程度高い。併せて、職業倫理では「社会福祉学」の方が6ポイント程度高くなっており、福祉領域でも専門性の特徴の違いを示唆している。

　専攻別の比較では、「看護学」が基礎的専門性・応用的専門性ともに最も得点が高い。職業倫理は「心理学」が高い。「看護学」は、受けてきた教育的背景から、社会的養護の現場に入って自己の専門性を実感しやすいことがわかる。他方で、職場の評価となる研修環境や就労環境については、「心理学」と「看護学」が最も評価が低い。自己の習得してきた専門やスキルに対して、職場が十分に適していない、あるいは職場が応えてくれない、というニーズと捉えることもできる。社会的養護の現場における専門職の属性として、最終学歴と専攻の関係には、一定の偏りが見られている。「看護学」を専攻する者の77.2％は「専門学校」、最終学歴「大学院」の者の73.4％が「心理学」となっている（**表4-19**）。さらに「看護学」は、年齢で見ると、他の専攻に比べて、高年齢に偏りが見られる（**図4-12**）。看護学教育における専門学校と4年制大学の背景の違いか、あるいは前職も含めた職歴でこうした傾向が出ているのかは、今回の調査ではこれ以上追跡することはできない。社会的養護の現場は、成人対象の病院等の職場と異なり、児童を中心に研修環境や就労環境が構成されると考えられる。看護実習や医療の看護現場での職務では、社会的養護に比べて、職員集団で仕事をしていく職務遂行上の違いや、身近に指導する者が常時いるかどうかという違いがあるとも考えられる。

　「心理学」は、臨床心理資格の背景と年齢の状況を考慮すると、「大学院」を修了してから社会的養護の現場にそのまま入ってきている者が多いと考えられる。社会的養護において心理療法を担当する専門職として、「保育職」や「児童指導員」と比べて、児童との距離感の違い（遠さ）が専門性の実感の違いにつながり、また職場の評価の低さにつながっていることが考えられる。こうした特定の学歴属性の者に、専門性の実感が高く、職場評価が低い

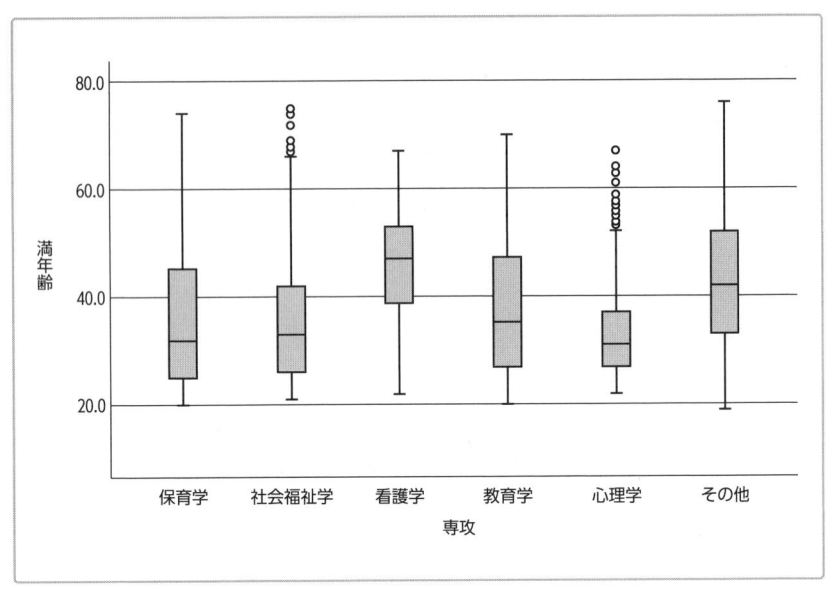

図4-12　年齢と専攻

という状況があることは、職場や職務適応の観点で、人材育成の課題を示唆している。

　社会的養護の専門職で興味深い特徴は、専攻「その他」が11.4％と多数ではないが一つの群を成していることである。大きい集団ではないものの、基礎的専門性・応用的専門性が高めで、研修環境や就労環境の評価が他の専攻に比べて最も高い。年齢は、他の専攻に比べて高めとなっており、一定の社会経験も持ちながらこの仕事をしていると考えることができる。前職の状況などは追跡が難しいが、こうした多様な教育属性を持つ人材が専門職として働いている状況は、この現場の専門性の特徴と職場適応の長所を表していると考えることができる。

Ⅳ−3−（2）−D　性別と子育て経験

　性別と子育て経験の有無について、基礎的専門性、応用的専門性、職業倫理、そして研修環境、就労環境、さらに経験年数との間で相関を見た。性別は「就労環境」以外の全ての項目との間で、子育て経験は全ての項目で有意差が見られた（p<0.01）。基礎的専門性は「女性」が高く、応用的専門性は

「男性」が高い。研修環境は「女性」の評価が低く、就労環境は「男性」の評価が低い。経験年数は、「女性」の方が2ポイント近く高かった。こうした性別の状況は、社会的養護の専門職や職場のあり方について、一元的なジェンダーの視点で捉えられない特性を示唆している。研修や職場環境の改善に際して、得点の低かった事項の実態を課題として参考にすることはできるが、総合的な捉え方については、性別による年齢構成の違い（年齢中央値女性34.0、男性35.0）もあり、ジェンダーの視点は慎重に扱っていく必要がある。

　子育て経験は、ありの者が、専門性（基礎的専門性、応用的専門性、職業倫理）、職場の評価（研修環境、就労環境）とも全てに高くなっている。さらに、経験年数も子育て経験ありの者が長くなっており、この専門職としての専門性や職場の適性を示唆している（**表4-20**）。

表4-20 性別と子育て経験の有無

性別		基礎的専門性 17-26 合計	応用的専門性 27-36 合計	職業倫理47-56 合計	研修環境37-46 合計	就労環境57-66 合計	経験年数 (年月合計)
女	中央値	68.00	54.00	60.00	61.00	66.00	4.92
	平均値	67.53	52.85	59.89	60.68	64.65	7.88
男	中央値	67.00	56.00	64.00	64.00	65.00	6.83
	平均値	66.30	55.08	62.97	63.41	64.08	9.12
その他	中央値	61.00	42.00	63.00	51.50	66.00	2.42
	平均値	62.20	43.30	60.20	51.30	60.90	3.34
合計	中央値	68.00	54.00	61.00	62.00	66.00	5.00
	平均値	67.19	53.44	60.73	61.41	64.49	8.21

自身の 子育て経験があるか		基礎的専門性 17-26 合計	応用的専門性 27-36 合計	職業倫理47-56 合計	研修環境37-46 合計	就労環境57-66 合計	経験年数 (年月合計)
はい	中央値	73.00	61.00	66.00	64.00	69.00	8.92
	平均値	71.71	59.20	64.12	63.06	67.94	11.54
いいえ	中央値	65.00	51.00	59.00	61.00	64.00	3.92
	平均値	64.70	50.27	58.87	60.50	62.59	6.36
合計	中央値	68.00	54.00	61.00	62.00	66.00	5.00
	平均値	67.20	53.46	60.74	61.41	64.50	8.22

各合計点名の数字は調査項目の番号を指す

Ⅳ−4 結論

ここでは、社会的養護の3種別施設に焦点化して、専門性と職場環境の実態を職員の自己評価から数量的に把握し、職場環境における人材育成の課題を明らかにしようとした。

社会的養護の専門職における専門性の特徴としては、どのような教育属性を持ち、どのような職務についているかによって、育つ専門性の特性が異なっていることがあげられる。福祉領域として区分されることが多い「保育学」「社会福祉学」の属性は、自己の専門性の実感が異なり、仕事の難しさも異なっている。基礎的専門性については、特に、「乳児院」や「看護職」という属性の者にとっては、基礎的専門性に見られる、低年齢の児童に直接的に関わる職務と、自己の専門性が結びついて展開している特徴が示唆されている。他方で、「児童指導員」「少年指導員」の属性の者にとっては、学齢期以上の児童に直接的に関わる職務に対して、自己の専門性の結びつきが実感しづらいという特徴を示唆している。これは、児童に直接的に関わる職務について、児童の年齢が高くなるほど、生活の主導性が、専門職よりは児童の側にあることと関係していることが考えられる。項目「児童を理解しようとしている」が高いのに対し、項目「児童を理解できている」が顕著に低くなっていることを取り上げた。自らの仕事に対する姿勢と、そこから返ってくる自己の仕事の成果の見えづらさが、この専門職の持つ専門性や職務の特徴を表しているといえる。

応用的専門性の項目にあるような内容については、基礎的専門性に比べると自己の専門性の実感が持ちづらい。「専門相談員」といった属性は、一定の経験値とともに職務に配置され、児童との直接的なやり取りだけでなく、他職種連携や地域資源の活用といったより広い職務に関わる。このことから、経験とともに仕事の幅が広がることをとおして、自己の専門性を実感で

きる特徴がある。職業倫理の専門性は、自己の仕事を客観的に捉えるものであり、低年齢の児童に直接的に関わる者や、「母子生活支援施設」のように児童と母親に間接的に関わる現場において経験年数の低い者にとっては、実感が持ちづらい特徴がある。児童の身の回りに関わりながら、自己の仕事を、どれほど児童のより広い環境や人生全体に拡げて位置づけができるかについては、課題となっていると考えられる。

　子育て経験があることは、この専門職の専門性の実感にとって重要な属性となっている。また、多様な学歴属性を持つ専攻「その他」の者は、この現場に入ってきて、自己の専門性をある程度実感しやすくなっている。それは、社会的養護の専門職が、児童の生活や人生への多面的な関わりを必要とすることに関係しているともいえる。こうした状況は、この現場が多様な人材によって構成されることの特徴と意義を示唆していると考えられる。

　社会的養護における人材育成の課題は、専門職の属性群（年齢や経験年数）によりニーズが異なることを前提に見ていく必要が示唆された。職場の環境は、本来、年齢が低い者や経験年数が低い者にとって手厚くあるべきであると考えられるが、本研究では、研修環境の中でも、職場内外の勉強会等やSVについて、年齢や経験年数が低い群から、充実していると受け止められていない傾向が見られた。ここから、年齢が若く経験年数の低い「新人組」の仕事の継続と、新人への職場研修の意義や効果の伝え方について、今後さらに具体化していく必要性があると考えられる。

　職場内外のSVの機会は、職場環境や仕事への意欲を構成する重要な要素であることがわかった。年齢と経験を組み合わせて見ると、種別全体で「30歳代で経験5年未満」にニーズが示唆された。種別で見ると、「乳児院」の「30歳代で経験5年未満」や、「母子生活支援施設」の「50歳代以上で経験5年未満」の者に評価が低い。この群は、年齢は「新人組」のように低くないが経験年数は低い、いわば「転職組」のような職員を多く含んでおり、SVの機会の確保は社会的養護の人材特性を踏まえた人材育成における重要な課題となっている。

　また、学歴や専攻といった学歴属性との関係で、研修や就労環境のニーズを捉えていくことは重要であることがわかる。特に、自己の専門性の評価が

高いが職場の評価が低い群があり、さらにその群の中に、異なる学歴属性の者があることが明らかになり、上記の専門性の特徴の違いに分けて、こうした属性と現在の職務との関係で研修や就労環境のニーズを分けて見ていく必要が示唆された。

　本調査の限界として、全国の抽出調査による傾向となっていることと、地域特性について考慮することができていないといった設計の限界がある。併せて、回答者の職務経歴の調査・分析はできていない。また、専門性の実態を自己評価の方法により把握し分析していることがある。既述のように、自己の仕事への意味づけや動機づけの観点から分析することに重点を置いていたが、他者（例えば同僚や上司）による客観的な評価把握の視点は踏まえられていないことから、そうした視点を取り入れることは今後の課題であると考えられる。

1）調査対象施設・機関は、全国の社会的養護分野の施設（乳児院・児童養護施設・母子生活支援施設）とした。調査対象者は、「常勤」専門職としているが、対象者数については、例えば社会福祉施設等調査の統計が参考にできるものの、現員は、常勤と非常勤の任用変更を含めて変動することが想定される。国、地方公共団体、また各施設団体に問い合わせたが、現員の正確な情報を手に入れることができなかった。また、本研究「Ⅲ」の調査と同様に、勤務の実態として、法人内の「専門職」「正規」「非正規」の定義による違いや、法人内の兼職を含むなど正確な現員を把握する統計がない。そこで、「1日8時間で週5日勤務を常態としている職員」という定義を示した上で、想定される調査対象者数を若干上回る「社会福祉施設等調査」の従事者数に相当する数の調査票を各施設へ配付し、実際の配付対象の判断を施設長へ委任した。各種別の配付票数は、乳児院4510、児童養護施設1万6390、母子生活支援施設1830であった（総数2万2730）。

2）自己評価の位置づけについては、本研究「Ⅲ」の注記に記載している分析視点と同じ考え方に沿っている。自治体調査からの変更点は、集団を明確に区分しやすくするために中間を外し偶数選択肢とし、より近接する施設種別の比較を行うことから、把握の精度を上げるため、5件法から10件法としたこと、職場環境の項目で「スーパービジョン」の意向、就労環境の項目で「上司や経験者」との関係や「職場」の認知についてより詳しく調査する項目を追加したことである。

3）調査項目の設計については、自治体調査（本研究「Ⅲ」注記）に記した団体等との調査票設計作業を踏まえている。

4）本調査の結果は、速報から中間報告的な成果として、全ての調査項目に回答のあった票に絞った分析を小林・中原・新保（2020）にまとめている。これとは別に、本研究「Ⅲ」で取り上げた一自治体の児童相談所と社会的養護施設を対象とした調査研究を行った結果は、小林・新保（2021）に報告している。本調査対象である児童養護施設等の一部施設は、対象が重なるが、調査の時期、対象全体の設定、調査項目等は異なり別の調査となっている。

引用参考文献

・小林理・中原慎二・新保幸男（2020）「社会的養護における専門職の人材育成に関する実態と課題——職場研修のニーズを中心に」『厚生の指標』67（8），厚生労働統計協会，33-39.
・小林理・新保幸男（2021）「社会的養護における人材育成の課題——A県における児童相談所および社会的養護施設専門職の職場環境を中心に」『社会福祉学評論』22，日本社会福祉学会関東部会，52-65.

V

総合考察

Ⅴ-1 社会的養護の人材育成課題について
の考察

Ⅴ-1-（1） 専門性の特徴

Ⅴ-1-（1）-A 公的制度をベースとする家庭代替・生活支援

　社会的養護の専門職は、国際条約から国内法までその位置づけが整理され
てきている。本研究「Ⅱ-3 考察」から明らかとなってきたのは、公的制度
をベースとすること、家庭の代替であること、一時的短期的サービスである
こと、教育・文化・社会生活の継続が求められること、という特徴である。

　1989年の「権利条約」では、児童が一時的・恒久的にその家庭環境を奪わ
れた場合に、「国が与える特別の保護及び援助」を受ける権利を具体化する
ために、「代替的な監護（外務省訳：alternative care）」が提供されると
し、その一つとして「施設養護（施設への収容）」を認めている。その際、
2009年の国連「指針」（United Nations 2009：2-4）では、「児童を家族か
ら離脱させることは、一時的、短期的であるべきで、離脱の原因解消により
常にその決定が見直されるべき」とし、それまでの児童の教育・文化・社会
生活の断絶を最小限とすることが要請されている。このことから、施設サー
ビスは、児童の家庭生活をベースとし、代替的に提供される養護として位置
づけられる。他方で、その対応は最小限にとどめられることが望ましいとさ
れ、常にその措置が公的機関の責任で見直されることとなる。里親への委託
は、国の施策である「ビジョン」（厚生労働省2017）において積極的な推進
が目指されているが、施設サービスが選択される場合は、脱施設化・小規模
化が求められている（Ⅱ-2-（1）社会的養護（養育）の政策動向）。

　こうした背景から、社会的養護の専門職は、国際的に、公的な制度により
位置づけられているものの、各国や社会の文化的背景に沿って、多様な支援
環境と支援方法により配置が運用されている。特に家庭生活と代替養護の関

係は、各国や社会の家族制度や文化により多様な状況があり、統計的把握や支援形態の標準化の難しさの背景となっている。国際比較研究からは、家族への公的介入のあり方、家庭復帰の考え方、公的サービス委託、専門職制の分化など、わが国の特徴が指摘されている。児童保護から育ちの環境確保までの一連の対策は、他の児童福祉対策との関係も含めて、その国の文化・社会・経済史的背景や専門職体系に沿って、その専門性や課題を理解していくことが求められる。

V−1−(1)−B 横断的専門性と種別ごとの専門性

　児童の育ちの環境は、分断されるべきではなく、常に継続性・一貫性が目指されるべきとされている。そのことから、「社会的養護」全体の枠組みでは、育ちの環境に関わる専門性は、共通して捉えられる必要がある。他方で、支援に関わる主体は公的機関から民間の施設まで広がりがあり、さらに、歴史的に整備されてきた施設種別の位置づけも多様となっている。こうした背景から、分析は、機関や施設種別を横断的に見る視点と、施設・機関種別に分けて考察する視点とを組み合わせて行っていく必要がある。

　特に、最も直接的に児童の生活支援に関わる、社会的養護施設や児童相談所の一時保護所の専門職の専門性は、社会的養護を横断的に見るものとして捉えていく必要がある。その専門性とは、児童の「生活」の支援を行う専門職の特性として時に「ルーティーンワーク」などとも現場で呼ばれている、いわゆる「習慣化された」業務が日常業務のベースとなりながら、児童の最善の利益を実現することを目標とし、現在だけでなく将来の生活設計にも取り組むソーシャルワークの専門性である。その際、専門職の仕事は、施設の場としての構造的側面（ケアの規模や設備など）だけでなく、個人の価値観や子ども観といった、個人的側面にも影響を受ける仕事となっている。わが国の政策動向としては、施設小規模化が進められることで、職員編成もまた、小規模化が進められている。他方で、職員の仕事は、直接的に対象児童の行動面や、利用者と職員間の関係における評価・認識の調整が常に求められる点で、多元的な葛藤に直面することが指摘されてきている。「生活の場」における専門職について、須藤（2007）は、「実際、母子寮の日常と専門家モデルとの間には距離がある。もし、母子寮が本来の「生活の場」であるな

らば、それは専門家のものではなくそこで暮らす生活者自身のものである」「保育士や社会福祉士、看護師という資格をもっていたとしても、その専門性は、役割や業務とはイコールではない」「私たちの認識を支配している『技術的合理性』モデルでは説明のつかない実践が母子寮にはある」としている（須藤2007：17-26）[1]。

　児童に直接的に関わることは、自己の仕事の成果が直接的にフィードバックされる機会が多いことを指す。しかし同時に、仕事の現場は、常に児童の生活が主導となって展開し、専門職側には、施設種別による課題や児童の行動特性の違いを背景としながら、児童個人・集団と自己の仕事との調整が求められる。具体的には、児童の年齢の幅とライフコース全体の支援の幅、愛着行動や非行行動などの行動特性の幅など、専門職が学歴等をとおして身につけてくる知識や支援技術には幅があるものの、ひとりの専門職が対応すべき範囲は広く、このことは専門職制を構成する独自性であり、また専門職としての葛藤の要因ともなっていることが示唆される。こうした葛藤に向き合うことも含めて専門性を位置づけていく必要がある。

V-1-（2）専門職の成長

V-1-（2）-A　プロセスとして専門性を見る重要性

　社会的養護の専門職は、葛藤に向き合うことも含めて専門性を位置づける必要がある。専門職がいかに成長のプロセスを辿るのかについて、谷川（2018）は、免許を取得し現場に就職した者は、「保育者の仕事の現実に直面し、さまざまなことにリアリティ・ショックを受けるが、多くは子どもに対する理解を深めていった」「新任保育者は、こうした悩みや不安に苛まれる中で、やがて生じさせている問題に気づくようになっていった」と述べる。谷川は、こうした過程を「一連の探究的省察のプロセス」とし、このプロセスを通じて専門家としての成長を遂げていくとしている。このプロセスを促すのは、「生活や仕事に慣れるまでの時間の確保」「子どもとじっくりかかわるための時間的余裕」「ちょっとした時間に行われる先輩保育者との日常的なやりとり」であるとする。さらに2年目、3年目は1年目よりは仕事には慣れるが、それまでの方法で対処できない「危機」にしばしば陥り、「困難

や葛藤」を抱え、それを契機として「新たな観念を生成」し、実践に取り組む姿勢を不断に変容させていく、としている（谷川2018：146-151）。社会的養護の人材育成は、危機や葛藤に直面しながら成長する一連のプロセスとして検討する必要がある。

　社会的養護施設は、各施設協議会では、各施設種別で求められる人材育成のための研修体系を策定している（全国乳児福祉協議会2015、全国児童養護施設協議会2017、全国母子生活支援施設協議会2017）。その中で、人材育成における専門性の「積み上げ」と「広がり」の考え方が示されている。「積み上げ」は、経験年数におけるレベルの積み上げとともに、専門性の積み上げの側面もある。この「積み上げ」には内容もあり、専門性の「広がり」と連動する種別ごとの相違がある。他方で、この人材育成イメージは、後述する本研究の量的分析に見られるように、この分野が持つ人材の多様性を十分反映して作られているとはいえない。また、専門性の「積み上げ」には、学卒から新人として現場に入り、実践経験を積み上げていくという限りなく一元的なモデルに近い編成となっている。

　本研究では、近接領域として「保育士」「看護師」の人材育成モデルも検討を行った（日本保育協会2015、全国保育士会2017、日本看護協会2016）。それぞれが独自のイメージを構成しており、資格を持ちながら、社会的養護の現場に入ってくる者のイメージの具体化が求められることや、多様なルートで現場に着任する実態を反映した研修等の課題が示唆された。人材育成の課題を、こうした専門性の積み上げと広がりという視点を組み合わせて見ていくこと、また、職種や保有資格等の多面的な視点により分析していくことが必要である（Ⅱ-2-(3) 人材養成（キャリア形成）の背景）。

　先行研究の知見では、自己の専門性や仕事への認識とともに、職員間のコミュニケーションが専門性の実感に作用していることや、経験年数や役職の有無により、自己の専門性の重点が変わってくる可能性があることを示唆している。社会的養護において専門職の仕事を構成する養育観については、その認知の状況が重要であること、実践の対象である児童の理解との関係性において、専門性を見ていくことの重要性が示唆された（Ⅱ-2-(4) 社会的養護専門職の研究動向）。

V-1-(2)-B 「危機」と「成長」の諸側面

　本研究では、専門性の成長過程に直面する仕事の困難を示唆する結果が見られている。自治体を特定し、児童相談所・一時保護所・施設を比較した分析では、全体としては、基礎的専門性も応用的専門性も、経験や年齢が上がるにつれて、点数が上がっていく傾向を示している。ところが、種別の比較では、「児童相談所（一時保護所以外）」の「40歳代で経験5年未満」の群で、他の群に比べて、点数が低くなる傾向が見られた。この群は、年齢は一定程度高いが、この職場での経験年数が少ない。転職により中途採用でこの現場に入ってきている者や、公的機関であることから、異動により管理職として職務についている者がいると考えることができる。「児童相談所（一時保護所以外）」のみで「役割」を見ると、経験年数「5年未満」では「技術指導を行うことが多い役割」も一定程度含むが、特に「技術指導を受けることが多い役割」が多く、転職や異動により管理職ではない職務である者を多く含むと考えられる（Ⅲ-3-（3）**表3-13**）。

　さらにこの分析では、専門性の実態について、機関や種別の違いが明らかとなった。「児童相談所（一時保護所以外）」は、他の施設系の種別と比べて、基礎的専門性で「19. 児童がかかりやすい病気の特徴について知っている」「20. 児童がかかりやすい病気の特徴を考慮しながら仕事をしている」で低く、他の種別に比べてこうした児童の状態像への直接的な関わりが少ない業務特性が示された。さらに、応用的専門性で、「児童相談所（一時保護所以外）」「児童相談所（一時保護所）」は、「36. 自らの施設・機関は、他の同種別の施設・機関と比べて、専門性の水準が高い」で「施設」より高く、専門性の実感に差がある。さらに「児童相談所（一時保護所以外）」では、「児童相談所（一時保護所）」や「施設」よりも「30. 児童の保護者への対応に関して、自らの専門職としての能力は高い」「32. 他の職種との連携に関して、自らの専門職としての能力は高い」で高く、支援業務の幅が広い特性の中で専門性を実感できている。他方で、「24. 児童を理解できている」は「児童相談所（一時保護所）」「施設」の方が低い。一見、こうした種別は児童の生活に近いようにも感じるが、日頃業務で直接的な関わりを持てている専門職の方が、「児童の理解」に戸惑いや困難の具体性が高いと考えることもでき

る。このことは、「児童相談所（一時保護所以外）」と比べて、生活に関わる職場で児童に直接関わる機会の多い専門職には、自己の専門性を実感する難しさがあると考えることができる（Ⅲ-3 考察）。

　さらに、児童に直接的に関わることで、児童に関わる基礎的専門性を実感しやすいというポイントは、細かく見ていくと一括りにできないことがわかる。本研究で対象を全国に拡げて、3種別施設に焦点化して行った分析の結果では、基本属性による違いが明らかとなっている。職種による違いとして、児童指導員や少年指導員は、看護職や保育士に比べて低めとなっている。これらの専門職は、保育士に比べると主に関わる年齢の範囲が広く、学齢期や思春期の児童に範囲が広がっている。こうした専門職に見られる、基礎的専門性の項目にあるような児童の理解への自己評価の低さは、幅広い年齢の児童と直接関わることでかえって自己の専門性の実感が持ちづらくなるという特徴を示唆しているとも考えることができる。個別項目では、こうした基本属性に関係なく、全体として、「23. 児童を理解しようとしている」の得点が高いのに対して、「24. 児童を理解できている」の得点は他の項目に比べて顕著に低くなっている（Ⅳ-2-（1）**表4-13**）。児童の理解に対する自己評価からは、この専門職の自らの仕事に対する姿勢と、そこから返ってくる自己の仕事の成果が見えづらい専門性や職務の状況が示唆される。とりわけ、「児童養護施設」「母子生活支援施設」では、「経験5年未満」で「30歳代」「50歳代以上」という、年齢が低くないが経験が高くない者について、得点が低くなっている状況は、こうした職場での専門性の実感の課題を示唆している。

　また、応用的専門性は、児童相談所との比較分析では施設よりも児童相談所に高く、3種別の比較では、母子生活支援施設に高い傾向となっている。ただ、「母子生活支援施設」は、「児童養護施設」に比べて、応用的専門性の得点は全体として有意に高いものの、一部の年齢経験群により差が出ていた。年齢と経験の群では、「30歳代で経験5年未満」、とりわけ「母子生活支援施設」に低い者がある。年齢や経験の組み合わせにより差があることは、専門性の育ちを検討する上で、重要な観点であると考えることができる。

V−1−（3）人材育成と職場の課題

V−1−（3）−A 研修の意義と課題

　研修環境は、本来は経験年数が低い者に手厚く整備されるべきであると考えることもできるが、今回の分析では、そのようになっていない実態が明らかとなった。自治体対象の児童相談所と施設の比較では、経験年数で見ていくと、機関・種別にかかわらず、全体的には「3〜5年」の者に評価が低くなり、この群で研修環境に不十分さが感じられていることが示唆される。なお、種別でさらに比較すると、「児童相談所（一時保護所以外）」では、3〜5年での点数の低下は見られなかったことから、他の種別と比べて環境が異なることが示唆された（Ⅲ−3考察）。さらに、全国調査の3種別比較においては、経験年数が少ない群にとって、本来職場に入ってから重要と考えられる職場内外の研修の機会、勉強会、スーパービジョン（SV）等の環境が必ずしも十分と感じられていない実態があった。年齢も経験も低い群を「新人組」とすれば、「新人組」職員は、経験年数5年以上の群と比べて、仕事を続ける意欲の差が出ている。年齢と経験を組み合わせて研修環境を見ると、種別全体で「30歳代で経験5年未満」、「乳児院」ではさらに「40歳代で経験5年未満」、「母子生活支援施設」では「50歳代以上で経験5年未満」の者に、職場内外の研修や勉強会のニーズがある（Ⅳ−2−（4）図4-9）。この群は、年齢は「新人組」のように低くないが経験年数は低く、いわば「転職組」のような職員を多く含んでいることが考えられる（Ⅳ−3考察）。職場環境の課題を、研修という観点で捉えると、学卒・新卒を前提とした、積み上げ型の研修だけでなく、中途採用・転職の者への研修のあり方や位置づけが人材育成の課題として指摘できる。

　また、先行研究からは、職場の人間関係の負担感や不満と、スーパービジョン体制の有無には、統計的な有意差が指摘されていた（髙橋・伊藤・中谷ほか2001：53-55）。本調査では、「40. 職場外の勉強会・研究会で報告する機会が十分にある」「43. 職場内でスーパービジョンを受ける機会が十分にある」「44. 職場外でスーパービジョンを受ける機会が十分にある」は、いずれも研修環境の項目群で他の項目に比べて最も低い項目であった（Ⅳ−2−（1）表4-13）。これらの項目で、施設種別全体で「30歳代で経験5年未満」は、

他の年齢経験群との間で有意に低い状況がある。次の就労環境の課題とも連動してくる職場環境の要素と考えることができる。

Ⅴ−1−(3)−B　就労環境の課題

　就労環境の項目は、自治体対象の児童相談所と施設との比較では、機関・種別にかかわらず、全体的に年齢や経験とともに、点数が横ばいないし下がる傾向が見られた。特に、「児童相談所（一時保護所以外）」では、経験年数5年未満の群で年齢とともに下がり、「40歳代」以上で最も低い傾向となっている。さらに経験5年以上の群でも「30歳代」「50歳代以上」で下がる。こうした傾向は、年齢の高い群が職場に求めるニーズの特徴を見ることができる。全国調査の3種別の比較では、就労環境を見ると、種別全体で「30歳代で経験5年未満」の者、「母子生活支援施設」では「50歳代以上で経験5年未満」の者が他の群より低くなっている（Ⅳ−2−(4) **図4-10**）。

　経験5年未満と経験5年以上では、就労環境に求めるニーズは異なるとも考えられるが、年齢が高く経験が少ない者は、転職や異動により、他の職場を経験してきており、また「児童相談所（一時保護所以外）」の経験5年以上で年齢が高い群は公務員として異動や管理職を経験する中で、一定の経験的比較から、職場の就労環境への物足りなさを持つ点では共通するところが示唆される。

　先行研究の整理では、「人事マネジメント」（筒井・大夛賀・東野ほか2012：33-37）、「スタッフワーク」（横山2013：25-27）といった要素の重要性が指摘されていた（Ⅱ−2−(4)−C−(B) 人材育成の課題）。社会的養護施設の小規模化の課題として、スタッフメンバーの範囲の広がりや固定化の課題をあげた。日常の支援場面においては、前節で研修環境の課題としてスーパービジョンの重要性をあげたが、就労環境においては、仕事の相談ができる関係性の構築が課題となっている。職員間の「関係の質」と、支援の意図や生活支援の意味の共有化のための仕組みづくり（岡本2017：95-99）や、「上司との関係」「同じ施設の同僚」「同じ施設の上司」「他施設の職員」「研究会の仲間」（堀場2021：93-101）の重要性が指摘されていた。全国調査では、「57. 同僚に仕事の相談をすることができる」「58. 上司や経験者に仕事の相談をすることができる」が種別全体で高く（Ⅳ−2−(1) **表4-13**）、この

分野の職場が、日常業務の延長線上で相談がしやすい環境特性を持つ前向きな可能性を示唆している。チームアプローチ実践と勤務年数との関連性は「子どもへの個別支援のための協働」と「コミュニケーションを通した支援の再考」で有意差があり、特に経験5年以下の職員で専門性向上に重要とされていた（望月・恒川2021：68）。乳児院、児童養護施設、母子生活支援施設において、職場コミュニケーションをとおして、支援の意味の再考を促していく就労環境を検討していく必要がある。職場内外でこうした実践の意味を捉え直す機会の意義を、次節でさらに取り上げる。

　他方で、職場の不満や負担感では、「労働時間」の長さ、「有給休暇」の取りにくさがあげられていた（髙橋・伊藤・中谷ほか2001：53-55）。本調査では、「59. 自分の年収に満足している」では、経験にかかわらず、施設種別全体で「20歳代」が有意に低い状況があった（Ⅳ-3-（2）人材育成に関わる共通の課題）。種別全体では、この「59. 自分の年収に満足している」と「60. 休暇を取りやすいと感じている」は、就労環境の項目群で他の項目に比べて最も低くなっていた（Ⅳ-2-（1）**表4-13**）。若手におけるこの事項は、特にこの分野における不満や負担を感じる要素として重要であることがわかる。

Ⅴ-1-（3）-C　スーパービジョン（SV）の意義

　文献研究の整理では、職場環境や職員体制は、機関や施設の種別により、児童相談所、児童相談所一時保護所、社会的養護施設、とりわけ乳児院、児童養護施設、母子生活支援施設で特徴が異なっている。専門職が、利用者も含めた周囲の環境や人間環境との相互作用のプロセスをとおして、バーンアウトを防いだり、仕事を継続させやすくしたり、成長を促したりするという視点が重要である（Ⅱ-2-（4）社会的養護専門職の研究動向）。

　Schön（＝2007）による専門家のあり方についての「技術的合理性」から「行為の中の省察」へという視点の移行は、実践する専門職にとって示唆に富む論点となっている。「行為の中の省察」については、対話でのやりとりが重要な意味を持っていると考えることができる。「この省察的な対話の中では、枠組みの転換がなされた問題を解決しようとする実践者の努力は、行為の中の省察と呼ばれる新しい発見を生み出していく。そのプロセスは、評価、行為、そして再評価の各段階を通って螺旋状に進んでいく。固有で不確

かな状況は、その状況を変化させる試みを通して理解されるようになり、理解する試みを通じ変化するようになるのである」(Schön＝2007：150-151)。

　本研究の分析では、自治体対象の児童相談所と施設の比較でも、全国対象の３種別の比較でも、とりわけ鍵と考えられるのが、スーパービジョン（SV）へのニーズである。全国の３種別比較では、職場で専門職として専門性を高めて仕事をしていくために、職場内外のSVが重要な要素であることがわかる（Ⅳ-2-(1) **表4-13**)。職場内のSVは、研修環境と就労環境の個別調査項目全体に相関があり（１％水準）、研修の状況だけでなく、職場に誇りを持って仕事ができたり、専門性を高めやすいと感じられたりする就労環境の各項目にも関係している。しかし、職場内SVは、年齢が低く、経験が浅い群でニーズがある（Ⅳ-3-(2) **図4-11**)。

　検定では、「30歳代で経験５年未満」と「経験５年以上」の群、さらに「50歳代以上で経験５年以上」と「経験５年未満」の各年代、「50歳代以上で経験５年未満」との間で有意差が見られた。このことは、本来、職場に配置されてから専門性を確立していく「若手」と呼ばれる職員（年齢が低い群）、「転職組」職員（年齢は低くないが経験が少ない群）において、年齢や経験が多い群との間で機会の差があることを示唆する。職場外SVの機会もまた、項目全体に相関があり（１％水準）、検定では、「30歳代で経験５年未満」と「40歳代で経験５年以上」「50歳代以上で経験５年以上」との間、「20歳代で経験５年以上」と「40歳代で経験５年以上」「50歳代以上で経験５年以上」との間、「30歳代で経験５年以上」と「50歳代以上で経験５年以上」との間で有意差が見られた。ここから年齢の低い群と、年齢や経験の高い群との間で、職場外のSV機会の差についての課題が示唆された。小規模化してきている「施設」の専門職にとって、職場外の実践状況に触れる機会や、職場を離れて自己の実践を振り返る機会は、職場「内」とは異なる研修の意義を持つと考えられる。年齢や経験の高い「ベテラン」組に対して、年齢の低い群のニーズは、自己の実践を相対化していく際の視点の広がりを求めるニーズとして、実践単位が小規模化していく社会的養護の実践現場に、固有の人材育成の課題とも考えられる。

Ⅴ-1-(3)-D 人材の多様性

　専門職の実践は、国家資格をはじめとする、専門教育や資格制度に基づき運用されている。そうした状況で、社会的養護の現場に立つ専門職の任用要件は多様であり、多様な背景を持った人材がこの分野で専門職として仕事をするところは、わが国の特徴である。本研究の調査結果でも、資格と職種の多様性が見える。そうした状況において、今回の分析では、特定の学歴属性の者に、専門性の実感が高く、職場評価が低いという状況があることは、職場や職務適応の観点で、人材育成の課題を示唆している。先行研究を見ても、人材育成を学歴や専攻等の基本属性の多様性から分析しているものは、社会的養護分野の研究では見つけられなかった。こうした多様性の観点で、研修や人材育成を考えていく重要性がある。

　全国調査では、専攻「その他」が11.4％と、多数ではないが、一つの群を成してあることがわかる。これは大きい集団ではないものの（全国の実数としては大きな数であるが）、基礎的専門性・応用的専門性の自己評価が高めであり、研修環境や就労環境の評価が、他の専攻に比べて最も高い。この背景の者の年齢は、他の専攻に比べて高めとなっており、一定の社会経験も持ちながら、この仕事をしていると考えることができる。児童のライフコースの全体をとおして、多面的な生活課題に取り組む際に、こうした多様な教育属性を持つ人材が専門職として働いている状況は、この現場の専門性の長所を構成している。さらに、職場適応についても重要な結果を示唆していると考えることができる。

　人材の背景の多様性については、今回の分析で、子育て経験の有無も重要な変数となっている。自治体調査においても、全国調査においても、子育て経験は、ありの者が専門性（基礎的専門性、応用的専門性、職業倫理）、職場の評価（研修環境、就労環境）とも全てにおいて点数が高くなっている。さらに、経験年数も、子育て経験ありの者が長くなっており、この専門職としての専門性や職場の適性を示唆している（Ⅳ-3-(2)**表4-20**）。産休や育休の取得状況は今回の調査では把握していないため、育休取得の状況が就労環境等にいかなる影響を及ぼしているかは、判断できない。しかしながら、専門性の側面では、専門性の実感を持てている状況があり、職場の評価自体

も高いことは、子育て経験が、社会的養護の専門職にとって、さらなる分析の際の意味ある変数になりうると考えることができる。

1）「母子寮」は1998（平成10）年に「母子生活支援施設」に名称変更されている。須藤は、「母子生活支援施設」への名称変更の事実には触れながらも、「母子寮」から歴史的に積み上げられた実践も含めた、今日の現場における専門職のあり方として、この名称を著書で用いていると説明している（須藤2007：7-14）。

引用参考文献

- 在原理恵・新保幸男（2016）「母子生活支援施設専門職の成長──社会的養護施設専門職の成長を記述するための一考察」『子ども家庭福祉学』(16)，68-78.
- 望月隆之・恒川丹（2021）「児童養護施設におけるチームアプローチの実践に関する研究」『田園調布学園大学紀要』(16)，55-69.
- 日本看護協会（2016）「看護師のクリニカルラダー（日本看護協会版）活用のための手引き」，日本看護協会，1-9.
- Schön,D.A.（1995）*The Reflective Practitioner: How Professionals Think in Action.*（＝柳沢昌一・三輪建二監訳（2007）『省察的実践とは何か──プロフェッショナルの行為と思考』鳳書房.）
- 須藤八千代（2007）『母子寮と母子生活支援施設のあいだ──女性と子どもを支援するソーシャルワーク実践』明石書店.
- 髙橋重宏・伊藤嘉余子・中谷茂一ほか（2001）「2. 児童養護施設職員の職場環境に関する研究」『日本子ども家庭総合研究所紀要』38，日本子ども家庭総合研究所，49-92.
- 谷川夏実（2018）『保育者の危機と専門的成長──幼稚園教員の初期キャリアに関する質的研究』学文社.
- 筒井孝子・大夛賀政昭・東野定律・山縣文治（2012）「児童自立支援施設におけるケア提供の実態と課題──タイムスタディデータによる小舎夫婦制・交代制の比較」『社会福祉学』53 (1)，29-40.
- 母子生活支援施設職員のための生涯研修体系検討委員会（2017）「母子生活支援施設の研修体系──ひとり親家庭を支える人材の育成指針 母子生活支援施設職員の生涯研修体系検討委員会報告書」，全国社会福祉協議会 全国母子生活支援施設協議会，1-19.
- 全養協 児童養護施設の人材確保・育成・定着を図るための特別委員会（2017）『改訂 児童養護施設の研修体系──人材育成のための指針』，全国社会福祉協議会 全国児童養護施設協議会，1-12.
- 全国社会福祉協議会 全国保育士会（2017）「保育士・保育教諭が誇りとやりがいを持って働き続けられる、新たなキャリアアップの道筋について 保育士等のキャリアアップ検討特別委員会報告書」，全国保育士会.
- 全国乳児福祉協議会 乳児院の小規模化の際の人材育成検討委員会（2015）「改訂

乳児院の研修体系――小規模化にも対応するための人材育成の指針」，全国社会福祉協議会 全国乳児福祉協議会，1 -11.

- United Nations（2009）Guidelines for the Alternative Care of Children.（＝厚生労働省仮訳（2009）「児童の代替的養護に関する指針」（https://www.mhlw.go.jp/stf/shingi/2r98520000018h6g-att/2r98520000018hly.pdf，2023.12.30））
- 厚生労働省（2017）「新しい社会的養育ビジョン」（https://www.mhlw.go.jp/file/05-Shingikai-11901000-Koyoukintoujidoukateikyoku-Soumuka/0000173888.pdf，2023.12.30）
- 日本保育協会（2015）「保育士のキャリアパスに関する調査研究報告書」，日本保育協会．
- 横山登志子（2013）「虐待問題を抱える母子の生活支援における『多次元葛藤』――支援者の経験的側面からみた子ども虐待の状況特性」『社会福祉学』54（3），16-28.
- 岡本晴美（2017）「社会福祉施設における人材育成――職員に求められる『主体性』とその形成・発揮を支援する職場環境」『評論・社会科学』120，同志社大学社会学会，85-102.
- 堀場純矢（2021）「児童養護施設職員のストレスと健康状態――20施設のアンケート調査から」『医療福祉政策研究』4（1），85-106.

VI

補論
——支援に関わる専門職を
めぐる動向

Ⅵ-1　担い手としての専門職の位置づけ

　社会的養護を含む児童家庭支援の専門職は、その児童の養育者として児童の心身の成長を支え、さらに環境としての家庭を支援する重要な役割を果たすことが期待されている。児童福祉法では、「児童の保護者」に第一義的な責任を規定するとともに、「全て国民」には、児童が「心身ともに健やかに育成されるよう努めなければならない」と規定する（第2条）。さらに、「国及び地方公共団体」は、児童の保護者とともに、児童を「心身ともに健やかに育成する責任を負う」と規定する（第2条）。つまり専門職は、国民として各自の生活者の立場で地域の子育てに関与する側面を持ちながら、専門職として、行政の担い手や委託先、代替としてのサービス提供の責任を持つと理解できる。

　国連の2009年の「児童の代替的養護に関する指針」では、施設養護・家庭を基本とする養護を問わず、「養護者の専門的技能、選抜、訓練及び監督（the professional skills, selection, training and supervision of carers）」への特別な注意（Ⅶ. A. 71.）、サービス提供には、目的、責任の明記と、法的要件に従い、適切な資格取得や承認（be appropriately qualified or approved in accordance with legal requirements）（同73.）が規定されていることはⅡ章ですでに述べた。大人の支援分野に比べ、児童の支援には、公的な責任と関与が国際的にも指針に明文化されている。

　わが国では、こども家庭庁の創設にあたり、「こども政策の新たな推進体制に関する基本方針について」（2021年12月閣議決定、以下「基本方針」）の中で、専門職に関係する主な取り組みとして、安全の取り組みと専門性の向上があげられている。

Ⅵ-2　安全の取り組み

　「基本方針」では、「こどもの安全」について、性的搾取を防止するための政府の取り組みとして、教育・保育施設等やこどもが活動する場（放課後児童クラブ、学習塾、スポーツクラブ、部活動など）等において働く際に性犯罪歴等についての証明を求める仕組み（日本版DBS）が取り上げられた（「基本方針」p.11）。こども家庭庁（2023）は、こどもに対する性犯罪・性暴力は、被害に遭ったこどもの心身に生涯にわたり有害な影響を及ぼす極めて悪質な行為であり、決して許されるものではない、とする（こども家庭庁2023：1）。2021（令和3）年には、「教育職員等による児童生徒性暴力等の防止等に関する法律」が成立し、教育職員等における児童生徒性暴力等の防止対策や免許失効者データベース整備等が行われることとなった。同法成立の際には、「教育職員以外の職種」についても被害防止のための犯罪歴等照会・証明制度が必要であるとの附帯決議がなされた。その後、国の有識者会議では、イギリスのDBS（Disclosure and Barring Service）も参考としながら、性犯罪歴等の証明を求める仕組み（日本版DBS）の検討を進めてきた。

　2022（令和4）年の児童福祉法改正では、児童にわいせつ行為を行った保育士の資格管理の厳格化を行うとともに、ベビーシッター等に対する事業停止命令等の情報の公表や共有を可能とするほか、児童福祉施設等の運営について、国が定める基準に従い、条例で基準を定めるべき事項に児童の安全の確保を加えるなど所要の改正を行った（第18条の19ほか）。

　また、2024（令和6）年には、「学校設置者等及び民間教育保育等事業者による児童対象性暴力等の防止等のための措置に関する法律」が成立した（2024（令和6）年6月26日から起算して2年6か月を超えない範囲内において政令で定める日から施行）。この法律では、児童等に対して教育、保育

等の役務を提供する事業を行う立場にある学校設置者等および認定を受けた民間教育保育等事業者が教員等および教育保育等従事者として、社会的養護施設をはじめとする入所・通所のサービス、児童相談所を含むサービスの従事者を対象に設定し、児童対象性暴力等の防止等の措置を講じる責務があることを明らかにした（第2条第3項ほか）。学校設置者等（学校、児童福祉施設等）には、内閣総理大臣による仕組みにより特定性犯罪前科の有無を確認する等の措置を義務づけた（第4条ほか）。民間教育保育等事業者（学習塾等）には、学校設置者等と同等の体制を設けている事業者を認定・公表する仕組みを作り、認定事業者に措置を義務づけることとした（第19条ほか）。

　社会的養護の専門職には、児童の生活の中で支援を行っていくという仕事の特徴がある。こうした生活に関わる専門性を確立していく際に、安全の確保は専門性の基盤となるものと考えることができる。

VI-3　児童家庭支援の専門性向上の取り組み

　「基本方針」における支援部門における取り組みの課題としては、「様々な困難を抱えるこどもや家庭に対する年齢や制度の壁を克服した切れ目ない包括的支援」があげられている（「基本方針」p.12）。とりわけ、児童虐待防止対策では、子育て支援に早期につなげるなどの虐待予防の取り組み強化、児童虐待相談等の増加に見合った児童相談所や市町村のさらなる体制強化が課題となっている。また、児童の権利の擁護、最善の利益の保障を実現するため、児童相談所が措置を行う場合等において、児童の意見を聴く仕組みづくりも課題となっている。すでに述べたように、児童虐待の相談対応件数の増加等に対応するため、児童相談所を中心とする相談体制強化、児童の生活の場としての施設専門職の拡充が行われてきている（II章**表2-6**および**表2-7**）。

　こうした人員体制増強とともに、その専門性の質の確保を目的として、児

童の保護者への対応等に十分な知識・技術を持つことで相談実務者の専門性向上を目指すため、実務経験者向けの認定資格を導入することとなった。2022（令和4）年の児童福祉法改正によって、児童相談所や市区町村（こども家庭センター）等における相談支援等の質の向上を図る観点から、新たな公的資格である「こども家庭ソーシャルワーカー」が2024（令和6）年度に創設され、児童福祉司や統括支援員の任用要件の一つとして位置づけられた。認定資格の教育課程設置から取得促進、さらに雇用機会確保等の環境整備に予算措置が行われている。この資格は、児童相談所だけでなく、保育所等の施設における実務者の専門性向上も想定しており、認定資格の取得状況その他の施行の状況を勘案し、国家資格化の必要性も含めて検討されることとなっている。

　実務者の専門性の向上には、この分野に共通する専門性のあり方についての議論が必要となってくる。この現場における人材の交流や協働についても、引き続き議論と調査研究を通じた現場からのフィードバック、さらに実務者研修が連動して展開される必要がある。

引用参考文献

- こども家庭庁（2023）「こども関連業務従事者の性犯罪歴等確認の仕組みに関する有識者会議 報告書」
- United Nations（2009）Guidelines for the Alternative Care of Children.（＝厚生労働省仮訳（2009）「児童の代替的養護に関する指針」（https://www.mhlw.go.jp/stf/shingi/2r98520000018h6g-att/2r98520000018hly.pdf, 2023.12.30））

謝辞

　本論文の執筆に当たり、指導教員である神奈川県立保健福祉大学大学院保健福祉学研究科教授 新保幸男先生には、博士後期課程の3年間、多くのご指導を賜りました。博士後期課程で本研究に取り組む以前から、国および自治体における政策形成過程と制度の運用について、学び実践する機会をいただきました。そうした中から、本研究の課題設定、研究計画の立案、データ取得・解析と解釈、研究遂行におけるスーパーバイズ、考察の整理、さらに学会発表と論文執筆・投稿など、多くの助言をいただきました。夏・春の休暇期間を問わず、研究指導の時間を設定いただいたことは、研究作業を積み上げていく成果につながったものと理解します。時には、大学院生としての研究活動だけでなく、折に触れて、教育実践についてもご相談させていただきました。先生の丁寧であたたかいご指導がなければ、本論文は完成に至りませんでした。ここに記して厚く感謝を申し上げます。

　また、本研究の副指導教員として、ご指導いただいた神奈川県立保健福祉大学大学院保健福祉学研究科教授 山本惠子先生ならびに、同教授 村上明美先生（第四代学長）のお二方にも、深く感謝を申し上げます。本研究を進めていく中で、お二方から頂戴した、研究課題と研究方法の意味の理解、データの扱い方、論文の執筆などに関するご助言やご指導は、今後も研究を継続していくための糧となりました。重ねて御礼申し上げます。

　学位論文審査においては、主査である神奈川県立保健福祉大学大学院保健福祉学研究科教授 髙橋恭子先生、副査である同教授 西村淳先生ならびに同教授 笹田哲先生から、本研究について異なる専門領域の観点から貴重なご指導とご助言をいただきました。また、先生方から頂戴した、本研究の社会的な意義や、保健福祉学における意義に関するご指導やご助言、示唆は、筆者にとって大変貴重な学びとなりました。ここに記して御礼申し上げます。

　さらに、神奈川県立保健福祉大学大学院ヘルスイノベーション研究科客員教授 中原慎二先生には、本研究におけるデータ解析や結果の解釈、統計手法について大変貴重なご助言をいただきましたことに心より感謝申し上げま

す。併せて、神奈川県立保健福祉大学名誉教授 山崎美貴子先生（第二代学長）には、最初に明治学院大学大学院で教えを受けてから今日に至るまで、社会福祉実践と研究とをつなぐ視点について多くの学びの機会とご指導をいただきましたことを感謝申し上げます。そして、本研究では、社会的養護分野および児童家庭福祉分野の現場で実践に従事する皆さまに、多大なるお力添えをいただきましたことに感謝の言葉を申し上げます。本書の刊行に当たっては、中央法規出版の平林敦史氏、星野雪絵氏、蛯谷朋子氏はじめ編集の方々に、多くのお手間をとっていただき、ありがとうございました。

　本研究は、ここにあげた方々だけでなく、新保研究室のゼミ生や、博士後期課程同期生の方々、神奈川県立保健福祉大学大学院ならびに保健福祉学部社会福祉学科、筆者の職場の東海大学健康学部の先生方を含め、多くの方々のご協力により完成に至りました。筆者を支援してくださった全ての皆様に感謝申し上げます。

2025年1月

小林 理

著者紹介

小林 理 （こばやし おさむ）

東海大学健康学部健康マネジメント学科教授
研究内容：子どもの貧困対策と家庭支援

生活保護制度および生活困窮者支援対策、子育て家庭の支援の課題と対策の開発に
取り組む。ソーシャルワークをベースとしながら行政の機関や専門職と連携し、行
政の資源を活用した民間の資源との連携の仕組みづくりを目指す。

社会的養護における人材育成の現状と展望
子どもに関わる専門職の働きやすい職場環境と研修のあり方

2025 年 2 月 20 日　発行

著　者	小林理
発行者	荘村明彦
発行所	中央法規出版株式会社
	〒110-0016　東京都台東区台東 3-29-1　中央法規ビル
	Tel 03-6387-3196
	https://www.chuohoki.co.jp/
印刷・製本	長野印刷商工株式会社
装幀・本文デザイン	北田英梨 (株式会社ジャパンマテリアル)